历代名后系列

盛世太后

孝庄文皇后

刘晓东 著

辽宁人民出版社

图书在版编目（CIP）数据

盛世太后：孝庄文皇后 / 刘晓东著. -- 沈阳：辽宁
人民出版社，2025．3．--（历代名后系列 / 赵毅主编）．
ISBN 978-7-205-11298-1

Ⅰ．K827=49

中国国家版本馆 CIP 数据核字第 2024BG7519 号

出版发行：辽宁人民出版社

地址：沈阳市和平区十一纬路 25 号　邮编：110003

电话：024-23284191（发行部）　024-23284304（办公室）

http://www.lnpph.com.cn

印　　刷：嘉业印刷（天津）有限公司

幅面尺寸：165mm×235mm

印　　张：20.5

字　　数：246 千字

出版时间：2025 年 3 月第 1 版

印刷时间：2025 年 3 月第 1 次印刷

责任编辑：赵维宁　姚　远

封面设计：乐　翁

版式设计：一诺设计

责任校对：冯　莹

书　　号：ISBN 978-7-205-11298-1

定　　价：68.00 元

"历代名后系列"序

　　"历代名后系列"是一套上起先秦下迄晚清，包含12位王后、皇后（包含皇太后、太皇太后）的传记史学作品，分别是：夏桀王后妹喜，商纣王后妲己，周幽王王后褒姒，汉高祖皇后、汉惠帝皇太后吕雉，汉成帝皇后、汉哀帝皇太后赵飞燕，晋惠帝皇后贾南风，北魏文成帝皇后、献文帝皇太后、孝文帝太皇太后冯氏，北魏孝明帝皇太后胡氏，唐中宗皇后韦氏，辽景宗皇后、辽圣宗皇太后萧绰，清世祖皇太后、清圣祖太皇太后博尔济吉特氏（即孝庄文皇后），清穆宗、清德宗皇太后叶赫那拉氏（即慈禧太后），编为9册。这是一套史学专家撰写的通俗性历史读物。

　　夏商周三代尚无皇帝尊称，是分藩裂土的王政时代，因此，妹喜、妲己、褒姒被称为王后。秦汉以降才是帝制的开端，最高统治者称皇帝，其配偶称才人、女御、嫔妃、贵人、贵妃、皇后等，等级分明，地位天壤，皇后执掌中宫，是内廷宫闱的高层级支配者。皇后原则上只册封一人，但在帝制时代，两后并立亦不鲜见。当朝皇帝的正妻或其最喜欢的妃嫔往往被册封为皇后。当朝皇帝驾崩，子侄辈即位为新皇帝时，皇后往往被尊为皇太后，待孙辈登基为新皇帝时，皇太后则被尊为太皇太后。没有皇后履历的皇帝妃嫔，母以子贵，在其子加冕称帝时，被追尊为皇太后是常例。

严格说来，社会只由两种人构成，即男人和女人。历史本应由这两种人不分伯仲共同创造与书写，然而，实际的情形并非如此。

自先秦至晚清数千年间，朝代更替频繁发生，占据历史舞台中心的帝王将相、达官显贵、英雄豪杰，几乎清一色是男子，女人仅是男人的附庸，全无展示自己的平台，无法成就轰轰烈烈的伟业。通观中国古代历史，唯有武曌一位女皇，对其评价尚褒贬不一，罕见女性有位极人臣、出将入相者。中国古代的正史——"二十五史"、历朝政书的书写者均为博学多识的男性官僚学者，除班昭参与了《后汉书》的部分编纂工作外，再无任何女性参与正史、政书书写。历史的书写者基本为男人。书入正史的帝王将相、达官显贵占去了史书绝大部分篇幅，而约占人口总数50%的女性，仅占有《后妃传》《列女传》等少得可怜的篇幅。

中国古代是男人的社会，中国古代正史由男人书写，中国古代，尤其两汉以后，儒家思想成为社会主流意识形态，宋代以后理学存天理、灭人欲的礼教观念广行流布，女子无才便是德、男主外女主内、节烈贞洁等种种礼教戒律严重束缚女性，在政坛上叱咤风云的女性更难得一见。

本书的12位传主，夏后、商后、周后、吕太后、赵皇后、贾皇后、韦皇后等7人系汉族女性（夏后、商后、周后可视作华夏族），而胡太后、萧太后、孝庄文皇后、慈禧太后等4人为少数民族女性，冯太后为少数民族化的汉族女性。为什么少数民族女性所占比例如此之高呢？这与少数民族对女性礼教戒律束缚较少、少数民族女性的社会地位相对较高密切相关。尽管在古代中国历史上出现很多炙手可热的名后，有的在政坛上翻云覆雨，甚至临朝称制，掀起巨澜，但实质上她们仍是男性的附属。

古代社会，从太学、国子学到府州县学，各级官学不录取女性学员，妇女受教育的权利被剥夺；古代社会，从乡举、里选、征辟、察举、九品中正到科举取士，各种官吏选拔均不把女性划入考查范围，妇女参与国家政治的权利又被剥夺。只因皇帝有一套严格而完整的后妃制度，服务于皇权，才有了这样一个皇后、皇妃群体。首先，皇后必须由皇帝册封，皇后的名分是从皇帝那取得的；其次，皇后在家庭中必须服从夫君——皇帝的权威，皇后的权力是皇权的外延，是皇帝给予的。在帝制时代，专制皇权不断强化，为防止后妃干政、外戚坐大，形成后党，在政治设计上约束限制后妃、外戚权力膨胀的规则日益严密，个别朝代甚至推出并实行册封皇太子后处死皇太子生母的冷酷政策。

这套"历代名后系列"的12位传主，生活在不同朝代，政治履历、知识素养、性情禀赋、胆识谋略及最终结局各不相同。作者对她们生平际遇、历史功罪等诸多方面，在尊重史实、参酌同行研究的前提下，做了尽可能详细的陈述与评说，不仅为了再现她们多姿多彩的人生，更是想让读者透视她们生活年代变幻莫测的政治风云。汉高祖皇后吕雉，辅佐刘邦成就霸业，与萧何谋划除掉韩信，巩固统治。高祖病逝后，惠帝软弱，由吕后实际掌权，她继续无为而治的黄老政治，使汉朝国力不断增强。她又擢拔吕氏族人，形成诸吕集团，操控朝政，最终陈平、周勃铲除诸吕，迎立汉文帝，酿成汉初一场政治大震荡。夏桀王后妹喜、商纣王后妲己、周幽王王后褒姒、汉成帝皇后赵飞燕，皆为倾城倾国的绝代美人，以姿色取悦君王，虽行止乖张，恣肆任情，颇受后人非议，但把夏、商、西周败亡，汉朝衰败的历史责任加到她们头上恐未必公允。北魏献文帝冯太后，有度量有胆识，激赏汉文化和中原王朝成熟的典章制度，促成孝文帝实行改革，接受中原文化，推动了鲜卑族社会发展进步和与汉族的民族融合。辽圣宗皇太后萧绰，是有影响有担当有作为的政治家，她能在朝堂上决断大政，亦能统率百万大军攻城略地，与敌人对垒。在辽宋对战势均力敌的情势下，审时度势，促成"澶渊之盟"，使辽宋之间实现数十年之和平。孝庄文皇后博尔济吉特氏是位聪明睿智的女人，她的成功在于在清初复杂的皇位争夺中施展手段，辅保年幼的儿子福临、孙子玄烨登上皇帝宝座，摆平满洲贵族各派政治势力。即或有下嫁摄政王多尔衮之韵事，也毫不影响其历史地位。晋惠帝皇后贾南风、北魏孝明帝皇太后胡氏、唐中宗皇后韦氏3位传主有许多共性，凶悍、妒忌、残忍而又野心极大，是史上公认的"女祸"。贾皇后的丈夫惠帝司马衷是低智商，不能亲理朝政，贾皇后操控大权，在朝臣和宗王间拉帮结派，拨弄是非，引发司马氏自相残杀的"八王之乱"，使晋朝走向衰亡，贾皇后也在乱世中被杀。北魏胡太后，心狠手辣，两度临朝称制十余载，挟持皇帝、势压宫妃，威福自专，天怒人怨，最终被尔朱荣沉于黄河。唐中宗皇后韦氏是位心机颇深、手段高妙、野心勃勃的女人。在武周和中宗时期，她巧妙周旋，地位虽有浮沉，但终究保住了权位，膨胀了势力，与上官婉儿等结成势力集团，顺昌逆亡，甚至密谋政变，弑君自立，效法则天武后。在唐前期朝政大变局关键时刻，睿宗之子李隆基果断发动兵变，杀死韦皇后，化解了一场政治危机。慈禧太后是清文宗之懿贵人，没有皇后名分，文宗死，穆宗立，径封皇太后，历同治、光绪两朝四十余年，垂帘听政，独断朝纲，地位从未动摇。她思想保守、观念陈腐，在西学东渐，世界格局大变演中，无能应对，锁国闭关，为保住其独尊地位，血腥镇压维新人士；在对西方列强的斗争中，屈膝投降，签订了一系列割地赔款、丧权辱国的条约，使偌大中华沦为半殖民地社会；她个人生活厚自奉养、奢侈挥霍，为庆六十大寿，竟公然连续数年挪用海军经费近200万两，这也是导致甲午战争中北洋水师全军覆没的一个重要原因。

这套名后传记史学读本，成于众人之手，风格不同，学识也有差异，相信读者慧眼识珠能够发现其精到和舛误。此套书曾刊行于20年前，此次应邀修订，主要是打磨文字，订正史实错误。限于作者水平，肯定还有其他问题没能发现更改，欢迎读者教正。

辽宁师范大学　赵毅

2023年5月15日

目　录

第一章

白山黑水畔龙腾之地

塞外绿茵中凤兴之族

一、纵横驰骋统东北各部

中国远古的东方部族，似乎与"鸟"有着不解之缘，从传说中的汤谷扶桑古树上负日而行的三脚神鸦，到受天命"降而生商"的玄鸟，无不饱含着他们的爱恨情仇。但更多的却是将它看作是自己的祖先，作为自己崇拜的图腾。在不停的争战中，也在进行着不住的融合，一点点，一滴滴……终于，在他们的祭坛上出现了"凤鸟"的雏形。于是，有人将他们称作"凤族"。

白山黑水，是东夷凤族的故土之一。传说很久以前，三位美丽的仙女来到这儿，深为那无限美好的北国风光所陶醉，当她们尽情地沐浴在长白山巅的天池之中的时候，一只神鹊衔来一枚红果，轻轻地放在了最小那位仙女的衣服上，当她沐浴完穿衣服的时候，便顺手将那枚晶莹的红果放在了嘴中，一不小心吞了下去，从此便怀了孕，产下了一个名叫布库里雍顺的男婴。后来，他在那白山黑水之间繁衍生息，形成了一支以"神鹊"为图腾的凤族。在附近那绿水环绕的茵茵草原上，活跃着一支弯弓射雕、跃马扬鞭的凤族的后裔，他们的祖先曾在马背上创造了自己的政权，又跨越长城，成为君临天下的至尊，而那里却成为凤兴之地。

科尔沁部是蒙古诸部的一支，姓博尔济吉特（即孛儿只斤。在蒙古王公世系中，这是元太祖成吉思汗的姓氏，其直系后裔多分居于东至吉林、西抵贺兰山、南倚长城、北界瀚海的大漠南蒙古地区）。他们世代生活在科尔沁大草原上，过着纵横天际的游牧生活。这里地处嫩江流域，清澈的江水浇灌着富饶的草原，肥沃的土地养育着剽悍的民族，它东连那荒蛮而又神奇的白山黑水；西部和北部都是绵亘千里的兴安岭山地；南与大明的辽东相接，和辽河平原相邻；西南部则生活着另一个更为强大的蒙古族部落——察哈尔部。当努尔哈赤所建立的后金刚刚兴起的时候，这里正处于大明、察哈尔、后金的交界处，成为要冲之地，尤其科尔沁右翼前旗东南的席北城，更是由现在吉林通往墨尔根、瑷珲、黑龙江的军事要冲，也是后来建州女真征服海西、野人女真的必经之路。三家势力，一个想扬国威于千里、令四夷臣服；一个想恢复昔日祖先的荣耀，成为整个蒙古乃至整个天下之主；还有一个则不甘心永远处于屈辱的地位，也想执牛耳于一方。于是，这里便成为兵家必争之地，仿佛谁争得了它，就取得了获胜的一个砝码。

察哈尔部是此时蒙古各部中实力最强的，地域广阔，力量雄厚，"东起辽西，西尽洮河""威行河套以西"。长期以来，由于自身的弱小，科尔沁部一直屈从于察哈尔部的统治之下。同时，明王朝对少数民族历来采取"以夷制夷"的方针，对各部加以挑拨、分化来维护自身的利益。为了限制后金的发展，明朝廷拿出大量的金帛分给蒙古各部，用他们来牵制后金。因为明朝不希望在自己的身边出现一个统一而又强大的国家，那是个威胁。当后金冲破一切束缚，日益强大起来时，明朝又在万历末年，与敌手察哈尔部达成协议，赞同其成为蒙古共主，将原来赏赐给蒙古各部的大量金帛转赐给察哈尔部，来换取察哈尔部对后金的打击。因此，科尔沁部与后金在初期一直保持着敌对态度。

努尔哈赤的统一，不仅引起了明王朝的不安，更激起了女真各部的强烈不满，不仅一个个被征服的小部落时常进行抵抗，力量相当于或大于努尔哈赤的部落，也忍不住站出来干涉。

明万历十九年（1591），努尔哈赤的姻亲叶赫部首领纳林布禄派使来到了建州，送上一封书信。努尔哈赤轻轻展开，一行行挑衅性的字句映入他的眼帘：

叶赫国大贝勒纳林布禄致书满洲都督努尔哈赤麾下：尔处满洲，我处呼伦，语言相通，势同一国。今所有国土，尔多我寡。可将额勒敏、札库木西地择一与我！

堂下，叶赫使臣的脊背已渗出了冷汗，他已想象到看完信后的努尔哈赤的心境，略一发怒，自己就将有来无回，尽管这是主子所期待的，也是自己所预料到的，但一想到死的滋味，他还是不禁地打了个寒战。

出人意料的是，努尔哈赤并未发怒，连眼皮都没有抬一下，只是威严地说道："回去和你主子说，势同一国，毕竟是两国。我不希望多看一眼你主子的国土，你主子也不必打我的主意。国家不比牲畜，岂能随便割裂分给他人？"

几天后，叶赫使臣又来了，同来的还有哈达、辉发之使。三部已然联合起来，向努尔哈赤发起挑战。

仿佛多了座靠山，叶赫使臣的胆气也壮了起来，他傲慢地说道："前次，我们主子念你是同种姻亲，允你割土称臣，是对你的恩典！你敬酒不吃非吃罚酒，构怨结仇。我大军不日将血洗贵国，贵国难道有一兵一卒敢踏上我主子的地界吗？"

沉默，一阵令人窒息的沉默。

良久，努尔哈赤缓缓站起身来，抽出佩刀，只见弧光一闪，"啪"的一声，桌案已被砍掉了一角，他朗声道："你主子兄弟何尝亲临阵前，马首相交，摧甲血刃，经得起大战吗？你四境果然遍设高墙，可以阻挡我势如洪水的雄师吗？我父为大明所杀，大明即认错，送还尸首，敕书三十道、马三十匹，又授我左都督敕书、龙虎将军大敕，岁输银八百两、蟒缎十五匹。你主子之父也为大明所杀，他的尸首，你主子曾收得回去吗？连亲父的尸骸都未曾收得，还有脸跟我说什么大话！"

叶赫使臣语塞，与哈达、辉发两国使臣仓皇退下。至此，统一与反统一两种势力的较量已是不可避免的了。

在明王朝的支持下，万历二十一年（1593），海西女真叶赫部首领布斋、纳林布禄纠集哈达首领孟格布禄、乌拉首领布占泰、辉发首领拜音达里以及蒙古三部科尔沁、锡伯、卦尔察，长白二部朱舍里、纳殷各部首领组成九部联军，分三路向努尔哈赤所在地进攻。这是努尔哈赤起兵以来所遇到的最严重的挑战，虽然他曾南征北战，在以往的战斗中取得了胜利，也有了一定的力量与经验，但同时对付如此多的敌人，毕竟还是第一次。在接到情报后，努尔哈赤立刻派人四处打探消息。于是，探马飞驰：

"报——东方不见敌踪，只见群鸦鼓噪，遮天蔽日。"

"报——浑河以北敌营火如星密。叶赫兵一万，哈达、辉发兵一万，蒙古科尔沁等部兵一万，共三万大军向我逼近。"

听到以上报告，努尔哈赤仿佛松了口气，平静地吩咐道："我军夜出，恐惊动城中百姓，待天明出兵。"努尔哈赤安排完兵事后便回家睡觉去了。他的福晋（即妻子）富察氏看他安然入睡，心中不安，推醒他说："据说九部兵马攻来，军情非常紧急，你为什么还睡大觉？是糊涂，还是害怕？"

努尔哈赤坦然回答："害怕敌人的人一定睡不好觉，我因不怕敌人，所以才能熟睡。传说敌人要来，没有见到，心神不宁。现在已知道敌人来了，我就安心了。我相信，有上天的保佑，他们反对我，是不会有好下场的。"说完，又倒头大睡。这或许只是传说，却真正表现出了努尔哈赤沉着、冷静的领袖风范。

其实，努尔哈赤的心中早已有了破敌之策：诱敌深入，拼力一战，专打头目，使这帮乌合之众不战自溃。次日清晨，吃完饭，努尔哈赤率领众将谒庙拜神后，骑上战马，将大军开往前线，向扎喀关进军，准备迎敌。在他那坚毅的面孔后面既有战胜敌人的信心，又隐藏着许多忧虑，这毕竟是生死攸关的大战呀！一旦战败，九部联军的铁蹄不会放过建州的每一个角落，刚刚建立的基业，又将毁于一旦，但敌人就在眼前，已没有退却的可能，唯一的出路只有一个字：战。利用天时、地利、人和来争得战争的胜利。

当九部联军到达扎喀关时，面对已然防备森严的城池，他们悄然调兵，将矛头指向防备空虚的赫济格城。然而，消息灵通的努尔哈赤却先期到达。赫济格城，在古勒山中占据险要地位，努尔哈赤已经估计到了这一点，因此他对此处做了充分的军事部署。

山下，一队建州兵被九部联军紧紧追杀，逃入古勒山中，随后而至的联军因山路狭窄不能成列，遂首尾如一字长蛇，逶迤而行。突然，杀声四起，礌石箭矢如滚雷般飞下，谷内血肉横飞，死伤无数。接着，努尔哈赤指挥百战百胜的英雄额亦都率军杀出，以一当十，纵横驰骋……中计！九部联军虽已知道，却晚了。

敌军中，叶赫首领布斋驱策过猛，坐骑横向而倒，一建州兵刺上一刀，命归九泉；乌拉首领布占泰被擒；叶赫另一首领纳林布禄因见其兄饮刃而亡，昏厥马下……于是，一帮乌合之众已不能自顾，四散奔逃，蒙古科尔沁贝勒明安慌乱中落入陷马坑，他弃鞍解衣，赤条条爬上来，抓住一匹骣马狼狈而逃。建州兵乘胜追击，九部联军大败，尸满沟壑。

这一战，努尔哈赤杀敌兵四千人，获马三千匹、盔甲千副。自此，建州女真威名大振，没有人再敢小视他，而作为这次联军主力的蒙古各部却受到了沉重打击。

后来，乌拉贝勒布占泰（曾在古勒山大战中被俘，但努尔哈赤为拉拢乌拉，恩养三年后，将其放回，并助其夺得乌拉贝勒之位，还将女儿穆库什嫁给了他）与努尔哈赤交战，科尔沁的翁果岱（又名翁刚代）贝勒又与布占泰联合反对努尔哈赤。他出兵在距乌拉城二十里远的地方遇到了努尔哈赤长子褚英及其侄阿敏所统率的征乌拉大军。望着那猎猎的旌旗，听着那震耳的马蹄声，翁果岱悄然撤军了。他知道，此时的建州已是不可战胜的了。

二、歃血为盟结好科尔沁

古语云："胜者为王，败者为寇。"或许在人们的心目中都有同情弱者的心态，但强者却更令人瞩目。战败者，要么从这个世界上永远消失，要么只能成为胜者的从属。尤其在那个只有习俗、没有法律，虽有文明，但更多的却是野蛮，一切都要用武力来解决的年代，战争的胜负更令人瞩目。古勒山大战后，蒙古各部已无力再与努尔哈赤相抗衡了，作为弱者与败者，唯一的选择只有交好、臣服，成为他人的附属。于是，第二年，那位在古勒山大战中狼狈而逃的蒙古科尔沁贝勒明安及喀尔喀五部贝勒老萨首先遣使通好。此后，蒙古诸部与后金往来不绝。

刚开始时，努尔哈赤以为蒙古越过明朝而来交好，只不过是希图钱财，所以赏赐的东西特别丰厚，因为胜者永远是慷慨的。但随着斗争的发展，他很快认识到蒙古对他具有重要的实际意义，他感到蒙古是一支可以利用的力量，争取到它，就会使自己在对明朝的斗争中处于更有利的地位。因此，他积极开展与蒙古的友好关系，从遣使通好，厚加赏赐、馈赠发展到通婚联姻这种更亲密也更复杂的关系。而且他自己就娶了科尔沁贝勒明安之女和郡王孔果尔之女为妻。

清太宗皇太极在位之初，继承了他父亲的这一政策，继续对蒙古结亲、赏赐、分化、利用，他本人及其兄弟子侄，还有贝勒大臣都娶蒙古女子为妻，同样，太宗及其宗室、大臣的女儿们也都远嫁蒙古，甚至有些蒙古王公主动向后金求婚，要求娶宗室之女为妻，太宗总是给予满足，给予他们"额驸"的地位与待遇。这种联姻固然是政治上的一种手段，然而这种政治联姻与亲属关系，却像一张巨大的关系网，将满蒙联系到一起，在清朝的统一中，起到了稳固后方，加强满洲力量等无法估量的历史作用。

在蒙古各部中，与后金关系最密切，也最受优待的要算科尔沁部了（由于其特殊的地理位置及与后金友好关系确立之早）。尽管科尔沁部曾一度屈服于察哈尔部的统治之下，但察哈尔部的君主似乎并不如努尔哈赤那样有远见卓识，善于收服人心，他只知道以强蛮的手段来聚敛财富，扩充自己的势力。在他的眼中，科尔沁只不过是一个奴仆。古勒山大战后，科尔沁已领略了后金的实力，努尔哈赤抓住其弱者的心态，不加之以兵，而宣之以礼，以各种利益为诱饵，终于在与明朝、察哈尔等强大势力的斗争中，争取到了科尔沁。为了加强与它的联系，努尔哈赤及其诸子都曾多次娶科尔沁蒙古王公之女为妻，以政治联姻来强化两者的关系。尤其皇太极于万历四十二年（1614）迎娶科尔沁贝勒莽古思的女儿（即后来的孝端文皇后，皇太极正宫，孝庄文皇后之姑）时，努尔哈赤竟破例让皇太极亲自迎至辉发扈尔奇山城，表现他对与科尔沁这门婚事的重视。

攻占辽沈之后，由于斗争形势的需要，与科尔沁的交往更加密切。天命九年（1624）后金提出与科尔沁结盟，但科尔沁使者带来的奥巴台吉的回信却似乎并不那么乐观，其中写道：

> 对于大汗您的谕旨，我们都欣然服从，也都希望由大汗您来主持大计。但是，察哈尔的汗与喀尔喀各部知道我们与您订盟，一定会派兵征讨。那时，大汗您又将如何对待我们呢？请大汗仔细斟酌呀！

见信后，努尔哈赤知道科尔沁确有结盟之意，但又有后顾之忧。于是，他立刻派库儿缠、希福前往科尔沁与奥巴会盟。他们宰牛马、置白骨，酒、血、土、肉各一碗，焚香而誓道：

> 后金与科尔沁两国，因为同受察哈尔的欺凌，所以拿这样的盟言昭告天地："愿同心合意，既盟之后，后金如为察哈尔馈赠所诱，中其巧计，不告知科尔沁，而事先与之和好，穹苍不佑，降以灾殃，就

像摆着的骨暴，血出、土埋而死；如科尔沁为察哈尔馈赠所诱，中其巧计不让后金知道，先与之和好，穹苍不佑，降以灾殃，亦一样骨暴，血出、土埋而死，如履行盟约，天地保佑，益寿延年，子孙万世，永享荣昌。"

盟誓完毕后，库儿缠与希福又带着科尔沁的使者来到了后金，努尔哈赤命令代善、阿敏、莽古尔泰、皇太极四大贝勒及阿巴泰等几乎所有的重要首领，宰白马、白牛，也如前一样，与科尔沁使者盟告天地。

在努尔哈赤的蓝图中，要征服明朝，必须先征服蒙古。因为此时的蒙古各部大多还是后金的敌对势力，是他南征大明的后顾之忧。后金与科尔沁结盟，就是征服蒙古的一个步骤，也是为进攻明朝解除后顾之忧的一个步骤。同时，还可以利用蒙古的人力、物力增强后金的实力，有了这些重要性，努尔哈赤便想方设法发展与科尔沁的友好关系。

天命十年（1625）八月，对天发誓的余音尚在耳边回荡，科尔沁奥巴台吉的使者便焦急如火地赶到了后金："察哈尔的大军即将来犯，请求大汗增援。"

这一消息在后金引起了震动，因为科尔沁仅是蒙古的一个小部落，而察哈尔部，在其首领林丹汗的率领下，已成为一个足可与后金相抗衡的强大部落。"两强相争，必有一伤。"倘若失败的是后金，那么这份辛辛苦苦才创下的基业就要土崩瓦解。然而，努尔哈赤却并不这样想。若不出兵，就等于又将科尔沁推到了察哈尔一边，为联合察哈尔的战略而付出的多年心血将付之东流，更重要的是失去科尔沁，就等于失去了一道防藩卫土的屏障，失去了一个取胜的条件。现在与察哈尔交战，固然胜败之数难以预料，但在失去科尔沁之后再与之战，那么失败的概率将大于胜利。他深知要征服蒙古，仅用武力不行，还要以德、柔使其心服，而这首先需要的就是"诚信"两个字，倘若这次失信，不仅刚刚建立的盟约会废弃，而且他征服蒙古的计划也将被搁置，甚至落空。那么，就像有一把尖刀逼在后腰，这对他的事业将是非常不利的。于是，他立刻决定派使带八名炮手先行前去增援，并表示："你们要我派兵增援，要多则多，要少则少，不必担忧。"并在自己也十分困难的情况下，调遣各路人马，亲率诸贝勒大臣驰援科尔沁。增援兵马行至开原以北镇北关时，由于此前军队曾进行过射猎，兵困马乏，无力再行，但努尔哈赤仍挑选精骑五千命皇太极同莽古尔泰、阿巴泰、济尔哈朗等快速前往支援，自己则率队返回了沈阳。察哈尔的军队在听到后金援军已到时，由于多日的鞍马劳顿、久战不胜，现援兵又不到，导致士气低落，无心恋战，丢下大量兵器辎重，匆匆退却。于是，科尔沁危机得以解除。

天命十一年（1626）四月，奥巴亲自到后金答谢。努尔哈赤隆礼相待，厚加赏赐，并把侄孙女嫁给他，赐他"土谢图汗"的称号，同时与他再次对天盟誓，决心永远友好下去。

努尔哈赤时与蒙古的关系，基本上是以对天盟誓的方式，建立平等的联盟，彼此之间的约束力并不很严格。皇太极继立为汗后，有鉴于此，他要将这种平等的关系发展成为更加牢固的从属关系，不仅仅要对天地盟誓，还要明确规定双方所承担的责任与义务及处罚方法。

天聪二年（1628），皇太极借喀喇沁与喀尔喀联军同察哈尔决战，请求援助之机，提出与各部会盟，共同讨伐林丹汗的要求。于是，喀喇沁等各部使团来到盛京，与后金建立了军事同盟，皇太极则登上了盟主的宝座，取得了对漠南蒙古各部的支配权。在出征途中，率军从征的奥巴只顾纵兵掳掠，不与后金会合，战事刚结束，不待报告，就率军先行回国。此举实属藐视盟主至极，皇太极闻报后不禁大怒。这明明是对他权威的轻视，此事若不处理好，今后就难以服众了。于是，皇太极派索尼、阿朱户两人赴科尔沁，给奥巴写了一封信，严厉谴责他违约，并历数科尔沁早年助叶赫攻打后金，努尔哈赤去世迟迟不来吊丧，两个月后才派了一个低级官员来等罪状，并吩咐索尼两人："你们见了他，不必行礼，不吃他的饭，不给他好脸色看，还要做出要走的样子。"

面对后金使臣的傲慢态度，奥巴茫然不知所措，看完信后，更加惊恐。第二年正月，他亲自到沈阳认错，并愿受罚。皇太极闻听亲自出迎十里，并举行盛大宴会。鉴于他已知悔改，不仅未处罚他，还赏赐了貂裘、靴、帽等大量物品。

从此之后，科尔沁便被永久地绑在了后金的战车之上，直至清朝定鼎中原后，依然每次一有大的征伐，科尔沁都率兵相从。因此，科尔沁部在清代被列为内札萨克（相当于后金的"旗"）二十四部之首，并享有特殊的政治地位。

三、龙凤交鸣双方结秦晋

不知从什么时候起，通婚这种最普遍的联结亲属的方式在历史上被作为一种政治手段加以利用，而且颇为流行，不仅中国有，外国也有，英国的威廉一世（即法国诺曼底公爵）就是利用联姻的方式吞食了法王的大片土地，终于导致了英法百年战争的爆发；汉代的刘邦，也是用美人计才解了白登山之围，又将宗室之女远嫁匈奴来换取边疆的暂时安定；唐代文成公主入藏……不论是喜还是悲，无一不与政治紧密相连，很难从中找出一丝现代人所追求的情与爱的成分，如那"孔雀东南飞"的故事，虽经久不衰、流传至今，但毕竟太少了。"父母之命，媒妁之言"已剥夺了男女之间自由择偶的权利，而且，那时人们所讲的，尤其在高层统治者之中，是利益，而不是感情，婚姻已成为一种可以出卖的商品。当它作为一种政治商品加以拍卖的时候，于是，最简单的结亲方式和最久远的血亲观念与政治利益结合在一起，便变得野蛮、残酷了。

对于这种政治婚姻，历来众说纷纭，褒贬不一。一个昭君出塞，有人写得可歌可泣，轰轰烈烈，好一个女中英雄，大有巾帼不让须眉之势；也有人写得呜咽哀怨，声声泣血，活脱脱一个深宫怨女的悲惨遭遇。其实，这种政治婚姻，从人性论上说，确实是违反了人性，践踏了人的自由与权利，从现代观念看残酷而又无情，应该痛加鞭挞；但从历史的角度来说，这却是必然的。因为私有制的产生和商品的出现，在人与人之间的关系中利益被摆在了首位，"天下熙熙，皆为利来；天下攘攘，皆为利往"。随着政治斗争的日益复杂及政治利益所带来的巨大经济收益，统治者不遗余力，将一切可利用的东西都转化为政治资本，婚姻成为一种政治手段，人们长期遗存的血亲观念以及它独特的方式，被作为一种工具加以利用。对于某个人来说，那是悲惨的、残酷的；但对于当时社会来说，或许却是不得已的。倘若刘邦不通亲，又怎能有汉武帝厉兵秣马，将匈奴击溃于千里之外呢？倘若昭君不出塞，呼韩邪又怎能平息干戈，又怎会有北疆的安宁？……这也许就是为什么哀怨出塞的昭君，后来却被人们大加称道、怀念的原因吧！

仅读过《三国演义》的努尔哈赤，不知道刘邦，更不会知道威廉，但也从他的祖先那里继承了通婚这一传统工具，并加以发挥，这在他的政治生涯中起了重大作用。从一部之酋长到一国之君汗，没有哪一时期他抛弃过联姻这一政治工具。他最宠爱的孟古福晋（即清太宗皇太极之生母）就是与叶赫部政治联姻的礼品；而他最宠爱的女儿穆库什也被作为政治联姻的牺牲品嫁给了乌拉贝勒布占泰……通过联姻结成复杂的亲属关系，结成巨大的关系网，以亲情、利益将各部牢牢掌握在自己手中，换得他们的支持；并通过联姻来稳固自己的统治，增强自身的实力，尤其与科尔沁部，更是亲上加亲，其子孙奉行着"南不封王，北不断亲"的政策，都从科尔沁部中挑选自己的后妃，就连后来的乾隆皇帝也赋诗道："塞牧（指科尔沁）虽称远，姻盟向最亲。"也正是这种联姻，将科尔沁与后金紧紧地联系在了一起，也注定这支成吉思汗的后裔将被赋予凤的化身，成为凤兴之族。这也是科尔沁部在蒙古各部中恩宠有加的一个原因。

为联结科尔沁，努尔哈赤曾娶明安贝勒的女儿为妻。后来又娶了孔果尔郡王的女儿，这就是清代最长寿的寿康太妃，直至康熙四年（1665）才去世。而他的儿子皇太极也以隆重的礼节迎娶了科尔沁莽古思贝勒之女，即后来的孝端文皇后。天命十年（1625）又娶了寨桑贝勒年幼的女儿，孝端文皇后的侄女，即后来的孝庄文皇后。皇太极对宸妃最为宠爱，曾因其死而悲痛欲绝，乃至大臣在服丧期间偶有小失便大加责罚，而宸妃是孝庄文皇后的姐姐。顺治帝福临先后两个皇后都是博尔济吉特氏家族之女……于是，爱新觉罗氏的生命中掺进了博尔济吉特氏的血液，布库里雍顺的子孙与成吉思汗的子孙相融合，吸取了他们的龙性，造就了一代新的"龙族"，也造就了一代新的"凤族"，同奏着龙凤交鸣之曲。

明万历四十一年二月初八日（1613年3月28日），科尔沁草原上寨桑贝勒的家中人进人出、忙忙碌碌，而寨桑却坐立不安，在帐篷中来回地踱着步，似乎在焦急地等待着什么。今天是他妻子生产的日子，这是科尔沁大草原上的显贵家族，他多么希望妻子能再为自己生个儿子，来支撑起这偌大的家业……

一声响亮的婴啼划破了长空。

"恭喜贝勒爷，又得了一位千金。"

"千金？！唉！"寨桑轻轻地叹了口气，又是女孩，寨桑心中隐隐不快。这个女孩就是本书的主人公，也就是后来的孝庄文皇后，但此时的寨桑做梦也不会想到自己的女儿将来会成为帝母之尊。

尽管她出生时并无什么祥云压屋、满室生香等颇有后妃征兆的传说，也没有人能预见她的未来将会如何，但她却出生在一个特殊的家庭之中，出生在后金与科尔沁关系最为微妙的时刻。而且，在她出生后仅一年，她的亲姑姑便作为政治婚姻的牺牲品嫁给了皇太极，仿佛冥冥之中早已注定这只新生的小凤必将成为凤族中的一员。

在科尔沁与后金的战与盟、嫁与娶当中，这只小凤渐渐成长起来了，富饶而又广阔的草原赋予了她如花的容颜，清澈的嫩江水造就了她聪睿的才智。她目睹过嫁娶时的喜庆、亲密、安宁，也耳闻过战争给草原带来的灾难，或许正是这戏剧般的变化，使她于朦胧之中领略到了什么，造就了她的政治天分。

马背上的民族成熟得都很早，才刚过十岁，她就已长得如花似玉，娇艳动人，成为草原上的一颗明珠，人们赞美、惊叹，但也忧虑，正值韶华的她，未来将会如何呢？似乎谁都知道，又似乎谁都不知道。

第二章

豆蔻女初嫁后金雄鹰

天聪汗鼎奠大清基业

一、内忧外患迁都沈阳城

天命十年（1625）二月，一支马队冒着严寒，风尘仆仆地进入了后金的都城——辽阳。四大贝勒皇太极的宅第里张灯结彩、喜气洋洋，这是一支送亲的队伍，一支给皇太极送亲的队伍，一支肩负着千百年不变却又独特的政治使命的送亲队伍。当四大贝勒府第的喜筵开始的时候，努尔哈赤那紧蹙的眉头才微微舒展了一些，回想几年来的坎坷，不禁长叹一声：难道上苍真不助我女真，我女真只能安于一隅吗？中原，中原，何时才能在那儿策马扬鞭呢？！

天命四年（1619）三月，努尔哈赤于萨尔浒大败明军，使后金与明朝的关系发生了根本变化，他抓住了战争的主动权。八月又攻灭叶赫，统一了女真。天命六年（1621）又发动了进攻明朝辽沈地区的战争，三月十三日，首下沈阳，二十一日，攻克辽阳……

进入辽沈地区后的后金，形势并不那么乐观。天命六年（1621）努尔哈赤下令"计丁授田"，其内容如下：

> 嗣后每一男丁，给地六日，以五日种粮，一日种棉，按口均分。……每男丁三人，合耕官田一日，又每男丁二十人，以一人充兵，一人应役。

这是一种带有封建制因素的新的经济形式。"计丁授田"下的劳动者有独立的经济地位，向国家服役纳税，它意味着后金经济开始步入了封建化的轨道。然而，毕竟它才刚刚起步，还无法与成熟的汉族封建经济相比拟。而且，经济上的趋同，并未从文化、心理上消除两个民族间的隔阂，汉民族因长期以来形成的优越感，更难以从心理上接受被他们视为"东夷之族"的女真人的统治，再加上马背上的民族长期以来所形成的劫掠传统，也伤害了他们的利益，于是，他们不停地反抗、逃跑，杀死女真兵，以各种方式来发泄着他们的不满。于是，努尔哈赤愤怒了，他感到自己失败了，被愚弄了。"顺者以德服，逆者以兵临"，强烈的报复欲望，使已步入暮年的努尔哈赤对汉人实行恐怖的屠杀与高压政策，用刀光和剑影来维护他胜者的尊严。攻占开原时"屠害人民无虑六七万口，子女财帛抢来者，联络五六日"。仅后金天命四年（1619）一年，辽东地区便有十余万汉民死于屠刀之下，"或全城死，全营死，全寨死，全村死，全家死；或家死其半，子死其父，兄死其弟，妻死其夫，山骸川血，鬼哭人号"。……累累白骨、血流漂杵使本已纷乱的社会，变得更加纷乱。就在汉族黎民百姓处于这极其残酷的杀掠之际，努尔哈赤赫然取消"计丁授田"，而实行满汉合居，把汉人公然置于奴隶地位的"编庄制度"，使辽东地区汉人原有的制度后退。

经济是立国的基石，是一切政治制度的基础，没有人能脱离物质而存在，也没有任何国家可以脱离经济基础来构筑那虚无缥缈的空中楼阁。努尔哈赤的倒行逆施，使刚刚起步的封建经济遭到摧残，使本已繁荣的城市又变成一片瓦砾，那寥若晨星的村落被一片黄沙白草包围着，到处是一望无际的凄然景象……历史是公正的，它不允许倒退，它已向后金的统治者敲响了警钟。

天命七年（1622）八月，明朝抓住努尔哈赤轻取广宁后，为了调节后金统治集团内部矛盾和镇压辽南人民的反抗，无力西向之机，派内阁大学士孙承宗以兵部尚书督师辽东。由于他的致力经营，到天命九年（1624）秋，收复了辽河以西的失地四百七十里，至此完全控制了辽西地区。随后，又派马世龙、王世钦、袁崇焕等人东巡，不仅巩固了辽西防务，而且哨探到了辽河以东，给后金以极大的压力；同时，驻扎在皮岛的毛文龙也是努尔哈赤的心腹之患，他虽不善大战，却长于游击，曾辅助孙承宗完成了战略部署，夺回了被后金攻占的许多据点，尤其在辽南地区，毛文龙利用熟悉的地势，大搞游击战，使后金军寸步难行，伤亡惨重，付出了极大代价。以致努尔哈赤痛感"文龙一日不灭，则奸叛一日不息，良民一日不宁"。

而后金政权内部，也在为争权夺利而互相倾轧。数年前，太子褚英因虐待兄弟大臣被废，而后又因焚表诅咒出征的父汗兄弟而被囚死高墙；大贝勒代善被人告发与继母私通而遭到父汗冷落……难道这些都只是些家庭琐事吗？似乎并不那么简单。努尔哈赤也明白那只不过是一种表象罢了，在其深层之中还隐藏着一种不为人知的东西。

内忧外患，使努尔哈赤感到疲惫不堪，衰老的身体已不如年轻时那样精力旺盛了，他很想坐下来休息一下，然而却了无机会。此时，他不仅要协调内部，防止外部侵犯，以整兵再战，而且他敏感地意识到还要联系后方。此时，他最需要注意的就是他的姻亲科尔沁。倘若它被大明所诱，只要轻轻反手一击，那么，后金必将受到重创，那才是他真正的后顾之忧。可对于这样一个部落，不能用武力去征服，只能恩威并施，以各种手段来加强与它的联系，将它永久地绑在自己的战车上。因此，在攻占辽沈之后，他不断派使通好、赏赐、通婚……又为自己"爱如心肝"的儿子皇太极聘娶了一位科尔沁显贵家族的女子——这就是寨桑贝勒的女儿，博尔济吉特氏。

于是，这颗草原上的明珠，如她的亲姑姑一样，也因她的家世而成为政治婚姻的牺牲品。天命十年（1625），年仅十三岁的她，在哥哥吴克善台吉的陪同下来到了后金，与一个她素未谋面，长她二十一岁的男子成亲。在这之前，她不知道他是怎样一个人，也不知道他是否能使自己幸福，但她知道她将永远离开那生她养她的大草原，离开父母、兄弟、姐妹，在异地他乡开始自己新的生活，不知是福是祸。

这年三月，也就是刚与科尔沁再次联姻才一个月，努尔哈赤便风风火火地迁都沈阳了。这种政治中心的北移，在后来对后金事业的发展确实起了极大的作用，不失为一个积极果断的决策。但实际上，努尔哈赤作出这个决策的当时，似乎并不完全像史书中所记载的那样运筹帷幄，深谋远虑：

> 沈阳，四通八达之处。西征大明，从都儿鼻渡辽河，路直且近；北征蒙古，二三日可至；南征朝鲜，自清河路可进。沈阳浑河通苏苏河，于苏苏河源头处，伐木顺流而下，木材不可胜用。出游打猎，山近兽多，且河中之利亦可兼收。

这只不过是后来史笔的谀美之辞罢了。

孙承宗在收复辽西后，派兵东巡，哨探到辽河以东，与辽阳只有咫尺之遥，而后金却无可奈何，这不能不给后金统治者以极大压力，这只是小股敌人，倘若大军压境，辽阳能保吗？天命九年（1624）十月，孙承宗派出的各路军队，完成哨探后旋师宁远共商大计，他们也发觉了后金的处境，想要乘胜追击。最后商议在第二年春夏之交大举，力图恢复。善于刺探明朝军情的努尔哈赤了解到这一切后，在大为震惊中决定抢在春夏之交前北迁。而且毛文龙也意图进取辽南，再加上辽南地区汉人的激烈反抗，这些因素都极大地威胁着后金，迫使努尔哈赤竟不顾群臣的谏阻，决意北迁沈阳。恐怕连他自己也无法预料到他的这一举措对后金以后的发展产生了多么大的影响。

刚刚在辽阳落脚的博尔济吉特氏，也不得不随着她的丈夫皇太极匆匆迁到了沈阳。

二、内外交困皇太极继位

这位刚嫁过来的蒙古新娘，并未像她的姑姑那样引起很大的轰动，因为此时的皇太极毕竟已娶了好几位福晋，她也只不过是一个侧室罢了。尽管她美丽温柔，秀美无比，可在刚开始，似乎她还没有博得皇太极的青睐；尽管正值豆蔻年华的她尚显得年幼，但那略带稚气的脸庞似乎掩盖不了她的聪明伶俐、沉稳干练，隐隐透露出一个非凡女子所具有的英气。她分析问题透彻、全面，往往在关键的时刻给皇太极以好的建议，渐渐引起了皇太极的注意。

天命十一年（1626）一月，努尔哈赤攻宁远受挫并被大炮击伤后，忧愤成疾，突发痈疽。七月三十日努尔哈赤前往清河温泉疗养，又受到毛文龙所派小股部队的骚扰，病势急转直下。八月十一日，病逝于距沈阳四十里之遥的瑷鸡堡。当天夜里初更，努尔哈赤的灵柩被群臣轮班抬回盛京，运入汗宫。

虚空的汗位所造成的权力真空，在后金统治集团内部引发了一场你死我活的争权夺位的斗争。阴谋、陷阱，险象环生的骨肉相残，造成了刀光剑影的千古之谜。

褚英是努尔哈赤的长子，为第一位大福晋佟佳氏所生，与代善是同母兄弟。他战功卓著，年仅十七岁就赢得了"洪巴吐鲁"（勇士）的称号，在与乌拉的乌碣岩大战中，奋勇当先，被赐予"广略贝勒"的美号。无论从嫡长，还是从战功，立他为嗣子，均无可非议。尽管努尔哈赤也知道他是一个心胸狭窄、野心勃勃的人，但他希望褚英能通过嗣子的册立而有所改变。于是，他仍选择了褚英。被立后的褚英不仅没有丝毫的改变，反而更得寸进尺，位高权重的四个弟弟与大汗所倚重的五大臣成为他的眼中之钉。于是，他不住地欺凌并威胁他们：

> 吾即汗位后，将杀与吾为恶之诸弟诸大臣。
>
> 汗父曾赐予尔等佳帛良马，汗父若死，吾则不赐。

甚至还逼迫诸弟在夜间对天发誓：

> 不违抗兄长的话，不将兄长的话告诉父汗。

四大贝勒与五位大臣再也不能忍受褚英的所作所为，联名向努尔哈赤弹劾。当面对质后，褚英无言以答。努尔哈赤大怒，收回原赐褚英的所有部众、牧群，分给诸弟，并在征讨乌拉之战中不许他随队出征。

褚英绝望而又生出愤恨，他祈天相助，焚表诅咒出征之汗父、四个弟弟及五大臣：

吾兵出征，愿其败于乌拉。战败之时，吾不许父及诸弟入城！

然而不知为什么，此事很快败露，努尔哈赤愤怒至极，褚英被囚禁在高墙之内，不久即死去了。

太子被废，固然有褚英骄横的一面，但众口同声，却又如此迅速，这是否也是一个阴谋、一个陷阱，已没有人知道；褚英是如何死的，更无人知晓。但太子被废却为其他诸子的争立铺设了道路。而"褚英伏诛"便也成为后金国初四大疑案之一。

努尔哈赤死后，有能力争夺汗位的只有四位大贝勒（代善、阿敏、莽古尔泰、皇太极）以及被父汗赐予两黄旗和四十五牛录并允其成为"全旗之主"的多尔衮三兄弟。

据说，八月初七日努尔哈赤曾于浑河召见多尔衮三兄弟的生母大妃阿巴亥及大贝勒代善，遗命"由九王多尔衮继承汗位，代善摄政，及九王年长后归政"。然而，多尔衮兄弟虽拥有父汗赐予的两黄旗和四十五牛录，论实力，已超过三位大贝勒，可与大贝勒代善并驾齐驱，但他们毕竟太年幼了，既无战功，又不能服众，唯一的靠山便是身为"帝后"的额娘（母亲）——大妃阿巴亥。

大贝勒代善在褚英被废后，一度成为嗣子的最佳人选，而且他平素谦恭友善，很得人心，深受属下和诸位大臣的爱戴。但后金天命五年（1620），他却被人告发与父汗的大福晋有染：

　　在汗家宴会，聚集议事时，大福晋用金饰、东珠装扮己身，眼望大贝勒行走。

　　大福晋曾两次备饭，送与大贝勒，大贝勒受而食之。

　　闻听此事后，努尔哈赤悲愤异常，他既痛恨大福晋"蒙蔽吾眼，置吾于一边，而勾引他人"，也痛恨自己的儿子居然如此色胆包天。于是，大福晋被废，父子之间也埋下了一道难以填补的鸿沟。至于这位大福晋是谁，是莽古尔泰的母亲富察氏，还是多尔衮的母亲阿巴亥，众说纷纭，此事也成为后金国初的一个疑案。据查，这位大福晋似乎应该是多尔衮的生母阿巴亥。

　　努尔哈赤在知道这件事后，并未将她处死，只是休弃了，并吩咐众人道："杀大福晋何为？彼诸幼子生病，尚须看护服侍，吾不与彼共处，将彼休离。"而此时的莽古尔泰已三十四岁，其同母弟德格类也二十五岁了，根本不是什么幼子；多尔衮三兄弟中，除阿济格已年方十六，多尔衮年方九岁，多铎才七岁。可见，这位大福晋应该是多尔衮的生母纳喇氏阿巴亥，而不是富察氏。此时，大贝勒代善已三十八岁，富察氏在嫁给努尔哈赤前曾嫁一夫，并生有一子，据此估计此时她已有五十多岁，而阿巴亥年仅三十一岁。而且以前努尔哈赤曾经有嘱："待我死后，要将我的幼子等以及大福晋，托诸大阿哥照顾抚养。"根据民族习俗，满族自古就有"妻后母"的治栖之俗，为身后计，阿巴亥对代善表示好感并发生暧昧关系是极有可能的。

　　这件事情过后不久，又发生了大贝勒代善听信谗言，虐待前妻之子，甚至要求处死亲生儿子的事件。努尔哈赤痛斥代善，并要他对天盟誓，痛改前非。后来，他又嫌自己宅地太小，而与父汗争宅。从此之后，努尔哈赤对其日趋冷淡，代善渐渐失宠，失去了立为嗣子的机会。尽管如此，他的权势仍仅次于父汗，仍以大贝勒身份统理军国大政，仍为正红、镶红两旗旗主，仍有能征善战统兵辖民的十数子侄，仍足可与诸子一争高低。

二大贝勒阿敏身为镶蓝旗主，拥有一定实力，且素怀野心。但毕竟他是努尔哈赤的弟弟舒尔哈齐的儿子，是旁支。况且舒尔哈齐又因谋叛被处死，倘若他争位，必将成为其他三大贝勒的共敌，他成功的希望微乎其微。

三大贝勒莽古尔泰虽拥有正蓝旗，但其桀骜不驯，过于鲁莽，又为讨好父汗，而手刃犯有过失的生母富察氏，遭人唾弃，声名一败涂地，而与汗位无缘。

四大贝勒皇太极，是努尔哈赤第八子，为努尔哈赤最宠爱的叶赫部孟古福晋所生。朝鲜的史书上说他"智勇双全""英勇超人"确不为过。萨尔浒大战中，他与代善分率两翼，大败明军；又随父王征乌拉、灭叶赫，统一女真。他战功卓著，聪颖过人，文韬武略，无所不精，自幼就深受努尔哈赤宠爱，而且他有两白旗的支持，实力与大贝勒代善不相上下，也是最有实力争夺汗位的人选。

于是，最终有能力问鼎汗位的只有代善、皇太极，或者还有多尔衮兄弟。

盛京城内，哀声四起，"英明汗"的去世使后金军民沉浸在巨大的悲痛之中。然而，在这哀声中却隐伏着一种杀机，一种令人窒息的杀机。各种力量都在紧锣密鼓地策划、密谋、交易……鹿死谁手，尚未可知。

大殿内，烛灯高燃，一身缟素的诸王贝勒大臣们沉默许久了。这是一个漫长而又沉寂，却杀机四伏的夜晚。每一句话、每一个字都可能引来一片血光，引发一场恶战。谁都企盼登上汗位，但谁都不敢说他一定能登上汗位。

沉寂，死一般的沉寂。

良久，大贝勒代善突然缓缓站起身来，说道："国不可一日无君，立君大事，应该早定。现在四大贝勒皇太极才德冠世，深得人心，众皆悦服，可立他为君，以继大位。"

众人愕然了，惊奇的眼神中透露出不解的迷惘，难道大贝勒不想继承汗位吗？

其实，代善并不是不想继承汗位。论辈分，他是长子；论军功，他战绩显赫；论实力，他拥有两红旗的兵马，是最有能力夺得汗位的人之一，但他也十分清楚此时内外交困的险恶。

撇开阿敏的野心、莽古尔泰的桀骜不驯不说，就是多尔衮三兄弟：阿济格争强好斗；多尔衮、多铎虽然现在年幼，但他们特殊的地位决定他们长大之后绝不会甘居人下。特别是皇太极，胸怀大志，羽翼已成，素有计谋，实为最有实力与自己一争高下之人。两强相争，必有一伤，他无法保证伤的不是自己。父汗所确定的八和硕贝勒共治国体也在束缚自己的行动。

而且，兵败宁远后，后金士气低落。父汗的高压政策，迫害汉民，使社会动荡不安，百业颓废，甚至不少归降的汉官又产生了二心。明朝的袁崇焕却乘机备战，欲图反击。而处于自己两翼的朝鲜国和蒙古察哈尔部的林丹汗也在向明朝靠拢，欲图夹击后金，助明反攻。严峻的形势，迫使他不得不考虑眼前的处境：倘若此时，自己内部再发生争位的斗争，那么后金……他不敢再想下去，从大局出发，他希望能尽快平息这场纷争。

就个人能力来说，皇太极文武双全，很早就表现出治国安邦的才能，这是他代善所远不及的。从个人性格来说，只有他的宽容，绝无皇太极的退让。褚英死后，两人为争夺嗣子之位，曾发生过碰撞，后金天命六年（1621）的阿敦事件就是这次碰撞的结果。

据朝鲜《李朝实录》载，为了能战胜大贝勒代善，皇太极联合莽古尔泰和阿济格，并"恃其父之偏爱，潜怀弑兄之计"。正赶上此时努尔哈赤为寻找继承人而垂问于亲信阿敦，在言谈中阿敦露出了立皇太极的口风，谁知这件事却被代善知晓，代善对阿敦怀恨在心。阿敦知道这件事后，怕得罪代善，又密将皇太极联络莽古尔泰、阿济格来共同对付他的事说出来，代善大惊，将这事报告了努尔哈赤。

对于自己儿子之间这些争权夺利的斗争，努尔哈赤知道，却无可奈何。他已杀死了一个褚英，不想再杀第二个了，毕竟"虎毒不食子"啊！于是，在儿子与亲信之间，努尔哈赤选择了前者。阿敦被以"交媾两间"挑拨离间的罪名囚禁高墙，成为这场政治斗争的牺牲品。也正是在这场斗争中，代善深深了解了皇太极"不达目的，誓不罢休""为达目的，不择手段"的性格。因此，代善继位，必成鹬蚌相争，渔人得利之势；皇太极继位，代善却可与皇太极联手，两股最大的势力合为一处，足可镇住内外险恶的局势。特别是与皇太极关系密切的两个儿子岳托、萨哈廉也劝他放弃汗位，拥立皇太极，这更促使他顾全大局，不为一己之利而放弃汗位。

至于父汗的"遗命"，他不是没考虑过，这固然可使自己拥有相应的权力，以摄政身份主事，但以一个冲龄之子为汗，不用外部大明来攻，自己内部的争斗就足可将后金的基业毁于一旦，没有哪一个贝勒会放弃自己的机会，尤其是皇太极。这样做的结果绝不会比自己不为汗更好，看来"遗命"只能"遗"，却不能"命"了。这也是后来多尔衮对代善万分憎恨的一个原因。

也有人根据努尔哈赤虽创建了八和硕贝勒共治国体，却绝无四大贝勒共坐之制，从而断定皇太极与代善一定在幕后做了些交易，使代善放弃"遗命"而拥立皇太极。否则，绝不会出现四大贝勒共理国政的局面。现在从历史角度看，确实有这种可能，因为皇太极继位后，于代善集团的利益非但丝毫无损，反而大有益处。政治斗争都是以利益为前提的，代善虽然已有放弃汗位的想法，但无利可图的事他是不会做的，他绝不会放弃这样一个可为自己争得巨大利益的机会。换句话说，皇太极在共同利益的前提下，以某种条件作为交换，争取到了代善集团的支持，这也是政治斗争中常见的情况。

大贝勒的提议似乎无人反对，因为没人知道这两股最大势力的背后有着怎样的交易与阴谋，更没有人可与他们两人的实力相抗衡。沉默，对于众人来说，似乎只有沉默最好。然而，沉默可以理解为反对，也可以理解为赞同。于是，在这天的廷议上，皇太极便被推举为汗了。

三、齐家治国宠妃献奇策

在即位之前，皇太极还有一件重要的事情没做，还有一个危险的敌人没有铲除，这就是努尔哈赤的大妃纳喇氏阿巴亥。而要铲除她，似乎只有在与代善联手之后才有可能，因为她毕竟是一国之母，然而，现在看来似乎时机到了。

阿巴亥，是乌拉贝勒满泰的女儿。满泰死后，努尔哈赤助其弟布占泰夺得了贝勒之位，并将女儿穆库什嫁给他，而布占泰也将自己年仅十二岁的侄女阿巴亥作为政治联姻的牺牲品嫁给了年已四十三岁的努尔哈赤。皇太极的母亲孝慈高皇后死后，努尔哈赤便将一腔情爱转移到了这位年少的乌拉女子身上。阿巴亥成为他的第四房正室妻子，被立为大妃，身居帝后之位，并为努尔哈赤生了最受宠爱的年幼三子：阿济格、多尔衮、多铎。与代善私通事发后，努尔哈赤曾一度想处死她，但一想到被他视为"心肝一样"的三个小儿子，他又心软了，只将其休弃，"不愿与此福晋共同生活"。但大福晋的名号并未宣布废除，也未再册立他人。一年之后，后金迁都至辽阳时，努尔哈赤再也难耐思念，将她又接回到自己的身边。

她是一个年富力强、精明机敏、胸怀大志的女人。由于她的恩宠，她的三个儿子迅速崛起，年方冲龄，便被封为和硕额真，掌有全旗。而诸贝勒出生入死，血战数十年，又有几个能当上旗主额真呢？身为后金国母，她发展得太快了，她三个儿子的实力已超过了包括皇太极本人在内的三大贝勒。她知晓后金军国的核心机密，甚至还知道皇太极的秘密，她完全可能以努尔哈赤"遗命"的名义，将自己的儿子推上汗位的宝座，按自己的意志左右政局。她成了皇太极最严重的隐患、最危险的政敌；也成为诸王贝勒的矛头所指。于是，她只有死，尤其在皇太极与代善联合之后，便已注定了。

刚被议立为汗，皇太极便率领诸王贝勒大臣，风风火火地赶到了大福晋阿巴亥的居处，众口齐声，以父汗"遗命"，要大妃自尽殉葬。面对着如狼似虎的先夫的子臣们，阿巴亥无奈地落泪了，二十余年的宫廷生活，已使她了解了宫廷斗争的残酷，她知道抗拒是无用的。她不相信这是丈夫的"遗命"，但她却知道她只有死，只有自己死了，才能保证三个年幼儿子的安全，她不想却又不得不将自己的儿子托付给这些逼己自尽、玩弄阴谋的先夫的子臣们，《清实录》中这样记道：

　　诸王以帝遗言告后，后支吾不从。诸王曰："先帝有命，虽欲不从，不可得也。"后遂服礼衣，尽以珠宝饰之，哀谓诸王曰："吾自十二岁事先帝，丰衣美食，已二十六年，吾不忍离，故相从于地下。吾二幼子多儿哄、多躲，当恩养之。"诸王泣而对曰："二幼弟吾等若不恩养，是忘父也，岂有不恩养之理。"于是后于十二日辛亥辰时自尽，寿三十七……

　　满族并无妻妾为夫殉葬的习俗，后金乃至整个清朝，除阿巴亥外，并无大福晋或正宫皇后以身殉葬的事例，偶尔有之，也只有小妾殉夫。努尔哈赤真有"逼其自尽"的遗命吗？似乎不太可能，阿巴亥与代善私通被休弃时，努尔哈赤以"幼子尚需看护服侍"而未杀她，可见他是重爱情、重亲情的。而且此时的多尔衮与多铎也年方十来岁，尚未成年，丧父若再丧母，在残酷的政治斗争中将面临何等的险境，努尔哈赤不会不知道，又怎么可能"遗命"阿巴亥殉葬呢？再者，努尔哈赤临终前，曾召阿巴亥会于浑河，朝夕相处四天之久，倘若他真有"逼其殉葬"之意，素有机变、聪明过人的阿巴亥又怎么会毫无察觉呢？努尔哈赤疗养于盛京之外，病危于盛京之外，病逝于盛京之外，又怎能将"遗命"口授或送达于诸贝勒大臣呢？种种迹象表明，这是一场蓄谋的逼宫政变，是一场由皇太极与代善操纵的政变。可惜的是，现在已没有任何直接的史料可证明这一切，于是，大福晋生殉，成为后金国初四大疑案之后的另一个疑案。"遗命"似乎是有，却不是"逼大福晋殉葬"的遗命，而是立"九皇子为王"。真真假假，假假真真，真的"遗命"成了假的，而假的"遗命"却成了真的，有时历史就是这么残酷，这么不可捉摸。

就在阿巴亥自尽的那一刻，皇太极的眼中闪现出一丝喜悦，他知道，通往汗位的一切障碍都已清除了，他可以登上宝座，如他父汗那样去实现自己问鼎中原的梦想了。

那么，在这场争权夺位的残酷宫廷斗争中，那位年轻而又聪颖的博尔济吉特氏是否参与？是否为皇太极出谋划策？她又扮演了一个怎样的角色？除了皇太极，似乎没有人知道。但史书上记载，说她多年来一直帮助清太宗皇太极处理内政，辅佐他开创了大清基业。一个可以辅佐丈夫开创一代基业的人，是绝不会在丈夫生死攸关的紧要关头袖手旁观的。

据一些野史记载，皇太极在被议立为汗的头天晚上匆匆回府，立刻派人去找二大贝勒阿敏、三大贝勒莽古尔泰，想联络他俩共同对付大贝勒代善，推举自己为汗。但博尔济吉特氏却劝他说："此时不是相访的时刻！在这种时候，你派人去找两位贝勒议事，就不怕别人知道说你结党营私，素怀野心吗？他们还能推你为汗吗？这样做太不明智了。"皇太极恍然大悟，方知举措失当，忙吩咐人将先前派去的人追回了。第二天朝议，他却显得悲戚难当，哀怨呜咽，清心寡欲，绝无图汗位之心，因此深受诸贝勒大臣的赞赏，众人一致推举他为汗。这只是后人杜撰附会的而已，皇太极被议立为汗绝不会如此简单，政治斗争也不会如此单纯。但不管怎样，她似乎一定参与了这场斗争，至于做了些什么，扮演了怎样的角色，没有人知道，也不必去知道。因为历史证明推举皇太极为汗无疑是一个正确的选择，而为这一正确选择而去努力的人，无论她做了些什么，现在的我们又何必去苛求呢？况且政治斗争是复杂而又残酷的，很难判断谁错谁对，也难以计较采取什么样的手段，但只要最终促进了社会的发展，推动了历史的进步，也就足够了。

也就是在登上汗位之后，皇太极才对博尔济吉特氏渐渐宠爱起来，甚至她也如杨贵妃一样"集三千宠爱于一身"，这不仅仅是因为她年轻美貌、聪慧过人，或许还有些什么别的原因吧。

天命十一年（1626）九月一日，皇太极正式举行即位大典。身着盛装的皇太极与诸王贝勒大臣共祭天地，盟誓告天，以"诸兄弟子侄共议皇太极承文基业昭告天地"，皇太极也发誓"敬兄长，爱子弟"，不以"兄弟子侄微有过愆，遂削夺皇考所予户口"。否则"天地见谴，夺予寿命"。而后三大贝勒率诸贝勒立誓，三大贝勒和诸贝勒分别立誓，三大贝勒的地位明显突出出来，与大汗并驾齐驱，共掌国政，这也是皇太极与代善等妥协的结果。盟誓完毕，皇太极又亲自率诸贝勒向三大贝勒行三拜礼，不以臣礼相待。

对于皇太极的夺立，曾有人大加指责，其实又何必呢？在中华各民族中，某些创业和改革的君主，他们为了争得不断进取的条件，往往都是在你死我活的斗争中拼杀出来，从而推动了历史的进步，这也是历史已证明的。唐太宗李世民、宋太祖赵匡胤、明成祖朱棣……不都是如此吗？皇太极也重复走着历史上无数君主走过的路，毅然而慨然地踏着亲仇敌友的尸骨和血迹，一步步登上了后金国的汗位，改元"天聪"称"天聪汗"。从此，皇太极不仅仅拥有了家，还真正拥有了"国"，"国家"对他来说，已成为一个完整的不可分割的概念。

古语云："修身、齐家、治国、平天下。"家睦而族兴，族兴而国昌。对于皇太极来说，他要"治国"，但也要"齐家"，他也需要一个稳定的后宫，需要一个温馨的可以给他精神慰藉的场所。但权力的争夺，不仅仅在那些握有大权的王公大臣之中才有，后宫同样也是权力争夺的场所，只不过这种权力争夺并不如政治斗争中的权力争夺那样显眼、激烈、残酷，它已被异化成一种只有在后宫才有而又独特的方式了，这就是众多妃嫔的争宠。倘若这种异化了的权力争夺处理得不好，有时会变得比政治斗争中的争夺更为可怕，因为那是帝王的腹心之地，也是最接近最高权力的场所。

一日清晨，博尔济吉特氏像往常一样去给大福晋（也就是她的亲姑姑）请安（这也是后宫的一个礼节）。刚走至门前，一位婢女便上前说道："今天大福晋身体不适，不见诸位福晋了。"博尔济吉特氏微微一怔，病了？昨天不是还好好的吗？她刚想开口问，却听到了屋内其他小福晋哧哧的笑声，回想着这几日大福晋对自己日渐冷淡，她似乎明白了。刚入宫一年多，就深受皇太极的宠爱，与皇太极朝夕相伴，日夜难离，享受着一般女子难以得到的恩宠。她的得宠，在后宫这片醋海中激起了不小的波澜，不论是曾经受宠还是未曾受宠的，都由嫉妒而生怨恨，她们疏远她，中伤她，甚至在大福晋面前挑拨她们姑侄的关系……她默默地走开了，既未去向汗王哭诉，因为她不愿意因这点宫廷琐事便让汗王分神、不安，她不是一个争风吃醋的浅薄女人；也未停止过去向大福晋请安，尽管每次依旧还是被挡了回来，但她相信"精诚所至，金石为开"。

天聪八年（1634），博尔济吉特氏的姐姐（即后来的宸妃）也嫁给了皇太极，姑侄三人共事一夫。她领着新来的姐姐去拜见大福晋，却又被挡住了，望着姐姐那委屈的面容，她终于忍不住闯了进去。大福晋冷冷地看了她一眼说道："汗王那么宠爱你，你还用向我来请安吗？"博尔济吉特氏轻轻地叹了口气，说道："您是大福晋，又是我们的长辈，给您请安是应该的，我们都是博尔济吉特氏家族的女儿，理应互帮互助，可您却听信谗言，亲情相欺，我们自己家的人都不能互帮互助，互敬互重，难道别人还能帮助、敬重我们吗？"一席话，说得大福晋哑口无言，惭愧地低下了头。后来，大福晋怀孕，博尔济吉特氏日夜侍奉，衣不解带，端茶倒水，就像贴身婢女似的，使大福晋深受感动，或许这时她才真正体会到了"血浓于水"的含义！从此，姑侄和好如初，尽释前嫌，将后宫管理得井井有条。

这时，刚即位不久的皇太极，却遇到了一件非常令人不快的事。

后宫书房里，阿巴泰贝勒派来的人正在向皇太极急急地说着些什么，皇太极的脸色显得很平静，可内心却像烧着了一把怒火。听完后，他强压住愤怒，轻轻摆摆手，说道："你回去多劝劝他，让他不要胡思乱想，多为国尽力，我会考虑的。"阿巴泰是努尔哈赤的第七子，为侧妃伊尔根觉罗氏所生，皇太极刚即位不久，他便恃战功不甘居于一般贝勒之位，争取享受大贝勒的待遇，这次皇太极赐宴诸贝勒，刚刚完毕，他便派人上奏说："今后我不愿再参加什么宴会了，打仗的时候我披甲胄而行，出猎的时候我佩弓箭以往，可赐宴的时候却坐在众子弟的行列之中，我觉得太羞耻了。"对此，皇太极十分不满，可他毕竟刚刚即位，不宜责罚贝勒大臣，而且即位时的誓言还在他耳边回荡。他压住心中的怒火，只吩咐来人回去多加劝谕，便不了了之。

不久之后，昂坤杜棱归附后金，皇太极大喜，于后宫设宴款待，召诸贝勒作陪，而阿巴泰却又派人送来了一封奏章：

我无裘可衣，所以不能去赴宴了。你原先所赐的裘衣已改给我两个儿子穿了。况且每次聚宴，我只能坐于诸位小贝勒之列，连蒙古的明安、巴古都坐在我的上面，让别国人看到，我还有脸吗？

皇太极的脸已变得铁青，他终于不再容忍，拍案道："阿巴泰如此怨恨我，还可以容忍，可现在却藐视诸兄弟子侄，不敬如此，难道我还能容忍，还能再保持沉默吗？"龙颜大怒，谁又不附和圣衷。况且，阿巴泰的骄横也着实引起了诸贝勒的不满。大家纷纷要求议罪。在众愤共谴之下，阿巴泰慌忙认罪，再不敢有非分之想了。

但也有一些书中这样记道：昂坤杜棱来归，皇太极大喜之下设宴款待召诸贝勒作陪，阿巴泰却以穷服无衣为由拒绝了，使皇太极大为恼怒。博尔济吉特氏听说后，派人送去了两套华贵的衣服，说是汗王赏赐用作赴宴的，阿巴泰深受感动，带着妻子匆匆来到后宫，跪倒在皇太极跟前说："过去都是我的错，汗王您不仅不怪罪，还赐衣给我，今后我一定痛改前非，尽心尽力，报效汗王。"皇太极听后非常惊奇，刚想发问，身后的博尔济吉特氏轻轻地拉了拉他的衣角。

他似乎明白了。于是，赶忙挽起阿巴泰说道："你我都是兄弟，虽非同母所生，也如同手足，又何必如此呢？只要你尽心尽力，又何愁不会得到擢升呢？"

自此，阿巴泰果真恪尽职守，兢兢业业，到皇太极改订官制时，他被任命为工部尚书，成为皇太极的助手。清军入关时，他也随多尔衮、多铎等东征西讨，厮杀疆场，立下了汗马功劳。

后来皇太极问博尔济吉特氏："你身居后宫，却私自赐衣给大臣，难道不怕落下私交大臣之罪名吗？"博尔济吉特氏答道："我只是想使你们兄弟和好如初，同心合力，以成大业。您想想，倘若自己的亲兄弟都要背弃你，那么，别人知道了，还会留在你身边辅佐你吗？这样做，我想汗王您是不会怪罪我的。"皇太极听后大为感动，对她更加宠爱了。

这或许只是野史逸闻罢了，却反映了博尔济吉特氏的贤惠、大度、聪颖过人的政治头脑。"每一个成功的男人背后都有一个伟大的女人。"皇太极的成功，不也是如此吗？倘若没有博尔济吉特氏为他稳定后宫，招抚大臣，和睦兄弟，出谋划策，他真能成功吗？或许能，但绝不会如此辉煌。

四、收皇权天聪汗改国制

天聪十年（1636）四月十一日，皇太极在内外诸贝勒、满汉蒙大臣们的反复劝说下，决定改元称帝，建立自己的龙庭，改国号为"清"，族称为"满洲"，建元"崇德"。

清晨，红日东升，朝霞万朵，二十四旗的各色旌旗猎猎飘扬，八旗兵丁的兵刃盔甲在阳光下闪闪发光。天坛东西两侧排列着满洲诸王公贝勒、六部大臣、蒙古八固山额真、汉官降将等文武百官以及漠南蒙古十六部二十九贝勒和两名朝鲜使臣。

在两名满汉引导官的引领下，身穿龙袍的皇太极缓步拾级而上，面向西北，跪诵祝文，铿锵顿挫的诵祝声在天坛上空、在东北大地上久久回响，向南飘去。

翌日，皇太极在大政殿升坐金交椅，行"受尊号礼"，文武百官在赞礼官的赞礼下，叩拜大清国第一帝——"宽温仁圣皇帝"皇太极。看着殿下三拜九叩的群臣们，听着响彻云宇的万岁呼声，他由衷地笑了。他终于登上了龙座，登上了属于自己的龙庭，虽然还很小，但他相信有朝一日，他一定会君临天下的。博尔济吉特氏也笑了，十年的文治武功、血泪情仇，终使大金走向大清，迈出辉煌的一步，但这又是怎样一个艰辛的历程呀！

皇太极自己曾说过："治国要像建屋一样，不能苟且成功。只有筑地坚固，叠石为基，才可久远。"而刚即位时，后金这间大厦的基石已严重倾斜了，唯一的方法就是不惜一切手段，将基石扶正。

经济是基础，是建立巩固政权的基础，是进取天下的基础。努尔哈赤晚年的倒行逆施与野蛮政策，使经济遭到了严重的摧残，以至于在皇太极即位前甚至出现了"国中大饥，斗米价银八两，人有相食者"的现象。皇太极即位后，立即着手调整经济政策、纠正父汗的错失。

首先面对的便是父汗的"编庄制度"。编庄，是将广大的汉族人民分割于众多细小的单位之中，"一庄男子十三人、牛七头、田百日（垧）"。将他们置于八旗各级官员的直接监视之下，予以严密控制，实行农奴制经营。对于皇太极来说，他既要改变这种野蛮落后的经营方式，又不得不照顾满洲贵族的既得利益，因为两个都同样是他施政的基础。于是，一方面他保有了原有编庄，另一方面则规定今后永远不许再立庄田，并将原来每庄十三丁改为每庄八丁，余丁编为民户，同时还进行扩丁，将贵族隐匿的男丁也编为民户，实行封建式经营，既保护了先进的生产力，又大大增加了国家的赋税收入。

其次，实行满汉分屯别居。恢复民人身份的汉人和归降的明朝官兵百姓，不编入八旗，按其原有的生产生活方式"独立屯住"。这一举措大大解放了生产力，调动了劳动者的积极性，加速了整个后金社会封建化的进程。

直到今天，我们还在强调农业在国民经济中的重要性。那么在以农业经济为基础的封建社会之中，农业经济独特的重要性就不言而喻了。在很大程度上，我们甚至可以说农业代表着封建社会中政治经济好坏，皇太极是深明此理的。于是，他解除了不许农民迁徙的禁令，允许农民迁到适宜耕种的土地上去；他鼓励农民饲养耕牛牲畜，下令禁止屠宰耕牛，农忙时节官给牛种；他工筑、征战，均以不违农时为前提……

据说一年春耕时分，皇太极信步出城，见花红柳绿、鸿雁回归，不禁游兴大发，踏青郊野。忽然，却见田间的土地尚未开垦，而成队的民夫却被拉去筑城了。他的脸色阴沉下来，一言不发，立刻打马回宫，召集诸贝勒大臣训斥道：

> 筑城固为正务，但致误耕作，田地荒芜，民食何赖？日后再有滥
>
> 用民力，致妨农务者，定将问罪严办。

在将农业视为"立国之本"的同时，他还重视家庭手工业、畜牧、采集、狩猎、贸易等各方面的发展。一系列措施的实施，不仅纠正了失误，还加速了后金整个社会封建化的进程，促进了经济的繁荣与发展。数年之后，皇太极曾欣慰地说："朕嗣位以来，励精图治，国势日昌，地广食足……文绣锦绮，今皆有之。"

"制令统于所尊"，这是封建专制制度发展的必然，也是皇太极所向往的为君之制。而努尔哈赤所确立的八和硕贝勒共治国政的制度以及皇太极为登上汗位所付出的与三大贝勒共坐理事的代价，使事权分散，无论什么，都需征得八大贝勒，至少是与之共坐的三大贝勒的一致同意。虽然皇太极夺得了汗位，但

此时的"汗"已无昔日父汗时的威风，只不过是一个身份稍为尊贵的"大贝勒"罢了。后金要发展，要真正完成向封建制的过渡，在政治上就必须将权力高度集中到汗，也就是皇太极的手中。

天聪二年（1628），发生了后金有史以来第一次旗主贝勒被废事件：废黜镶白旗旗主阿济格，这引起了朝野上下极大的震动。据《满文老档》记载，阿济格被废，是由于他的弟弟多铎要娶阿布泰之女为妻，阿济格未同皇太极及诸贝勒商议，即擅自派人做媒，并亲自往视其女。阿布泰是大妃阿巴亥的弟弟，也就是多尔衮三兄弟的亲舅舅，并娶了努尔哈赤的女儿成为国舅兼额驸，天命年间其权势炙手可热，充任八旗最高长官——总兵官兼第一督堂。皇太极即位后，阿巴亥生殉，由于显而易见的原因，他被贬为了小小游击，于是颇有怨言。皇太极又以他"谗恶"下谕：

> 诸贝勒勿与结亲，诸贝勒勿娶阿布泰之女，诸贝勒之女勿嫁阿布泰之子。

而阿济格竟然违禁欲让两家结成秦晋之好，因为阿济格与多铎虽拥有两白旗（皇太极即位后，用两白旗从阿济格兄弟手中换回了父汗的两黄旗自辖），却年轻资浅缺乏经验，倘若有一能征善战、老谋深算的可靠同盟者为其出谋划策，不仅有利于保护自身，还可能有更大的发展，所以他想同自己的亲舅舅结成稳固的联盟。可见，这也是一场政治婚姻。

皇太极竭力反对这门亲事，以至不惜违背"自誓"的原因只有一个，就是防患于未然，坚决将威胁汗位的力量扼杀在摇篮之中。阿济格被废后，为笼络人心，皇太极并未将镶白旗收归己有，而是将其赐给了阿济格的弟弟多尔衮，算是对自己违背"自誓"的弥补。其实，废黜阿济格也是皇太极向诸位贝勒做出的试探，也是他一步步清除异己的开始。

不久，他又扩大各旗总管大臣的权力，"凡议国政，与诸王贝勒同坐共议"；又于每旗各设佐管旗务大臣两员、调遣大臣两员，分掌旗务；以烦劳三大贝勒诸兄每月轮流执政多有不便为名，改令子侄辈的小贝勒代替……同中国历代帝王"众建诸侯而少其力"的手段如出一辙，皇太极在一步步扩充着自己的势力，最终将矛头对准了三大贝勒。因为一个人坐着总比四个人共坐更舒坦，更令人放心，累了，还可以躺下休息一会儿，而四人共坐，却是万万不能的，甚至，连躺下的机会都没有。

天聪四年（1630），皇太极派阿敏率兵去永平等新占四城驻防。正值明军大举反攻，包围了滦州城，由于阿敏救援不力，后金军血战数日，力竭城破。而阿敏闻知后，惊慌失措，未见一兵一卒，未发一箭一矢便下令撤军，致使皇太极苦心经营的关内四城尽失，一切计划均成泡影。不但如此，撤军前，他还无视皇太极"毋侵害归顺之民"的训谕，大肆屠城，造成了严重的政治后果，以致在第二年的大凌河之战中，明军仍以此为鉴，拒不投降。

尽管阿敏也有他的苦衷，明军二十万大军，而他却只有不到两万人，"以一当十"那是小说中夸张的说法，没有哪一个统帅会在实力相差如此悬殊的情况下贸然进攻的。退兵，对阿敏来说也不为过。还有人说，这是皇太极故意安排的，因为此时在与明朝的斗争中，他采取了"讲和与自固"的方针，早有放弃四城，稳固内部之意，所以只让阿敏带六千人去换防，战则必败，不战则只能退。于是，不论败还是退，不论战还是不战，结果都是一样的，罪状早已在无形中拟定了。无论这种说法正确与否，总之，对于皇太极来说，这是一次机会，一次天赐的机会。

阿敏一回到沈阳，便以十六大罪状被抓，众贝勒议之以"死罪"，而皇太极却又突然"大发善心"，从宽免死，革去各职、称号，终身囚禁，既除去了一大劲敌，又留下了"宽仁"的美名。在十六条罪状中，却有十一条是阿敏平素凌驾皇太极之上，觊觎汗位的僭越行为。可见，这是早有准备的，阿敏的败仗只不过为此创造了机会。

不久之后，他又抓住了另一次机会。

天聪五年（1631），在大凌河一役中，皇太极与莽古尔泰发生了争执。一个指责"凡有差遣，每至违误"。一个埋怨"凡有差遣，每倍于人"。莽古尔泰一时性起，愤愤地说道："你凭什么总是和我过不去。我不过看你是大汗，一切顺着你，你还不知足，非要杀了我才算完吗？"并手按佩刀，怒视皇太极。皇太极的脸已气得铁青，两只拳头紧紧地攥在了一起。莽古尔泰同母弟德格类见势不妙，忙上前对莽古尔泰呵斥道："放肆！你这不是大逆不道吗？"

"哗！"已失去理智的莽古尔泰霍然拔刀五寸。

众人大惊，德格类一把将其推倒，代善慌忙怒斥道："混账！如此悖乱，还不如死。"

等莽古尔泰明白时，却已晚了，皇太极早已一言不发地打马回营了，此时正在对诸贝勒陈述莽古尔泰忘恩负义、手刃亲母的旧账，痛斥他的欺君之罪，怒责诸贝勒侍卫的护驾不力。其实，阿敏被囚，就使莽古尔泰有了唇亡齿寒之感，他已意识到了皇太极的居心，忍无可忍终将其公开化，却在不知不觉中又为皇太极创造了一个机会。

班师后，诸贝勒议定莽古尔泰之罪，革其大贝勒爵位，降居诸贝勒之列，夺五牛录，罚银万两。年底议定朝贺班次，又将其踢出了共坐之列，又一个大贝勒被铲除了。

此时的代善，似乎已明白了皇太极的企图，唇亡齿寒，孤掌难鸣，三大贝勒现在只剩下自己一个，他再也无法坐得住了。老奸巨猾的他最大的长处就在于颇有自知之明，很会审时度势，自保其身，这也是在每次的政治斗争中他都得以保全，使子孙后世永享康富的原因。于是，他主动上奏要求撤座：

> 我等既拥戴大汗为君，又和大汗并坐，深感不安，而且又怕别国不知情者说我们如此太不合礼制。从今往后，由大汗一人面南独坐，我与莽古尔泰侍坐于两侧，外国蒙古诸贝勒坐在我俩之下，才为妥帖。

于是，第三个机会就这样轻而易举地降临了，四大贝勒并坐，共治国政，终于变成了汗位至上，南面独尊。

经济政治的变化，使后金政权的体制就如儿时的服装一样，已不适应那已长大的身体。于是，皇太极在确立封建君主专制的同时，从"治国之要，莫先安民"的认识，发展到打破后金单一的满族贵族政权体制，建立以满族贵族为核心，满蒙汉地主阶级联合专政的政权体制。这一转变为满族贵族入主中原从体制上打下了坚实的基础，在实施中也从各个方面促进了后金封建化进程，加速了他封建体制的最终完成。"优礼汉官"便成为这一转变中最重要的内容。

天聪三年（1629），后金举行了第一次科举考试，将二百多名汉族儒生从奴隶提升为编民，并按等次给予奖励；天聪八年（1634）又一次性专门考选汉族生员，二百余人被录取选拔为官。两朝名臣宁完我便是在首次科考中，从萨哈廉的家奴中提拔出来的。

重用范文程，更是一个突出的例子。范文程虽在努尔哈赤时就受到礼遇，但被重用却是在皇太极时期，皇太极将其调入文馆之中，参与军机大政，每有议奏，则问："范章京知否？"凡范章京首肯或起拟的奏议，不阅即准。一次，皇太极以"殊方珍味"宴请范文程，范文程想到自己的父亲尚未曾吃过，迟迟不肯下箸，皇太极得知后，立刻吩咐撤下整席珍味，快马送至范章京家，赐给他的父亲。范文程也竭忠相报，成为清初第一名臣，功比萧何、刘基。

对于明朝来降官员，不仅重用，而且重养，经常与降官共进饮食，并亲自把盏……皇太极不仅在物质上使降官得到满足，而且在精神上使他们感到荣宠。以至于当时人曾叹道："昔太祖时诛戮汉人、抚养满洲，而现在汉人有为王的，也有做昂邦章京的。至于宗室子弟，有为官的，也有沦落为民的，时世颠倒到此地步了。"

满洲的官员们有厮杀疆场之能，却无治国安邦之术，甚至在议国事时，竟"夸诩鹰犬良马，旁及戏言"，无人知"守地治民""治国安邦"。皇太极安抚汉民，广罗汉族人才，正解决了国家机构急遽膨胀，缺乏大量统治人才的严重问题，而且还在后金政权机关中形成了一个庞大的汉族官僚集团，完成了体制的转变。

体制的健全与完备，要求有一套与之相适应的国家机构。努尔哈赤时，汗之下只有五个议政大臣，十个扎尔固齐（理事官）和八旗，尚处于草创阶段。皇太极即位后，逐渐开始完善国家机构，健全行政机关。

即位不久，就设立了文馆。这一机构就是后来内阁的雏形，是皇太极的咨询机关，任职大臣分为两班：一班翻译汉文典籍，一班记注本朝政事，并经管承办一切往来国书及官生奏章，还参与议政；后金天聪五年（1631）又接受宁完我、范文程等的建议，仿照明制，设立吏、户、礼、兵、刑、工六部；天聪十年（1636）改文馆为内国史院、内秘书院、内弘文院，史称内三院，分别负责纂修实录、编纂史书、撰拟诏书、颁布制度等，院内大学士分别由满蒙汉人担任，直接参与国家机密，实际上已取代了八和硕贝勒共议国政之制；又设立监察机关——都察院，独立行使监察大权；清崇德三年（1638）又设置理藩院，专管蒙古事务……一个完整的政权机构形成了，它适应了后金的国情，支起了统治全国的政权框架。于是，一驾隆隆的战车即将开动，那震耳欲聋的声音响彻四方，仿佛在向人们诉说着、证明着些什么……

五、辅弼有功入主永福宫

努尔哈赤时曾有这样一个故事。朝鲜郑忠信出使后金，努尔哈赤问道："你国每称我为贼，为什么？"郑忠信答道："你有盗天下之心，非贼为何？""哈哈哈哈……"努尔哈赤掀髯大笑。"盗天下之心"努尔哈赤有，皇太极也有，他不相信，上苍造就他，造就他的民族，他的国家仅能安于东北一隅，他更不相信一堵边墙，就能阻止他跃马于中原大地。

然而，他毕竟还势单力薄，立足未稳，毕竟还处于明朝、朝鲜、蒙古的三面包围和孤立中。"欲征大明，必先服朝蒙"，皇太极明智地发现。于是，当他即位后不久，朝鲜人韩润、郑梅叛逃后金，请求出兵，愿为向导时，他当机立断，命阿敏率后金主力三万人突袭朝鲜，"西路大镇次第摧陷"，不日攻克平壤，朝鲜国王出逃江华岛，遣使求和，而皇太极也怕明军乘虚进攻沈阳。于是双方和议：朝鲜不得与后金为敌，每年输后金岁币若干，两国结为"兄弟之国"。然而兄弟之间依然还有争斗，似乎只有成为臣属，才不会再有丝毫反抗。当朝鲜由于明朝的支持而修防自固，减少贡额，再度无礼于后金时，皇太极又抓住机会亲率十五万大军第二次东征朝鲜。十五万铁骑如过江猛龙，势不可挡，下郭山、定州、平壤，前锋抵达王京——汉城，朝鲜君臣退守南汉山城，被围。次日，清军攻克王京、击溃朝鲜各道勤王兵马。翌年，又攻陷江华岛，俘获朝鲜王妃、王子、宗室大臣。朝鲜国王李倧无奈，只好弃城而降，质子为约，接受了城下之盟。从此，朝鲜完全断绝同明朝的一切关系，成为后金的从属，称臣纳贡、岁献贺表。皇太极终于从根本上解除了东方的后顾之忧。

漠南蒙古各部互不统属，早在统一战争之初，后金就与科尔沁、喀尔喀等部结成了同盟，又恩威并施，也说服了巴林、扎鲁特、阿鲁等部。此时，他西部最大的敌人就是林丹汗领导的察哈尔部。

天聪二年（1628），喀喇沁与喀尔喀联军同察哈尔决战于土默特部的赵城，双方伤亡惨重，相持不下。喀喇沁等飞骑致书皇太极，请求出兵攻打林丹汗。而皇太极却想借机会盟取得对漠南蒙古的支配权。于是，各部派出使团至盛京，与后金建立了共同征伐林丹汗的军事同盟，而皇太极则登上了盟主的宝座，率军亲征，一直打到大兴安岭，取得了初步的胜利。天聪六年（1632），他又率大军再征林丹汗，察哈尔部望风而逃，弃本土西逃进入茫茫草原。此时的察哈尔由于多年的征战，已无昔日之风；而此时的后金，数载的图治，已非昨日可比了。两年之后，林丹汗出痘，病死于青海打草滩，皇太极审时度势，立刻改征讨为招抚，一方面兵征大同，切断了林丹汗之子额哲投明的道路；一方面则派多尔衮率万骑前去招抚。走投无路的额哲，被迫归降，并献上了蒙古历代传国玉玺。据说此玉玺飞龙蟠绕，灿烂夺目，上刻汉篆"制诰之宝"，从汉朝传至元顺帝时，顺帝失国北归，客死大漠，便不知所终。两百年后，一牧羊人见一羊三日不食以蹄刨地，遂在其地挖出了玉玺。而现在，这象征着天意的玉玺被呈现在皇太极的面前，他按捺不住心中的喜悦，立刻率诸贝勒大臣出盛京迎凯旋之师。天聪九年（1635），皇太极编立蒙古八旗，设立盟旗制度。从此，漠南蒙古被纳入到后金的版图之中，也结束了长期分裂混战的局面，进入了安定发展时期，后金的后顾之忧已解除，为全力南下创造了条件。

然而，事情并非一帆风顺。后金的铁骑多次攻不破袁崇焕的防线并接二连三地失利，使皇太极不得不另谋出路。早在即位之初，皇太极便将"讲和与自固"作为既定的大政方针，一方面实行经济、政治改革，增强国力，另一方面则主动请和，以争取"自固"的有利时机与环境；而袁崇焕，也迫切需要一个整军调整的休养机会，于是，双方不停地接触、谈判。皇太极则巧妙地抓住袁崇焕与毛文龙之间的矛盾，决意借袁崇焕之手除掉后金的这一肘腋之患，提出以杀毛文龙作为求和示信的条件。袁崇焕与毛文龙原本就不和，毛文龙得魏忠贤支持，被人视为阉党，而他自己并不自觉，以为孤悬海外，天高皇帝远，无人能管。他处处不遵袁崇焕号令，于是袁崇焕本着"可用用之，不可用杀之"的原则，用尚方宝剑将其斩杀于帐前。

皇太极轻而易举地就铲除了一个心腹之患。天聪三年（1629）十月，也就是毛文龙被杀三个月后，在喧嚣的议和声中，皇太极已挥师南下，开始新的征程。以至明末史学家谈迁扼腕叹息："袁氏……杀岛帅（指毛文龙），适所以自杀也。"

这次皇太极绕道内蒙古，避开宁锦防线，由龙井关毁边墙而入，直逼北京，袁崇焕固若金汤的防线成为虚设。闻报后，袁崇焕自宁远急驰应援，抢先皇太极两日进驻蓟州，挡住了后金的南下之路；皇太极虚晃一枪，绕过蓟州，下玉田、三河，至通州，直抵北京城下，袁崇焕尾随后金军，亦抵京师，双方在此地展开了大战。战至半酣，皇太极却突然下令收兵。

疑惑、恐惧充斥在大明君臣的心头。

入夜，两名酩酊大醉的后金将领跌跌撞撞地回到营帐，含糊不清地说着醉话。

"真……真不痛快，正杀得性起，大汗却鸣金收兵了。"

"你……你懂什么？撤兵是大汗的计。你……你不见刚才敌营来了两个人吗？他们与大汗密议，说袁巡抚有密约，此事可立马成功！"

"嘘！隔墙有耳，别让那两个太监听去了。"

而隔壁两名被俘的太监，却早已一字不漏地听到了他们的酒后"真"言。夜深人静，无人把守，两人推开帐门，悄悄地逃走，很快消失在那夜色之中。

次日，袁崇焕以叛国罪被捉拿下狱，袁军顿散，祖大寿等仓皇率部出奔山海关外。一个反间计，又为皇太极除去了一个心腹之患，他端坐马背之上，开怀大笑。

北京已成为一座孤城，摩拳擦掌的后金诸将，只待汗王一声令下，就会将这座城池夷平。而皇太极却不动声色，微微一笑，说道："取城易如反掌。但明朝疆域尚广，兵力未竭，不是一朝一夕就可击溃的。得之易，守之难。不如简兵练旅，静待天命吧！"他并不急于攻城，只是抢劫城堡，俘获人口，纵横明朝腹地五十余天。在达到政治、经济双重目的后，望着那向往已久的龙庭，他却潇洒地掉转了马头，扬长而去。他坚信：有朝一日，他还会回来，将比现在更加辉煌。

作为入主中原的一个序曲，在内外诸贝勒、满蒙汉诸大臣反复劝进下，皇太极在满洲建立了自己的龙庭，走完了从大金到大清这艰难的一步。这十年中，博尔济吉特氏默默无闻，孜孜不倦地辅佐着她的夫君，同喜同悲，同乐同忧，做着她能做的每一件事，或许这都太过于微小，从无人注意，更没有哪一本史籍中曾详细地记述。但仅凭史书中的一句"佐太宗肇造丕基"，我们就可想见她卓越的贡献。中国古代社会是个重男轻女的社会，"女子无才便是德"，能在史书上留下一笔的巾帼英雄很少，而有如此评价的女中豪杰，更是凤毛麟角、微乎其微。我们没有看见的，并不意味着它不存在，应相信，在皇太极所建立的大清基业中，也有她所付出的、不可磨灭的心血。

登基改元后，皇太极遍封群臣、大赦天下，并设五宫后妃，封博尔济吉特氏为永福宫之主，赐号"庄妃"。

六、庄妃助力智降洪承畴

在皇太极的五宫后妃之中，庄妃是年纪最轻的一个，排名居五宫之末，但这并不意味着她已失去了皇太极的恩宠，因为皇太极的五宫位序，也如同他的婚姻一样，带着浓重的政治色彩，有着深厚的政治原因。

正宫皇后大福晋，也就是庄妃的亲姑姑，早在明万历四十二年（1614）就嫁给了皇太极，大礼成亲、荣耀有加，为皇太极生下了三个女儿，总理后宫，从无过失。她是科尔沁贝勒莽古思的女儿，因此被立为正宫。于顺治六年（1649）四月死去，谥号"孝端文皇后"。

麟趾宫贵妃（即懿靖大贵妃），是阿霸垓郡王额齐格诺颜的女儿；衍庆宫淑妃（即康惠淑妃）却是阿霸垓塔布囊博第塞楚祜尔的女儿。相传她们都是被击败的蒙古察哈尔部首领林丹汗的妻子，以敌人之妻为妻，这在满洲贵族中亦不少见。为了拉拢蒙古的势力，尤其是林丹汗的余部，皇太极娶她们为妻，并在五宫排位中，仅列于正宫之后，以示尊贵，来表明他对蒙古各部的诚心。可以说，这只是一种政治上的需要而已。

关雎宫宸妃（即敏惠恭和元妃）是庄妃的亲姐姐。天聪八年（1634）由父亲寨桑贝勒做主嫁给了天聪汗皇太极。据传说她刚入宫时，皇太极一直忙于西征察哈尔的军务，故未曾顾及，就连庄妃屡屡提示，皇太极也未明白，致使这位才貌双全的女子独处深宫，幽怨不已，日日弹琴抒怀，发泄心中的苦闷。一天，皇太极忙完军务回到后宫，刚入宫门便被那美妙的琴声所吸引，信步踱入房中，却看见一位窈窕秀美的妙龄女子正低头抚琴，双眼含珠，楚楚动人，他不禁惊呆了……从此，这位宸妃倍受皇上垂青，宠幸有加。这只是一个传说，但皇太极与宸妃的感情确实非常深，似乎也只有她才得到了皇太极真挚的爱恋，将她所居之处以"关关雎鸠"的著名情诗命名为"关雎宫"。当她与皇太极的儿子一出世，皇太极更加欣喜若狂，大有立他为嗣子之意，奈何此子命如纸薄，尚未及命名便夭折了。当宸妃病危时，正在松锦前线的皇太极疾驰五日，马不停蹄赶回盛京。宸妃去世后，他涕泣不已，饮食俱废，以至于昏厥不醒，言语无绪，终日方苏……

庄妃被封于永福宫，位居五宫之末。因为论身份她不如正宫皇后，她也不可能与自己的姑姑争位；论政治作用，她不如懿靖大贵妃和康惠淑妃；论宠爱，不如她姐姐宸妃。但侍奉皇太极十余年，辅佐他开创了大清基业，她的聪颖、她的见识、她的才干、她的贤惠，却远非其他诸宫可比。宸妃入宫前，她深受恩宠，却并未恃势凌人；宸妃入宫后，深得皇上垂爱，她也未醋海生波；宸妃去世后，她又用她的温情抚愈皇太极心灵的创伤。她也是后宫中的一个女人，却是一个绝不平凡的女人。对于皇太极来说，从宸妃身上，他得到了自然无拘的真爱，这也是一个扮演了特殊政治角色的皇帝所缺乏的；从庄妃那儿，他却品味到了一个女人为自己特殊的皇帝丈夫完成所肩负的历史使命所付出的纯情。倘若在五宫后妃中，有一人能使皇太极家睦族和、功成名就、帝业有成，那只有庄妃。她不仅具有一个女人所应具有的贤淑美德，而且十几年的宫廷生活，也造就了她政治家的头脑，为她在后来的宫廷、政治生活中辅弼两代幼主、保住爱新觉罗家族的帝王基业打下了根基。

五宫后妃，有一个共同的特征：都是蒙古人，而且都姓博尔济吉特。不知这是天意，还是巧合。满洲的男人们征服八方，统辖四土——那是国；而蒙古的女人们却统治着后宫——那是家。

崇德三年正月三十日（1638 年 3 月 15 日），庄妃为皇太极生下了第九子福临。在此之前，她先后生了三个女儿，即固伦雍穆长公主、固伦淑慧长公主、固伦淑哲长公主，后来分别嫁给弼尔塔哈尔、色布腾和铿吉尔格。生儿子在后宫这片母以子贵的土地上着实是一件大事，这不仅表示着皇上的恩宠，还表示着自己的尊贵。望着襁褓中甜睡的婴儿，庄妃由衷地笑了，尽管没有人会想到就是这个幼子，后来却因偶然的机遇和她母亲的机巧，登上了大清皇帝的宝座。

从清崇德元年（1636）到崇德七年（1642），皇太极除了进一步励精图治，巩固已取得的成果外，顺理成章地把矛头指向了明朝。毛文龙死了，袁崇焕也被杀了，前进途中的障碍已被清除，似乎已是百万铁骑进取中原的时刻。而皇太极却始终记得一名汉官的劝诫："明朝虽然军队疲顿、财物匮乏，但若将全天下的力量，集中在东北一隅而战，还是绰绰有余呀！"他忘不了围攻大凌河时，明军的英勇不屈，大明还有智勇之士。他更忘不了父汗的训导："攻取明朝要像砍伐大树一样，先从两边砍削，大树自然会倒下……现在明朝精兵已尽，我们四周攻掠，待他们国势日益衰落时我们却日渐强盛，那时进取中原，易如反掌呀！"于是，他压抑住内心问鼎中原的强烈愿望，就如他眼见中原龙庭，却又潇洒掉转马头一样，制定了"砍大树"的作战方针。

登基第二个月，他发动了第四次入关征明的战争。四个月中，围绕北京烧杀劫掠、残毁明境，夺获人畜等大批物资。

崇德三年（1638），又发动了第五次入关征明，并公然宣告：

> 自古天下，非一姓所常有。天运循环，几人帝？几人王？……哪里有帝之后裔就一定是帝，王之后裔就一定是王的道理。

数万铁骑分两路从墙子岭及青山关再次毁边墙而入。猛驰狂奔，肆意践踏着千里平川的华北大地，仿佛平地席卷起黑色的风暴。

五次征明，已使八旗铁骑成为一支战无不胜、攻无不克的军队。而此时明朝内部依然党派纷争、矛盾重重、人心涣散、国力困乏，农民大起义更消耗了他们的财富，牵制他们的兵力。于是，时机成熟了，是开始进取天下的时候了。

清崇德四年（1639），皇太极亲率数万大军，以四十余门红衣大炮进攻松山，欲以此为突破口，攻克宁锦八城。明朝则将得力干将洪承畴从镇压农民军的内线调至边防，任蓟辽总督，集结兵力，展开了与清军决战的阵势。几度激战，攻城未果，"百足之虫死而不僵"，皇太极被迫班师。正当明朝朝野举杯共庆时，皇太极却又选择了新的进攻道路，围困锦州。

济尔哈朗、多铎奉命率军前往处于广宁锦州之间，大凌河畔的义州，筑城屯种，建立围困锦州的基地。而后，三月一期，轮番包围锦州。翌年，又在锦州周围扎营三十二座，环营挖深壕一道，沿壕筑高墙垛口，两营之间又挖长壕，逻卒哨探密布，锦州与外界的联系全部断绝，被彻底孤立。不久，锦州外围的蒙古守军降清，祖大寿被迫退据内城固守待援。

明朝援军源源不断开来。洪承畴坐镇宁远，稳扎稳打，步步为营，与济尔哈朗初次交锋，就夺其三旗营地，使其损伤惨重。皇太极也慌忙调兵遣将，以多尔衮统率前军，调孔有德、尚可喜、耿仲明三顺王所部汉军投入锦州围城之中。一切井井有条，清军唯皇太极军令是遵。

而明朝内部作战方案却众说纷纭，身为主帅的洪承畴主张"且战且守"步步为营，以求稳扎稳打；兵部尚书陈新甲等京官却以"兵多饷艰"为由，力主速战速决。清军粮草将尽，希望能速战速决，而深知"此诚不可与争锋"的洪承畴却按兵不动。于是，皇太极又使了一计，他们声东击西，扬言要乘虚攻入内地。北京城里饱受劫掠之苦的达官显贵们又慌了神。一道兵部要求出战的书信放到洪承畴案头，一道皇上要求出兵的密诏被送到了洪承畴手中……不得已，他只有将粮草留于宁远、杏山及距锦州七十里的笔架山，率十三万大军驰援锦州。轻装前进的明军，士气正旺，清军损失惨重，祖大寿乘机夺回了锦州外城。八月十一日，皇太极调集各路兵马，率军亲征，与明军决战。

八月十九日，皇太极已布好了战局，清军在松山、杏山之间，横截大路，绵亘扎营。又挖三道深壕，切断了松山明军通往各地的要道，将松山城和洪承畴援军紧紧包围。又突发奇兵，攻克笔架山，夺取明军粮草。"失粮草、绝退路"，明军一片恐慌，洪承畴决定突围。但是，明军早已失去控制，四散遁逃，自相踩践。皇太极早已料到这点，处处设防，处处阻击，使明军前有伏军，后有追兵，仅十日，十三万大军便覆灭殆尽，只收得万余兵马退守松山城。崇德七年（1642）二月，松山副将夏成德降清约为内应，十八日城陷，锦州守将祖大寿孤立无援，也被迫投降。

通往中原的道路已被打通，山海关城就呈现在皇太极眼前，关那边就是历尽沧桑的中原大地。

在这场著名的战役中，明军统帅洪承畴被擒。皇太极深爱其才，屡次派人劝降，都失败了。百般无奈之下，只好将其软禁于盛京城内三官庙之中，优养起来。

这一天，范文程受皇太极之命又来劝降。

"先生此来何干？！"洪承畴冷冷地问道。

"古语云：'良禽择木而栖。'明朝腐朽不堪，其败指日可待。我主圣明，国运鸿昌，大业须臾可成，先生为何不归顺我大清呢？"

忽然，一丝尘埃飘落在洪承畴的衣服上，他轻轻地擦拭了一下，说道："一臣不事二主，一女不嫁二夫，我意已决，先生请回吧。"说完，掉转头去，再也不理范文程了。

大殿内，皇太极急切地问道："范章京，他真的不肯降吗？"

"是的，"范文程答道，"他誓死不降。"

"唉。"皇太极叹了口气，轻轻地摇了摇头。

"但臣以为似乎还有转机。"范文程接着说道，"适才在三官庙中，一缕尘埃落在其身，他却擦拭不已，一个身陷囹圄的人，深爱自己的衣服如此，是不会不爱惜自己的生命的。臣有一计，望皇上恩准。"

"快说！"皇太极急切地说道。

……听着，听着，他微微地点了点头。

入夜，两名宫女手提食盒来到三官庙之中。

"先生，这是我家皇上送给先生的参汤，请趁热快喝了吧。"

洪承畴一言不发，端坐炕边。

一个宫女走到近前，倒了一碗参汤，轻声问道："先生到盛京这么久了，难道不想家吗？家中还有妻子儿女吧？"

洪承畴微微一怔："家"，啊，这些天来自己什么都想到了，唯独没想到家，唯独没有想到娇妻爱子。"家"，多么温馨的字眼，他仿佛又看到了过去每每出征归来，妻子相迎、儿女偎膝的场面，可现在……"唉！"他轻轻地叹了口气。

"离家久了，先生不挂念妻小，他们也会挂念先生呀！一直盼着先生能早日回去，共享天伦之乐，如今先生却身陷此地，归期无望，唉！真不知他们要等到何时呀！"她微微用手抹了抹眼窝。

洪承畴已泪流满面。

"识时务者为俊杰，我家皇上如此厚爱先生，先生为何不归顺呢？早日进取中原，也好早日与家小团聚呀！"

顺则是背主，不顺则是抛家。忠孝不可两全，"国""家"又岂可双择呢？"国""家"，此时，他的心已乱了。

翌日，皇太极又亲临三官庙看望，但并未劝降。他脱下自己身上的貂裘，轻轻为洪承畴披上，关切地问道："北地风寒，先生不会感到太寒冷吧？"

洪承畴说不出话来，感情复杂地凝望着皇太极。良久，突然跪倒道："真乃天命之主也。"

皇太极大喜过望，当即重赏，并于宫中陈百戏大加庆贺。而那位送参汤，并以脉脉温情唤起了洪承畴对家庭和娇妻爱子眷恋之情的宫女，就是皇太极所宠爱的庄妃，这也是范文程的计谋。倘若没有庄妃的劝说，洪承畴或许真的会誓死不降，所以皇太极曾对臣下说是庄妃降伏了洪承畴。即使这件事是假的，也可从中看出庄妃在人们的心目中是多么善良、温顺。

对洪承畴的厚赐，引起了满洲诸贝勒大臣的不满，问道："洪承畴不过一被俘之囚罢了，如此相待，未免太过分了吧！"

皇太极大笑道："我等栉风沐雨，所求为何？"

"入主中原。"众贝勒齐声道。

"这就好像走路一样，我们都是盲人，现在有了一个引路的向导，难道不高兴吗？我对于投降的汉官，不惜赐给财物、牲畜，加以恩养，天天赐宴，难道不麻烦吗？然而，我正是想用这些来笼络住他们，以图谋将来的大计呀！"

优礼汉官，是皇太极为实现其宏愿伟业而既定已久的方针。正是在一些降清汉官和众多汉族知识分子的帮助下，他举科举、立法度、整军备、兴农业……十余年励精图治，无论从政治、经济各方面都完成了向封建制的转变，此时的大清已非昔日可比，更非腐朽的明朝所能敌的。现在，盲瞽之人又有了向导，中原的大门已向他敞开。

七、太宗暴毙庄妃欲殉葬

崇德八年（1643）八月九日夜，皇太极处理完政务，回到了他的寝宫清宁宫，如往常一样端坐在东暖阁炕上小憩。一天中，似乎只有这点时间是属于他自己的，他很累，很想多休息一会儿，多坐一会儿……

亥时（晚九点到十一点），清宁宫中骤然哀声大恸：皇上"端坐而崩"。事情来得太突然，就在当天，他还曾召见大臣，处理政务，没有任何生命即将终结的征兆。于是，史书上为他写下了这样的最后一笔：

"是夕，亥时，无疾而终。"

"无疾而终"太令人难以信服了。于是一些文人骚客便妄加猜测，将他的死又引入了风流情祸之中。一些野史杂记中说：庄妃与多尔衮很久以来就两情相悦，早有私情，为了能长相厮守，决定让庄妃下毒将皇太极毒死。事后，多尔衮杀死太医，又以强权压制群臣，宣布皇上"无疾而终"。更有人以后来多尔衮拥立福临，太后下嫁为佐证，大加附会。

为私情谋害亲夫，不过是文人墨客茶余饭后的调侃之辞罢了。倘若庄妃与多尔衮真早有私情，那么谋害亲夫是在崇德八年（1643），而太后下嫁，据一些史家考证，却是在顺治五年（1648）。相隔五年之久，倘若真是为情害夫，为何又要在丈夫死后五年之久才下嫁呢？以当时多尔衮的势力，而且满洲自古就有"妻后母，报寡嫂"的治栖之风，又有谁敢干涉呢？拥立福临，太后下嫁自有其历史原因，我们以后将会说到。而且，若真有私情，庄妃也不会在皇太极死后要求殉葬了。可见，这种说法本身确是无稽之谈。

"无疾而终"或许在皇太极死的当日并无什么征兆，可回顾几年来他的身体状况，情况就十分清楚了。

清崇德五年（1640）七月，皇太极圣躬违和，去温泉疗养。

清崇德六年（1641）八月，松锦大决战前夕，皇太极曾呕血，亲征时，鼻出血不止。

清崇德七年（1642）十月，圣躬违和，大赦祈天，并将日常政务交由诸王办理。十二月出猎时，又因圣躬违和，未猎而归。尤其九月，他最心爱的妻子宸妃病逝，给他以沉重打击，乃至于灵前心力交瘁，哭昏过去，过度的悲痛，无异于雪上加霜。

清崇德八年（1643）正月初一，因圣躬违和，免群臣朝贺；三月，因圣躬违和往各庙施金祝祈；往朝鲜世子所居处，告之皇帝患风眩，求化瘛清热之竹沥，并求名医。

皇太极自幼身材魁伟，而中年发福却甚于常人，穿上铠甲，就连昔日背伏他驰骋疆场的两匹坐骑良骏——大白、小白都承受不了，小白只能日行百里，而大白却方行五十里。

多年的鞍马劳顿，公务缠身，内外负重，思虑过度……这些，都可能是他患病的根由。他自己就曾慨叹道："山峻则崩，木高则折，年富则衰啊！"然而，别人似乎并没有注意到这些，因为在他们心中，他是满洲的英雄，大清的皇帝，他是神，是天命之君，从而使人们忽略了他"人"的一面。人们似乎更愿意以"无疾而终"作为皇太极这个成功者一生的完美结局。他的一生，毋庸置疑，也无人否认，是辉煌的成功者的一生。在他的手中，开创了清朝的基业；在他的手中，完成了向封建制的转变；在他的手中，奠定了进取中原的基础。尤其他的汉化政策，更显示出一个伟人的远见卓识，那是他成功的因素，而他的子弟们又从中吸取借鉴了许多，才成为君临天下的至尊，才维系了爱新觉罗家族二百余年的统治。唯一遗憾的是他没能亲自登上北京的龙庭，而他却让他的民族、他的子孙做到了这一点。

"皇上驾崩"，震惊朝野，震惊宫廷。刚入寝不久的庄妃被惊醒，也被惊呆了。"不可能，这不可能，太突然了……"然而现实却给了她一个难以接受的事实。她昏了过去。

次日，又有一个消息震惊朝野：永福宫庄妃愿以身为皇上殉葬。满朝文武又慌作了一团，皇上刚死，怎么庄妃又要殉葬？真是一波未平，一波又起。于是，诸贝勒大臣齐聚永福宫，合力劝阻。

> 皇上方逝，皇妃愿以身殉，诚然可敬。然三位公主和一位皇子尚且年幼，皇妃应节哀顺变，将年幼子女抚育成人，抚恤皇上骨血，才可报答皇上的恩宠，又怎能以身殉葬呢？

望着年幼的子女，她犹豫了。夫君的猝然去世，确实给她以沉重的打击。但复杂而又艰险的宫廷生活使她又不得不为年幼的子女考虑。她知道失去父亲而又失去母亲的年幼子女在宫中将会面临怎样的生活。她想到了多尔衮兄弟的遭遇，也想到了自己儿女的将来，还想到了大妃阿巴亥。

"唉"，她叹了口气。看来她得活着，而且还得好好活着。

第三章

多尔衮扬鞭逐鹿中原
孝庄后无奈忍辱下嫁

一、拥立幼主多尔衮辅政

暴卒的皇太极，没有留下任何遗嘱，也从未指定过其身后的继承人。于是，又如努尔哈赤死时一样，权力的真空使诸王兄弟子侄，在哀号声中又将目光移向了那金銮殿上的宝座。汗位，不，已是皇位，不知又在向谁招手。

此时，诸王贝勒中有可能继承帝位的主要有两个人。尽管努尔哈赤与皇太极均子侄众多，但除这两人外，似乎没有人敢觊觎神器，或者说，没有可能登上帝王的宝座。

肃亲王豪格，是皇太极的长子，为继妃乌拉纳喇氏所生，很早就随父王东征西讨，立下了卓越战功。他除了掌握皇太极原来所拥有的两黄旗外，还握有天聪末年被皇太极兼并过去的莽古尔泰的正蓝旗。而且在父死子继的封建制度下，作为长子的他，承桃帝业，更加名正言顺，合情合理。睿亲王多尔衮是努尔哈赤的第十四子、皇太极的弟弟，为大妃阿巴亥所生，也本应是十七年前汗位的继承人。十七年来，为了能出人头地，他不惜投身在夺其汗位的哥哥的麾下，南征北战、东驰西骋，征朝鲜、抚额哲、献玉玺、围锦州……功勋卓著，已非昔日的冲龄幼儿，而是一位久经沙场，经验老到，权力仅次于皇太极的王爷。他不仅拥有颇具实力的两白旗，而且他们同母三王（八王阿济格、九王多尔衮、十王多铎）在议立会议上，占据了参加会议人数的一半（其他三王为代善、济尔哈朗、豪格）。此时，他要将十七年前所失去的，再重新夺回来。此时的大贝勒代善，虽名位至尊，又拥有两红旗，但已六十一岁，年事已高，而且由于其子萨哈廉和硕托的去世，两红旗三王只剩一王。再加上长期以来，为削弱他的势力，两红旗一直受到皇太极的压抑，实力大不如前，争夺皇位，已不可能，只能作为平衡双方势力的一个砝码，放来放去。

能够左右政局的，只有多尔衮与豪格。

为了试探两黄旗将领的意图与动向，多尔衮曾亲自前往三官庙召见重臣索尼，问道："在诸王贝勒中，你以为立谁为君为最好呢？"索尼早已明了他的意图，毫不示弱，慨然答道："先帝有皇子在，必立其子，其他就不是我所该知道的了。"说完，抽身而退，明显倾向于豪格一方。

清崇德八年（1643）八月十四日，崇政殿内，诸王刚分坐东西，准备议立新君。两黄旗的巴牙喇兵便张弓挟矢，环立四周，包围了大殿，大有剑拔弩张之势，一股浓烈的火药气息弥漫空中。这是多尔衮所未料到的，但他知道名为护卫的两黄旗兵丁，实为威慑，稍有不慎，则一发不可收，他犹豫不决。这时，两黄旗重臣索尼、鳌拜等佩剑鱼贯而入。见完礼，起身朗声道："先皇恩养我们多年，养育之恩比同天地，今天倘若不立先皇之子为帝，我们宁愿以死相从先帝于地下。""以死相从"莫若说成以死相拼，诸王爷都理解其中的含义。

半晌，英郡王阿济格、豫亲王多铎打破僵局，首先说道："睿亲王劳苦功高，功勋卓著，正当富年，况昔日太祖也有立他为嗣之意，我等愿拥戴睿亲王为帝，早登大宝。"多尔衮沉默了，他知道，以他现有的实力和在议立会议上的优势，是有问鼎的希望的。但有肃亲王豪格，还有殿外两黄旗兵士，他没想到他们会包围大殿，这是不是豪格的意思呢？他不知道，但不论是与不是，此时他一旦应允，那么会场可能就是战场，而能够活着走出去的，似乎不会是他们。

没听到回音的豫亲王多铎又忍不住道："你若不应允，就应该立我。太祖皇帝的遗诏里有我的名字。"

"不光有你的名字，还有肃亲王的名字。"多尔衮冷声说道，他不希望与自己站在同一条战线上的弟弟如此没有耐力。

"不立我，论长，应立礼亲王。"

代善连忙接声："睿亲王若应允，这乃是我国家的福气。否则应当立先皇之子，我老了，岂能胜任？我身为帝兄，很久就不干预朝政了，又怎能参加如此重大的会议呢？"说罢，便起身离去。先抬睿王，后抬皇子。他谁也不想得罪，因为他知道自己根本无力左右政局，充其量不过是多尔衮与豪格之间的一个棋子，已是暮年的他不想随便就将自己压错了地方。

代善刚走，性情激暴的八王阿济格因不满多尔衮的当决不决、犹犹豫豫，不作明确表态而愤然离席，十王多铎也默不作声。

面对僵局，肃亲王豪格不得不表态，他故作姿态地说："我福小德薄，难当大任，无意于此。"在多尔衮未表态的情况下，他是不敢贸然先行下手的。

此时，多尔衮和豪格心中都清楚：任何一方都没有完全压倒一切的绝对优势，而任何一方也都不会允许对方登上皇帝的宝座。就如十七年前皇太极与代善的对峙一样，但那时因代善的退让得以解决，而今天的双方，似乎谁都不会作出如此牺牲来成全对方。

多尔衮的心中也在不住地盘算着，虽然好像他占有一些优势，但此时镶蓝旗旗主郑亲王济尔哈朗已明显具有倒向豪格一方的倾向，况且倘若此时他一定要争夺大位，殿外的两黄旗兵将也一定会不惜身死，发动兵变。那时，已不仅仅是血溅三尺的事，很可能会在满洲统治阶级内部引发一场后果难以想象的内战，在这即将举兵南下的紧要关头，这场内战或许会使大清永远失去逐鹿中原的机会，也或许会使爱新觉罗家族失去已拥有的一切。他是一个为达目的不择手段的人，却并不是一个为达目的不惜一切的人。他也不得不权衡轻重，深思熟虑，却又百思不得其解，不知如何来妥善解决目前的局面。

忽然，他脑海中闪现出母亲对他所说的父汗的临终遗言："应立九王子为汗，年幼可由代善摄政，九王子长成后归政。""摄政"，立一个皇太极年幼的儿子为帝，然后由他摄政。他心中涌起一股强烈的报复欲望，十七年前皇太极所未应允并从他手中所夺去的，他要皇太极在其死后加倍地予以补偿。

然而，皇太极一生妻子无数，为他生育过子女的就有十五人，而且有九人共为他生了十一个儿子，年幼的皇子有高塞、常舒、韬塞、博穆博果尔、福临五人，那么，选谁为帝呢？高塞、常舒都是皇太极庶妃所出；韬塞的母亲至今不知是谁，在当时她的身份地位也绝不会太尊贵；博穆博果尔虽是麟趾宫贵妃所生，地位尊崇，但贵妃早年侍奉察哈尔林丹汗，后才嫁给皇太极，已失名节，在普通人家或许无所谓，但在帝王之家，又将为帝母，就不得不多方权衡了；只有皇九子福临，母为永福宫庄妃，地位尊贵，庄妃的贤惠、聪颖也是众贝勒大臣有目共睹的。而且庄妃侍奉皇太极多年，辅佐他创立大清基业，也深为诸王贝勒大臣所赞赏，倘若拥立福临为帝，庄妃就会成为皇太后，诸王贝勒大臣是不会反对的，也只有庄妃的贤惠、聪明才能稳定后宫。再者，庄妃出身于蒙古科尔沁部显贵家族，若拥立福临，一定会得到科尔沁部的支持与拥戴。那么，多尔衮的手中就又多了一张击败豪格的王牌。

多尔衮不知道这个建议是否会被接受，但即使立先皇之子，他也不会让豪格如愿以偿。想到此，他站起身，缓缓说道："诸位说得都颇有道理，既然大家都无继承大统之意，那么，我以为当立先皇第九子福临为帝。他天资聪敏，母又尊贵贤淑，只是年龄尚幼。就由我和郑亲王济尔哈朗左右辅政，分掌八旗军兵，到他年长之后，立即归政。"多尔衮又将郑亲王济尔哈朗拉了进来，因为论资历、军功，让他辅政，别人无话可说，况且他又倾向于豪格，将他拉进来，一方面可堵住豪格要求辅政之路，另一方面也有利于维持并稳定可能发生动乱的局面。这不能不说是个高招。而且，对郑亲王的辅政之能、治国之术，多尔衮太了解了，他深信只要假以时日，待政局稳定下来后，他一定会将济尔哈朗慢慢挤走的。

诸王无言，沉默着、思虑着……睿亲王的提议，很少有人能反对，尤其在这个时候，而且拥立一个稚童的提议对于两黄旗的大臣来说，满足了他们必须立皇太极之子的强烈愿望，对于多尔衮一方来说，既排除了与之相争的肃亲王豪格，又可以使新帝有名无实，为多尔衮掌握大权创造更为有利的条件。任何人都明了此时的形势：不成则战，这已是最后的机会了。谁都不想通过战争来解决一切，但谁都不能允许对方登上皇帝的宝座。于是，这样一个折中的方案，便被双方接受了。

大殿上，多尔衮当即率诸王对天盟誓：拥立幼主，辅政开基，永无二心。两黄旗大臣索尼、谭泰、图赖、巩阿岱、锡翰、鳌拜也会盟于三官庙，共进共退，六人如一体，誓死辅弼幼主。

于是，年仅六岁，未谙世事的福临，以他的机遇，以他不带任何政治偏见的资格，被推上了皇帝的宝座。

二、烽烟起多尔衮入中原

多尔衮的提议虽被接受了，却并不能使所有的人都满意，这是绝不可能的，多尔衮与豪格本身对此就不是百分之百地满意。对于这些不满意的人，明智的如多尔衮、豪格一样息事宁人，小心谨慎，寻找新的机会；不明智的又开始四处奔波，酝酿新的阴谋。于是，在福临即位之前，又发生了一起妄图废幼主另立的事件。

清崇德八年（1643）八月十六日，也就是议立新君后的第二天，和硕礼亲王代善之子固山贝子硕托和孙子多罗郡王阿达礼（萨哈廉之子），对拥立稚童颇不心甘。按照满洲的惯例，新君应由诸议政王推举德才长者为之，而现在却拥立了一个根本无从谈及"德""才"的幼子，这不仅是前所未有的，也是对满洲固有传统的破坏。于是，两人密言于代善，说："现在立幼子为帝，诸事不通，我大清命运，可想而知，还是赶快妥善处置，另立他人吧！"深谙政治斗争的代善听后，又惊又恼，他深知在此种环境下四周已布满了各种危险的因素，最好的保身之法就是三缄其口，他怒斥道："混账！都已对天盟誓了，还说什么？不要再胡思乱想了！"

然而两人并未就此止步。一些书中记道，之后，阿达礼去见睿亲王多尔衮并表示"王正大位，我当从王"。硕托也派亲信吴丹至睿亲王府说："内大臣图尔格及御前侍卫等，皆从我谋，王可自立为君。"也有的书中说两人来到睿亲王府求见，愿拥立多尔衮为帝，但多尔衮坚决拒绝了。两人又来到豫亲王府，多铎只派人回复了一句"现在不是相访的时候"，始终不肯露面。无论哪一种说法，其结果只有一种：那就是多尔衮断然拒绝了。

碰壁后，两人又来到代善处，将以往经过述说了一遍。闻言后，代善大怒，愤然道："任意妄为，任意妄为，叫你们胡说八道，灾祸立至呀！"说罢拂袖而去，亲自前往睿亲王府向多尔衮告发。常言道："虎毒不食子。"然而正处于政治旋涡之中的代善却不得不这么做，他忘不了十七年前他依从皇太极夺多尔衮之位，逼死其母的旧事。多尔衮也绝不会忘记的，倘若多尔衮借此机会发难报复，那么死的不仅仅是他代善和两个子孙，可能是他整个家族。只有首先告发，而且只有大张旗鼓地去向睿亲王多尔衮告发，才可洗脱他的罪名，才可保住他这一支血脉的流传。这也正是政治斗争的残酷性所在。

这天晚上，阿达礼与硕托便以"扰政乱国"之罪，按叛逆被论处死，参与此事的阿达礼之母、硕托之妻以及吴丹也一并被作为同谋处死。既然多尔衮对于拥立福临也并不是百分之百地满意，那么对于阿达礼等人要求他"自立为君""我当从王"的建议为何又顽固拒绝呢？立福临，这是多尔衮在当时形势之下，权衡利弊，互相妥协而作出的最佳选择，在这一抉择中，他也获得了不少的利益，这些利益固然比自立为君要少，但自立为君，不仅会落下"出尔反尔"的骂名，而且一旦失败，就连所拥有的也会失去。因此，在没有百分之百的把握之前，他绝不会如此冒险。或许还有心理因素作怪，他对代善有着刻骨铭心的怨恨，也迁怒于代善的家族，更不会信任代善家族中的人。或许他可以和任何人合作，却唯独不能和代善家族合作。

一个出色的政治家极擅长玩弄阴谋，但一个阴谋家却未必是一个出色的政治家。这正是硕托、阿达礼与多尔衮的区别，也是阿达礼、硕托等的悲剧所在。

为了不致再生祸乱，清太宗皇太极的丧期未过，就举行了福临的继位大典，改元"顺治"。

八月二十六日，大政殿内，身穿龙袍，高坐金銮的福临正接受着百官的朝贺。他不知道"皇帝"是怎么回事，也不知道自己是在何种险恶的政局中穿上了那件毫不合体的龙袍，更不知道自己只是一个被人玩弄于股掌之上的"傀儡皇帝"。他只知道：与其坐在大政殿的宝座上受百官朝贺，还不如到后宫跟奶娘捉迷藏更有趣味。

皇帝的宝座上只要坐着一个人，无论他是雄才大略的政治家，还是年仅冲龄的稚童，也无论他聪颖过人，还是痴呆发傻，只要他填补了那权力的真空，仿佛便平衡了那行将倾倒的大厦，整个封建王朝的"天"就不会塌下来，年仅六岁的福临，便扮演了这样一个角色。而此时最为忧虑的，就是已身为帝母，被尊为皇太后的庄妃。她深知自己的儿子是如何登上大宝，又在扮演着怎样一个角色，但她也无力改变，唯一所能做的，只是翼护着她那年方冲龄的幼子，小心地在政治旋涡的边缘行走，不要落入旋涡之中，成为政治斗争和宫廷的牺牲品。

此时，中原大地上，烽烟正浓。李自成与张献忠两股农民起义军，都取得了决定性的胜利。崇祯十六年（清崇德八年，1643）春，李自成农民军于济南几次打垮明军主力后，又向湖广发展，很快就控制了荆襄六府州县。二月初，改襄阳为襄京，李自成称"奉天倡义文武大元帅"，建立大顺政权，统众百万。九月，又大败孙传庭的明军于河南南阳、汝州一带。十月初六，李自成军又攻破潼关，杀孙传庭，明军已无力再战。十月十一日，进入西安。崇祯十七年

（清顺治元年，1644）正月，李自成改西安为西京，建国号"大顺"，建元"永昌"。与此同时，张献忠的农民军也于武昌建立了政权，开科取士，与李自成军遥相呼应。崇祯十六年（清崇德八年，1643）八月，张献忠又连下岳阳、长沙、衡阳。九月，在明军逼迫下，北返长沙，向湖南西部发展，十二月下旬攻占荆州，决计向四川发展，凭蜀地之坚险，谋求鼎立天下之势。

面对迅猛发展的农民起义军，明王朝已一筹莫展，无计可施。崇祯帝无奈只好下"罪己诏"，想通过自责来收拢人心，并号召"草泽豪杰之士能举兵反正，晋爵封侯"，妄图瓦解起义军。同时，又将大臣李明睿的南迁之议公开，却因大顺军切断运河而被搁置，难怪后人写诗说："君王也道江南好，只是因循计不成。"明朝的命运，注定在失败之中，无论崇祯皇帝如何苦苦支撑，却依旧挽留不住历史的车轮。朱明王朝近三百年的气运将终了。

崇祯十七年（清顺治元年，1644）三月，李自成农民军以摧枯拉朽之势，从山西和畿南向北京进发，一路上势如破竹，如入无人之境。三月十九日晨，北京颐和园的煤山上，崇祯皇帝解下腰间金丝绦带，轻轻地搭在一棵树上，环望了一周北京城，他不禁泪如雨下，十七年兢兢业业，却还是没有改变覆亡的结局。"气运将终，我奈其何，难道我真的只能做亡国之君吗？"他心中默吼道。确实，他的才干、能力在明朝皇帝中是名列前茅的，却生不逢时，如英宗、武宗那样的草包皇帝都能保住手中的天下，而他却不能，历史发展的规律是无法阻挡的，更非人力所能改变的，他注定不得不以悲剧收场。"唉"，他长叹一声，无奈地将头伸进了那丝套之中……这天中午，李自成率起义军浩浩荡荡地进入北京城，登上了紫禁城中的金銮宝座。至此，朱明王朝二百七十余年的基业坍塌在滚滚的农民起义大潮中。

就在李自成向北京胜利进军时，身为清廷最高决策人的多尔衮，也面临着一个艰难的选择：是继续执行皇太极的"持重自固"方针，还是抓住时机，积极进取中原。但"百足之虫死而不僵"。明朝毕竟已有二百多年的基业，此时进攻，不仅会面临着明军，还有农民军两支队伍的抵抗。单独入主，多尔衮似乎还没有这个把握。于是，他派迟起龙、缪尚义入关去西北和李自成的农民军联络，希望能联合他们共同推翻明王朝。这一方面可以增加胜利的把握，另一方面多尔衮也不甘心大好的汉家天下即将为农民军所据有，他想通过联合来寻找机会夺取农民军的胜利果实。然而，农民军的将帅们似乎对这支马上民族并不感兴趣，将原书照样退回了。

顺治元年（1644）春天，驻守宁远的明将吴三桂应调勤王，援师北京，弃宁远而西去。闻讯后，老臣范文程急忙上书多尔衮，分析了明朝此时"四面受敌""受病种种，已不可治"的形势，建议迅速调整策略，抓住有利时机，进取中原，统一天下。这些，多尔衮都知道，吴三桂一撤离宁远，他就立刻下令"修整兵器，储粮秣马，俟四月初大举进攻"。进取中原是势在必行的，也是满洲贵族多年的夙愿。但此时多尔衮心中最担心的却是农民起义军，这是一支新生的力量，战斗力很强，过去又未与它交过锋，他不知道是否有把握战胜它。"机不可失，时不再来"，望着犹豫不决的多尔衮，范文程焦虑万分，顿足道："我大清虽是和大明争夺天下，实际上却是与农民军相角逐呀！倘若此时与农民军联合，推翻明朝，共图天下，再与农民军相争，那时大局已定，就难以改变了。"多尔衮心中微微一怔，"与农民军争夺天下"是他从未想过，也从未想到的。即使夺取了天下，一山难容二虎，与农民军一战势在难免，是在此时，还是放在以后，他依然无法骤然决定。但一种新的战略思想在他的头脑中酝酿成形。

三月十九日，李自成进入北京，明朝覆亡。多尔衮立刻派人飞速召回正在汤泉疗养的范文程，共商大计。范文程进一步强调了与农民军争夺到底的决心，认为农民军是"必讨之贼也"。而后说道："起义军虽拥兵百万，横行无惮，但可致其失败之处却有三点：首先，身为大明臣民，却逼死君主，必触怒上苍；其次，入京后追赃逐饷，残害侮辱缙绅世家，已引起了旧明官僚地主的不满；最后，劫掠民资，奸淫妇女，杀人放火，已使百姓恨之入骨。有了这三点，我们就足可以一举而破之呀！"范文程看得确实很准，除了第一点纯是牵强附会而已，其他两点，却确实是明末农民军失败的重要原因。由于历史和自身的局限性，使农民起义军在缺乏正确领导的情况下，没有建立稳固的根据地，再加上自身目光短浅，在夺取政权后，不知道组织生产，复苏经济，积极拉拢各阶层人士，扩大政权的统治基础，却追赃逐饷，劫掠烧杀，既失士心，又失民心，终造成了得而复失的败局。

范文程又接着说道："我们大清倘若只想称帝关东，成为一方之霸，就应该如从前入关一样攻城劫掠兼施；倘若想要统一中原，则必须安恤百姓，申严军纪，妄杀者论罪。"多尔衮心动了。统一中华，这是满洲几代人为之呕心沥血所要争取的，也是父兄多年以来的夙愿，他们未能实现的，难道不能由自己来完成吗？

顺治元年（1644）四月初九日，睿亲王多尔衮带领英郡王阿济格、豫亲王多铎，"统领满洲、蒙古兵三分之二，及汉军恭顺等三王（孔有德、耿仲明、尚可喜）"，几乎是倾国之兵，往定中原。并在与李自成的争夺中，很快取得胜利，定立大局，将盛京的龙庭搬到了北京。短时间内，能取得如此巨大的胜利，还有一个不可忽视的原因，那就是多尔衮成功地争取到了明朝山海关守将吴三桂的归降，不仅未损一兵一卒，使之毁边墙而入，又得到了一个出色的向导。

三、进军中原招降吴三桂

吴三桂，江苏扬州府高邮（今江苏高邮）人，崇祯初年，其父吴襄任锦州总兵，吴三桂以武举身份承父荫，授都督指挥。后吴襄因军事失机被系下狱，擢吴三桂为总兵官，袭父职，镇守宁远（今辽宁兴城）。洪承畴督辽后，任其为辽东团练总兵官。松山大战中，明军惨败，吴三桂与王朴两人所率部队全军覆灭，仅二人身免。之后，吴三桂奔归宁远，招抚流亡，致力经营，军势逐渐恢复，成为一支关辽铁骑。皇太极在世时，对他很是赞赏，并派吴三桂降清的母舅祖大寿前去招降，但无结果。当农民战争节节胜利，以排山倒海之势进军北京时，清政权也正准备入主中原，争夺全国的统治权，但并无十分的把握。因此，当时扼守关门，颇有战斗力的吴三桂铁骑，便成为各种势力争夺的对象。

当农民军进逼北京，京城危在旦夕，崇祯帝在求将无人，调兵无应的情况下，晋封吴三桂为平西伯，并起用其父吴襄提督京营，召吴三桂急速入京勤王。接旨后，吴三桂立刻弃宁远，徙众二十万，向山海关移动。三月二十日，当他率军抵达丰润时，却传来了北京城破，崇祯帝自杀的消息，而且山海关也被农民军攻占，他就如瓮中之鳖一样，处于农民军的左右围攻之中。此时的李自成却似乎不愿大动干戈，以"不失封侯之位"来招降吴三桂。一些书中记载李自成曾说过："山、陕、济南、荆襄已在掌中，大江以南传檄可定，惟山海关总兵吴三桂是一骁将，当招致麾下。"而且吴三桂在向永平进发中曾大张告示："本镇率所部朝见新主，所过秋毫无犯，尔民不必惊恐。"可见，吴三桂曾被李自成招降一事，是毋庸置疑的。

吴三桂的关辽铁骑，再度攻破山海关，或据关自守，或重回宁远，并非没有可能，但与清军血战多年，双方仇怨颇深，即使回去了，在两股强大势力的夹击下，迟早也会被消灭吞并。农民军与大清两者之中，他必须选择一个。从民族感情上说，他更倾向于前者，而且，自己的父母家小又都在农民军手中，个人利益的权衡也促使他选择了前者。于是，他召集将士，决意归李，卷甲入朝。可就在进京途中，他却突然又掉头北上，攻取山海关，拥兵自重，关于其中的原因，众说纷纭。

明末遗民彭孙贻在《荡寇志》中说，吴三桂在进京途中，突然遇到了他父亲手下的一个亲兵与父亲的姬妾同乘一马向东奔来，他忙叫人拦住惊奇地问他们何至如此。原来那个亲兵与吴襄的姬妾私通，两人乘乱偷偷逃跑，却不想遇到了吴三桂。那个亲兵灵机一动，忙骗他说："老将军已被抓，全家都被杀，只有我和老将军的姬妾逃了出来，正想去禀告将军，希望将军三思而行，万勿进城，免遭杀死之祸呀！"闻言，吴三桂恼羞成怒，引军北上，攻占山海关，集兵自守，并派人乞师于大清。而吴梅村《圆圆曲》中的一句"冲冠一怒为红颜"却又被传唱至今，将吴三桂的北归归结于传统的"英雄难过美人关"的情爱韵调之中……不管怎样，促使吴三桂归李复叛的直接原因只有一个，那就是大顺军侵犯了他家庭的利益。入京后，为解决经费开支和满足自身的享乐，对归顺的旧明官僚，农民政权并未想方设法来拉拢招抚他们以为己用，相反却追赃逐饷，杀戮抢掠，完全是一股盗贼之风。不仅将旧明官僚又推向了它的反面，而且由于不合"礼乐"之制也失去了"士"阶层的支持与民众的拥戴。吴三桂的父亲吴襄也未逃脱厄运，在这场战争中不仅失去资财，而且又遭刑逼。入京后，农民军尤其是领导阶层生活腐化、声色犬马、酒池肉林。大将刘宗敏贪图美色，不顾李岩的劝阻，又将吴三桂的爱妾陈圆圆掳为己有……所有这一切，不能不触怒吴三桂，不能不使他考虑自己入京后的命运。于是，他东返山海关，联合那里的旧地主武装，集结八万余人，重据山海关。

通往山海关的大道上，六万大顺军在李自成的亲自率领下浩浩荡荡东向而行，向山海关步步逼近。对于吴三桂的归而复叛，李自成颇为注意，再令与吴三桂共同抵抗过清兵的降将唐通，携四万两犒师银、招降敕书及吴襄的手书再去招降，吴三桂却拒绝并发布檄文表示与李自成誓不两立，仍保朱家之正统，与农民军血战到底。李自成再也坐不住了，他也害怕吴三桂与清联合，那将成为自己的心腹之患。宣抚不成，则加之以兵。于是，他调集六万大军，途中又四处易调，聚合十万之众向吴三桂扑去。处于重兵压力之下的吴三桂，孤立无援，又无补充，只好将求援之手伸向了大清。

对于农民军的实力，多尔衮从未小看过，正如洪承畴所说的那样，"流寇十余年来，用兵已久，虽不能与大军相拒，亦未可以昔日汉兵轻视之也"。因此，刚开始时，多尔衮并未想由山海关入关，而是接受了洪承畴的建议，仍如以前一样绕道而行，毁长城而入，直逼北京。这无疑是正确的，因为山海关有吴三桂把守，地势险要，要攻下它，必须假以时日，再与农民军乏力相争，不仅难有余力，而且很可能战机已失，终身懊悔。目前采取绕行，乃是迂回取胜之道，可不受阻而达目的地。清军刚行至广宁附近的翁后（今辽宁阜新附近）地方，就接到了吴三桂从山海关派人送来的"泣血求助"的信："……现在贼兵兵锋东指，诸城皆破，只有山海关还在我手中，但也势单力薄，力不从心。听说大王您已出兵，倘若能及时派兵来解救我们，定当开山海关大门欢迎大王。"见信后的多尔衮惊喜万分，他不知道吴三桂的诚意有多少，这却是一次机会，由山海关进入中原，倘若没有吴三桂的阻挡，路直且近，省时又省力。他当即派人回锦州调汉军炮兵、运红衣大炮向山海关进发，并立刻回信对吴三桂大加赞赏，并诱逼道："你过去虽然驻守辽东，与我大清为敌，但过去的事就不要再提了，现在你若真能率众来归，一定加官晋爵，封为藩王，守卫故土。一来国仇可报，二来身家可保，子孙永享荣华富贵，如山河永驻。"在威逼利诱之中，吴三桂一步步就范了。

时过不久，多尔衮又接到了吴三桂的告急文书：李自成已到达永平，他迫不得已在山海关以西摆下阵势，与农民军决战，他希望清军能火速进发，早日入关，首尾夹攻，以共破贼兵。一声令下，清军星夜进发，第二天天黑时，到达山海关。然而机警的多尔衮并未即刻进关，他还无法真正确定吴三桂的投降是真还是假，"遂顿兵不进，驻营于欢喜岭，高张旗帜，休息士卒，遣使往三桂营观之"。此时的吴三桂已与大顺军激战了一天。

山海关，素有"天下第一关"之称，南临渤海，北依燕山，"外控辽阳，内护京畿"，是明朝经营辽东陆路咽喉之地。关城之外，四面皆有卫城。此时的山海关，除南面临海，未受攻击外，其他三面卫城均在大顺军的围攻之下，日夜激战，而且北城又失，形势十分危急。突然接到清军已到的消息，吴三桂又惊又喜，慌忙用大炮轰散关门外的大顺军，率十数战将、五百兵马出城迎降，并在清军军营中剃发归顺了。

此时，聚集于山海关的部队共有三支：吴三桂与山海关的武装共八万左右，处于防守地位；李自成的军队十万上下，处于进攻状态；多尔衮所率清军十四万骑，都是休整多日的精锐之师，也正蓄锐待发。一场大战，即将在山海关拉开帷幕。

第二天上午，在关城之西的石河战场上，吴三桂军与农民军展开了决战。而多尔衮却率清军偷偷地隐蔽于东山之中，伺机而动。他一方面想看看吴三桂的诚意到底如何，另一方面也想看看李自成的农民军到底有多强，同时还可坐收渔人之利。

战场上，杀声雷动，剑影刀光，血流成河，农民军的进攻如潮水般一浪高过一浪，吴三桂三面受敌，累战数十合，兵士伤亡惨重，疲惫不堪，几乎再也支持不住了，他四处展望却不见清兵的踪迹。"为什么还不来？为什么还不来？"他心中焦虑地喊道。此时农民军虽也伤亡不少，但始终处于主动的地位，已将吴三桂打得溃不成军。胜利在望，李自成微微笑了笑，似乎他已胜券在握了。忽然，东山之中响起三声号角，密密麻麻的清军漫山遍野地杀了出来，炮声如雷，矢集如雨，使本已稳然获胜的大顺军猝不及防，乱了阵脚。正在西山之上指挥督战的李自成惊呆了，这是他做梦也没有想到的。两日的激战，他们消耗的已太多了，又无援兵，"强弩之末，矢不能穿鲁缟"，况且是面对如此彪悍强劲的北旅。"退兵！"他果断地下令，心中却在流血。他太轻敌了，虽然他也为"忧关东"而屡延登极即位之期，但他自以为应付一个吴三桂还是绰绰有余的，既没有认真研究自己的战略战术，也没有对敌情进行调查研究，尤其是没有察觉到吴三桂勾引清兵的动态。他失败了，不得不匆匆西撤。

但此时的他还不会想到从此之后，大顺军便不再振起，终以一个悲剧的结局退出了历史舞台，而多尔衮所率的八旗劲旅却赢得了入主中原的第一个决定性的胜利。

大战方息，多尔衮就决定乘胜追击，继续扩大战果，当天就在军营中晋封吴三桂为平西王，即刻率马步兵一万，尾追农民军。而自己则在休整一日后，第二天就率八旗劲旅向他向往已久的北京进发了。早在发兵前，范文程就提出要"申严纪律，秋毫无犯"，多尔衮又接受了吴三桂"祈令大军秋毫无犯，则民心服而财土亦得，何事不成哉"的建议，严明军纪，改变了清兵历次入关时"攻掠兼施"的政策。更为可贵的是，他并未因两个政权间多年来的血战仇杀，而对汉族尤其是汉族政权的统治阶级采取血腥复仇政策，相反他看到了在进军中原后利用旧有的汉族官僚的重要性，利用了他们的复仇心理，打出了"为尔等父君复仇"的旗帜，并承诺明朝官民"官来归者复其官，民来归者复其业"，积极争取汉族地主阶级的支持。这无疑是明智之举，因为在中国古代，广大人民群众无知识、无文化，也没有什么政治上的奢求，他们所要求的只是自身的生存与家庭的温饱，只有在他们的生存条件已完全遭到破坏，"民无活路"的情况下，才会铤而走险。而与地主阶级已完全融合在一起的"士"阶层，不仅有物质上的要求，还有政治上的渴望。而且没有不满足现状的"士"阶层的煽动，人民大众很少会揭竿而起，没有"士"阶层的辅弼与正确领导，人民大众的反抗也很难最终取得成功。所以，对于一个新生政权的建立和稳固，不仅仅要有民心的向背，从更深层次的角度来说，还要有"士"心的俯仰。这也是入关之初，多尔衮很快便取得巨大统治成效的一个原因。随行军中的朝鲜人（皇太极在征服朝鲜后，将朝鲜世子作为人质带回沈阳，多尔衮发兵时，也将其带在军中，故兵营中有一些随行的朝鲜人）后来证实：刚入关的时候，严禁杀掠，中原人士无不欢心悦服。这固然或许有些夸张，但清兵在从山海关到北京的途中，基本上未遇到任何反抗，这却是真的。以致有人慨叹道："泱泱大明天下，竟无一热血男儿率军相抗，以报圣恩。"这不能不说与多尔衮的拉拢招抚政策有很大的关系。

四月二十九日，李自成于武英殿匆匆举行承继大宝的登基典礼，圆了他的帝王之梦。当天夜里，下令焚毁明宫部分建筑。次日凌晨，携带着搜刮的巨额大内金银七千万两，离京撤往陕西，犯了他军事生涯中的又一个重大战略失误。山海关一役，农民军虽然受挫，但由于李自成的主动撤离，主力仍然保留，大将刘宗敏也只是为流矢所伤，农民军仍然是多尔衮夺取全国政权的最大障碍。倘若此时，他们能及时总结经验，安定内部，再图大计，依然还有希望。而李自成却如惊弓之鸟，望风而逃，没对尾追的吴三桂与清军加以任何阻截与反击，大顺政权内部对建都何处又始终无一定论，致使李自成轻易地放弃了控制全国的政治中心——北京，使自身原有的战略失误与漏洞更加扩大化。一招的失误尚可弥补，而一连串的失误却只能导致失败。从此，农民军陷入处处被动之中，失去了战略上的主动权，从而酿成了历史上的又一个悲剧。

五月初二日，多尔衮率领他的浩荡大军，在旧明官吏的迎接下，踏入了北京的城门。几代心血，父兄遗志，终于在他的手中实现了，遥望远处金碧辉煌的琉璃瓦顶，他的血在身上沸腾了。脚下，是通往天下龙庭的路，尽管他知道那里坐着的将不是他，但无论是坐着还是站着，主掌天下的却只能是他。

四、南征北战功高震幼主

清顺治元年（1644）五月初六到初八日，北京城里举行了一场盛大而又奇特的葬礼。前明崇祯皇帝的梓宫在侍卫大臣们的护卫下缓缓行进在北京的大街上，街道两旁的故明臣民伏地痛哭、泣不成声；洪承畴、沈惟炳、李明睿等故明的降官们，身披重孝，尾随于梓宫之后，痛哭流涕。在清政权所控制的北京城中，是谁这么大胆，居然敢公开为故明的皇帝发丧？这个人就是大清的摄政王、执柄天下的多尔衮。

早在入关之初，多尔衮就以"为尔等复君父仇，非杀尔百姓，今所诛者惟闯贼""明主惨亡，不胜发指，用是率仁义之师，沉舟破釜，誓不返旆，期必灭贼，出民水火"将清军的入关合理化，使师出有名，并积极争取了汉族地主阶级的支持。进入北京后的多尔衮更迫切地想要夺取全国政权，成为君临天下的共主。然而，除了集结于南京的残明势力外，拥兵百万逃经陕西的李自成以及率众四十万正溯江而上，向重庆进发以求在四川发展的张献忠，都是多尔衮及其所代表的满洲贵族逐鹿中原的主要劲敌，是入关后清政权取代明朝征服全国的主要障碍，因为两者之间不仅仅有着民族之间的矛盾，还有着不可调和的阶级矛盾。这一切不能不促使多尔衮考虑如何争取汉族地主阶级，以及怎样利用他们的封建统治经验，以实现其征服全国的目标。

入主北京后的第二天，多尔衮便以摄政王的身份发布令旨，日日不绝。五月初四日，又发布了一道谕故明官民的令旨：

流贼李自成，原系故明百姓，纠集丑类，逼陷京城，弑主暴尸，括取诸王公主驸马官民财物，酷刑肆虐，诚天人共愤，法不容诛者。我虽敌国，深用悯伤。今令官民人等，为崇祯帝发葬三日，以展舆情，着礼部太常寺备帝礼具葬，除服后，官民俱著遵制剃发。

据载，在发布这项令旨的头一天，安排筹备和主持崇祯帝丧礼的旧明礼部侍郎杨汝诚以"典礼浩繁，不能独任"告急，要求增派主持丧礼的官员。于是多尔衮便询诸旧明官吏道："汉官之中谁最贤达，堪当主持丧礼之大任？"沈惟炳举荐道："原左中允李明睿，贤良俊杰之士，可当此任。"多尔衮立即加封李明睿为礼部左侍郎，赞助筹划丧礼，而李明睿却以身染重病推托了，因为在他的心中还残存着一丝民族感情使他要像许谡那样入曹营而一言不发，免背天下骂名。他没想到身为外藩之主的多尔衮却说出了一番感人肺腑的话语："你们大明皇帝的尸骨尚未收殓，我本想明天就要让全城的官民奔临哭丧，以告慰你朝皇帝的在天之灵，可现在一无谥号、二无牌位，使众官民何以哭临，何以祭奉呀？"闻言，一股悲凉之意顿时在李明睿的心中升起，他恸哭不已，当即受命"议谥于朝房，谥先帝为怀宗端皇帝，周皇后为烈皇后，安奉神主于帝王庙"。

多尔衮这些超乎寻常的举措，其目的不外乎两方面，一是想利用当时农民军尚存在的事实，积极煽动汉族地主阶级的复仇心理，强化两者之间的仇恨，以共同的阶级利益来弥合与汉族地主阶级间的民族矛盾从而争得关内封建士大夫对清政权更广泛的支持；二是想把故明官僚的忠君思想以及封建社会最根本的道德规范激化引发出来，让他们在对故主的追思中转化为对新朝、新君的报答与效命。

早在皇太极时，清政权就完成了向封建化的转化。但在进入北京后，单纯依靠少数满洲贵族和入关前清政权的统治机构，已不适合君临天下的需要和统一中华的愿望。尽快建立适合而又健全的统治机构，对清政权来说，无疑是一个迫切的需要，而明朝旧有的封建国家机器，对于满足这种需要又是一个有利而又直接的工具，因此，在明清的鼎革交换之中，只不过是"主易制存"罢了。内阁、六部、都察院等衙门均恢复并开始运转，使一部本已瘫痪的国家机器开始缓缓运行了。

满洲权贵们虽能征善战、军功累累，但要真正征服经济、文化、政治高度发展的汉族先进地区，却束手无策了。"马上得天下，又焉能马上治之。"于是，在因袭明制的同时，多尔衮也继承并发展了皇太极的"知汉人者，莫如汉人"，而实施"以汉制汉"的政策，这也是辽、金在入主中原后曾经施用，并行之有效的经验。虽然早在入关前清政权就招抚了众多汉人与旧明降官如范文程、宁完我、李永芳、洪承畴、祖大寿等，但在占据全国的政治中心北京之后，这些人就显得太少了，而且在众多的汉族臣民的心目中，深受封建礼教忠孝思想的影响，将他们看作明朝的叛臣，很难在心理上予以承认，这就要求清政权不得不从汉族地主阶级知识分子中选拔优秀人才、来适应逐鹿中原的统治之需。这年五月十四日，多尔衮将原明朝内阁大学士、因被斥为阉党而被崇祯帝罢免的冯铨召至北京，以大学士原衔，入内三院理事；又任命洪承畴仍以故明太子太保、兵部尚书等衔入内秘书院任大学士……内三院在皇太极时创立，那时只是帝王身边的机要秘书班子，清政权的最高决策机关仍是议政王大臣会议。但由于满洲贵族集团内部矛盾斗争较为激烈的原因，为稳固摄政的地位，多尔衮率领他的兄弟统兵入关，而议政六王中的其他三王济尔哈朗、代善、豪格却与幼帝留守沈阳。因此，多尔衮在北京的实际决策机构则是听命于他的内三院。为了适应实际的需要，多尔衮又将原明内阁中和主动归顺人员中的得力之士召入内三院之中辅政，这就把明朝原有的内阁与清政权的内三院合在一起，在实际中发挥着明朝内阁的作用，并在清初政权中发挥着重大作用。六部也是如此，将清政权与明朝各自原有六部相合，因袭明朝六部原有的基本制度行事，主管须由满人担任，但名称却由清的承政改为明朝的尚书……

入主北京之后，除议政王大臣会议和军队仍以八旗为基础外，在政权机构和基本制度上均袭明旧制，"内外臣僚，满汉参用"形成形式上的满汉地主阶级共同参政，而且比入关前更加明显。尤其多尔衮摄政时，各机构中汉族官员的比例都明显增加，形成了以满洲贵族为核心，并利用汉族地主阶级的满汉地主阶级联合参政。也正是如此，才使多尔衮得以很快稳定了北京的政局，并逐步以武力与招抚两手扩大影响与统治范围，奏响了清政权统治中国二百六十多年的序曲。顺治元年（1644）六月十一日，多尔衮力排众议，决定迁都北京，因为多尔衮所要的是整个中原，而不是安于一隅的霸主。

现在的我们往往将清军入据北京作为天下统一的开始，这确实是个开始，但并未统一，此时多尔衮肩上的重担依然很沉。无论是南明的残余势力，还是农民军的余部，都是他夺取天下的障碍，但无论是政治上的需要，还是此时的实际情况，都使他将李自成选作自己最首要的敌人，并由此而确定了先平西北，次定东南的战略部署。

大顺军刚一撤离北京，多尔衮就派阿济格、多铎以吴三桂为前导，马不停蹄，穷追不舍，数次击败大顺军。到真定时，李自成亲自出战，终于阻止了吴三桂的追击，大顺军得以顺利进入山西，并派重兵固守各要塞，阻止清军入晋。这时连日奔波的清军也人困马乏，举步维艰，被迫回师北京。李自成在得到喘息机会后，以太原为中心，立即着手防御反攻的战略安排，但时势已易，初期的大顺军曾一度有声威再振之势，但他们所面对的是休整一新的八旗劲旅，再加上内部故明降将在清政权政策的感召下又转而降清，晋北、晋南诸地很快失陷，太原也被攻破，李自成的军队已被完全压缩在陕西境内，成为一只待宰的羔羊。十月二十九日潼关一战中，大顺军又失利，很快潼关也被清军攻破，李自成无奈入西安，又走蓝田，南下河南，在清军的围追阻截中逃至湖广，与清军八次会战，均告败北。刘宗敏被俘牺牲，牛金星、宋献策降清，大顺军几乎已土崩瓦解了。顺治二年（1645）五月，李自成在湖北通山县九宫山遭到地主武装袭击，不幸遇难，大顺军余部在李过、郝摇旗的率领下进入湖南，与南明桂王政权部将何腾蛟联合，开始了一个新的抗清阶段。

早在清军将大顺军压缩在陕西的时候，多尔衮就开始将注意力转移到了南京的弘光小朝廷。

弘光小朝廷是在马士英的一手策划下，拥立福王朱由崧在南京建立的第一个南明政权，建元"弘光"，以示朱明天下未绝。虽有史可法的辅弼，又拥有江北四镇十二万兵马，但大权却掌握在阉党马士英手中，他谋国无方，内耗有术，早在凤阳任总督时，便被人称为"人长智短，耳软眼瞎"。大权独掌后，他不思如何励精图治，恢复故土，却整日结党营私，为阉党翻案，疯狂迫害东林、复社人士，甚至让阮大铖编造了一份黑名单《蝗蝻录》，指东林为蝗，复社为蝻，照单杀人，以为快事，致使党争愈演愈烈。皇帝朱由崧是老福王朱常洵的嫡子，更是一个扶不起的阿斗，吃喝嫖赌无所不精，奏疏简章无一能通，更不用说治国安邦，恢复祖业了。他将大权交与马士英，自己则"深居禁中，惟以演杂剧、饮火酒、淫幼女为乐"。一次，太监们见他闷坐不乐，以为在思念老福王和自缢死亡的明思宗，劝他节哀珍重，而他却摇摇头道："我非为此愁，只因宫廷的戏班里缺少绝色佳人啊！"整个南明政权中也只有史可法是个有为之士，奈何却被马士英排挤出朝，督师扬州。史可法手下四镇将领又桀骜不驯，不听调度，互相火并。"秦桧在内，李纲在外"，将士又难协力同心，使史可法空有杀贼之心，却无回天之力了。

刚攻占北京时，多尔衮将主要力量放在抗清的农民军上。因此，对江南的残明势力则采取欺骗手段，麻痹他们，对弘光政权予以承认，以致朱由崧派使答谢清军入关剿贼。顺治元年（1644）六月，又发布檄文表明清军入关"非有富天下之心，实有救中国之计"，目的是消灭流贼，为明主复仇，光复朱家天下，以尽睦邻之力。这纸檄文完全欺骗了弘光君臣，以至连史可法在内，都产生了"联虏剿寇"的幻想。甚至派使北上求和通好，并晋封降清的吴三桂为蓟国公，真乃滑天下之大稽。

在围困李自成后，多尔衮知道农民军已成为困兽之斗，难再支撑几日了。而此时南明弘光政权对其统一的阻碍作用则越来越大。于是，搬除它已被提到了多尔衮统一的日程上来。

就在清军向大顺军进攻的同时，也对弘光小朝廷发动了进攻，兵分三路，直指江南。而此时南明政权内部却闹得沸沸扬扬，党争正酣。左良玉以"清君侧"为名发动了内战，而清军又逼扬州。以致弘光皇帝不知所措，该抗何方，只能说"上游急则赴上游，北兵急则赴北兵"。以史可法为首的诸臣均言淮扬最急，当火速派兵防御。而马士英却以自身利益为先，不援扬州，却抗左良玉，致使扬州城被攻破，史可法宁死不降，英勇就义，被南明军民殓其衣冠礼葬于梅花岭下，留下了一段精忠报国的千古佳话。扬州既下，南京不保，弘光帝仓皇出逃。几天后，便被降清的刘良佐引清兵擒于芜湖，成为阶下之囚。南明弘光小朝廷彻底灭亡了。

之后，郑芝龙在福州奉唐王朱聿键建立的政权，王之仁、张名振等于绍兴奉鲁王朱以海建立的政权，以及后来在肇庆以朱由榔为首建立的永历政权都未经得起八旗铁骑的冲击，只是昙花一现，便烟消云散了。

随着中原的逐步稳定，取得的功绩越来越大，多尔衮也逐渐成为权倾朝野的人物，政敌也被逐渐地铲除。于是，多尔衮的野心也逐渐膨胀起来，将目光对准了金銮殿上的宝座。"功高震主"，他逐鹿四方，问鼎中原，功高盖世，绩不可没。况且，他本身就是一个有实却无名的天下之"主"。

五、保皇位太后纡尊下嫁

一些私人著述中曾记载：为了拉拢汉族地主阶级，作为一种政治上的需要，入京前，多尔衮使人传言故明太子在吴三桂军中。于是，当清军临近北京时，一群故明官吏、太监都以为是吴三桂奉太子回京，中兴有望了，便备好銮仪法驾，齐聚朝阳门外候驾，望尘俯伏，谁知到近前抬眼望时，迎来的却是大清摄政王多尔衮，众臣不由面面相觑，心中惊悸不已。但大兵临城，这些在腐朽官场中斡旋多年的"有识之士"，立刻改换面孔，三拜九叩，口呼万岁，劝多尔衮乘辇入宫。故作姿态地谦让一番后，多尔衮恭从众命，下令将皇帝的仪仗队向宫门陈列开，在仪仗的导引下，奏乐鸣钟，乘辇进入武英殿，升坐金銮宝座，接受臣下的朝拜。乘帝辇，用帝仪，坐帝座，不知是有意还是无意，这位清朝的无冕之王却真正地享受了一次帝王的威仪。

顺治元年（1644）九月，局势稍有稳定，多尔衮便按照皇太极"若得北京，当即徙城，以图进取"的遗志，将顺治帝福临、满朝文武官吏、后宫嫔妃等迁至北京，以北京为都开始了清朝新的统治。十月初一日，在多尔衮的总导演下，顺治帝于北京再次举行了登基大典，真正地踏上了君临天下的龙庭。在仪礼官员的引导下，年仅六岁的福临亲往南郊，祭告天地，经过上香、行礼、献玉帛、献爵、读祝、亚献礼、终献礼、撤馔、焚祝帛、授御宝、迎神、送神等繁琐的登基仪式后，遍封群臣，尤其加封多尔衮为"叔父摄政王"。大殿内，钟鼓齐鸣，百官拜贺。多年的凤愿，终于实现了，多尔衮笑了，诸王大臣笑了，就连刚离襁褓的顺治帝的脸上也洋溢着莫名其妙的笑容，或许他觉得这次登基似乎比上次要好玩。但两次登基，有一个人的脸上始终隐隐地透出一丝忧虑，那就是孝庄皇太后，她感到了威胁，感到了一种来自摄政王的威胁。

早在顺治帝即位仅四个月，多尔衮就以诸王权限过大，易误国家政务为借口，宣布限制诸王权力而将国家大权集中于两位摄政王之手。郑亲王济尔哈朗已看出多尔衮独揽朝纲的意图，他自知无力与之抗衡，也深为了解多尔衮的为人，于是提出以后各衙门奏章都先交给睿亲王审阅，将自己手中的权力拱手相让。同时，礼部又特为摄政王议定了居内及出猎行军的仪礼，明确规定诸王不得与之平起平坐，将摄政王的身份与地位明显突出出来。从此，清廷的所有政令皆出于摄政王之手，无人可干预其所为。种种集权措施，既是清政权自身发展的需要，也是多尔衮对帝位的一步步逼近。入北京时，多尔衮又乘只有皇帝才能坐的帝辇，入武英殿坐上只有皇帝才能坐的宝座，故明官吏拜伏丹墀之下，口呼"万岁"，在他们眼中，只知有摄政王，却不知大清也有天子，也有远居塞外的皇帝。移居北京后的孝庄皇太后所见到的却是多尔衮结党营私，打击异己，擅权揽政，"关内关外只知有睿王一人"，满朝文武，几乎都是睿亲王的亲信。不久，多尔衮干脆将郑亲王济尔哈朗挤出摄政之位，又以用兵不利、多年无功的罪名废除了肃亲王豪格。豪格于狱中莫名其妙地死去。从此，他出入称尊，形同皇帝，唯一所缺的便是"皇帝"的名号而已。

顺治四年（1647），多尔衮的专横跋扈到了无以复加的程度，正如西方传教士所记载的那样，上上下下都怕他，据说就是达官显贵往往也不能直接同他说话，要趁他外出守候在路旁，借便谒见。这年，豫亲王多铎、郑亲王济尔哈朗又派人启奏摄政王说："现在国家已定，四海升平，这都是依赖皇叔父王您的恩泽呀！元旦节的时候，皇叔父王在皇上面前行跪拜礼及百官向您行礼时，起立以待；进酒时，按朝班次序行跪拜礼，都应该停止不行。我们之所以这么说，是知道皇叔父王素有风疾，不便跪拜。跪拜事小，倘若皇叔父王勉强行礼，劳体伤神，耽误国家政务事大呀。"多尔衮毫不推让，欣然接受了。并谕令道："以后凡有行礼的地方，跪拜之礼，摄政王永免。"于是，他与群臣之间的距离越来越远，而与皇帝之间的距离却拉近了。不仅在政治上他飞扬跋扈，目中无人，而且在生活上也荒淫无比，悖理乱伦，将一个登徒子的好色秉性表现得淋漓尽致。肃亲王囚死之后，他竟不顾叔父的身份，将侄儿豪格的一位福晋强娶为妾；又征朝鲜淑女，金屋藏娇；而部下趋势者更投其所好，八旗美女、汉家娇娘更是来者不拒；甚至对寡居后宫、姿色尚存的嫂子孝庄皇太后也多有轻佻之举。

所有这些，都使孝庄皇太后感到一种难言的不安，她总有一种朝不保夕的感觉，而且她相信这种感觉是正确的，似乎早在她那年幼的儿子登上帝位的时候，她就感觉到了。如今，摘取皇冠道路上的所有障碍似乎都已被多尔衮清除了，他在等待一个适当的时机，堂而皇之地摘取皇冠，登上皇帝的宝座。深谙宫廷斗争的孝庄皇太后决心孤注一掷，用一个女人可以利用的一切手段，以纡尊下嫁摄政王多尔衮，作为保住母子地位的最后防线。于是，她又做了一次政治婚姻的牺牲品，不过，这次却是主动的。

一些传奇小说中说多尔衮对孝庄皇太后久怀恋情，自己又不便言明，便指使范文程奏告于朝廷：

> 摄政王功高盖世，深孚众望，而且谦逊自持，无丝毫之骄奢，其功德难以言表。皇上深感其德，却无以报答。摄政王虽然只是皇叔父，实际上却是以帝位相让于皇上，就好像父传子一样。既然摄政王都将皇上视作儿子，皇上又为何不以父礼对待摄政王呢？诸位以为在下说得对吗？

群臣道：“所言极是。”

> 现在听说摄政王刚死了福晋，而皇太后又寡居多年。皇上既将王爷看作父亲，又怎能让父母分居呢？应该让太后与王爷结为连理，同宫而居。诸位以为可以吗？

群臣道："可以。"

于是，太后下嫁摄政王，并有顺治帝亲笔恩诏颁示天下。这固然只是捕风捉影之说，但也并非无丝毫之根据。关于太后下嫁一事，历来众说纷纭，人言不一，有人肯定，有人否定，而且近年来，对此持肯定态度的人似乎越来越多，其依据主要如下：

（一）皇父之称

多尔衮始为摄政王，入关后加封叔父摄政王，后又加皇叔父摄政王，至顺治五年（1648）冬至郊天之时，再加皇父摄政王。对于"皇父"一词的意义，有人考证为"尚父""仲父"之意，似乎很难令人心服。"皇父"是古已有之的名词称谓，它明确表示皇帝与"皇父"的宗亲血缘关系，即皇帝之父。而且顺治二年（1645）十月陕西道监察御史赵开心请正名分的揭帖中说："夫叔父为皇上之叔父，惟皇上得而称之。"同理：皇父为皇上之父，惟皇上得而称之。再者，"尚父""仲父"也是古而有之，是天子对德高功著年长大臣的尊称，很难找出与"皇父"相通之处，倘若顺治帝为表达对其叔父的敬重和爱戴，只加封"尚父""仲父"即可，为何却偏偏要加封为令人迷惑不解的"皇父"呢？可见，"皇父"一词是有严格限定意义的。非皇帝之父，非妻皇帝之母，又有谁敢称"皇父"呢？

邻邦李氏朝鲜的史料中曾记载，清廷使臣赴朝鲜，朝鲜国王见诏书中多尔衮称为"皇父摄政王"，惊问何故。而清廷使臣却避而不答，只答道："今则去叔字，朝贺之事，与皇帝一体云。"可见，朝鲜国王已发觉其中的变化，而清廷使者却闪烁其词，答非所问，隐讳了"太后下嫁"这一事实。于是，一些对"太后下嫁"持否定态度的人以此为据，以为《李朝实录》中未详载其事，难以为凭，而且认为如果"太后下嫁"是一件不光彩的事，需要避讳的话，又为何不讳"皇父"之称而诏告天下？作为属国的朝鲜在多尔衮最炙手可热的时候，又何必要为此事避讳呢？其实，《李朝实录》之所以不载，并非为太后讳，而是因为不明就里，不便直言，只好含糊其词罢了。真正为太后讳的却是清廷，早在皇太极时曾明令禁止满洲内部"父死子妻庶母，兄终弟娶其嫂"的落后婚姻制度。可见此时的满洲就已受到了汉族传统文化和伦理观念的影响，并已在逐步改变。但由于传统习俗的遗存性，使禁令禁而不止，有违之者也不以触禁相惩，但在满洲的潜意识之中已开始形成了"班辈婚"的初步概念。入关后，由于与汉族文化更广泛地接触，使这种观念进一步加深，但尚未突破传统习俗的影响，因此，此时的满洲内部对这种婚俗虽尚未视作败俗之举，但也并不如以往那样容易接受了。顺治八年（1651），刚林、祁充格就是因将多尔衮娶肃王妃这一背伦的奇耻大辱记录入档而被处死。那么，"太后下嫁"虽由于政治原因非嫁不可，但也是绝不许扩散到外部舆论中去的。这也是对朝鲜国王的发问，清廷使者避而不答的原因。朝鲜深受汉族文化的影响，也是礼仪之邦，即使没有避讳一说，清廷使臣也绝不会将在己国视为合理合法，而在他国却被视为悖理乱伦的事在他国大加谈论，给别人留下笑柄的。

（二）"亲到皇宫内院"

蒋良骐的《东华录》卷六说："自称皇父摄政王，又亲到皇宫内院。"显然是多尔衮将太后置于妻子、将皇帝置于儿子的地位。倘若没有太后下嫁，多尔衮如此做，是太后、皇帝及诸贝勒大臣万万不能接受的，但此事却得到了他们的默认，而且多尔衮死后，又被追封为"诚敬义皇帝"。可见"亲到皇宫内院"

并不如一些人所认为的那样指多尔衮与宫娥彩女有染，而是指多尔衮与太后并结连理之事，太后为保住幼子福临的皇位，自愿下嫁多尔衮，但并未迁出所居的慈宁宫，仍居大内。

另外，清末宣统初年，刘文兴曾述言其父刘启瑞官拜内阁中书时，奉命清理库藏，亲得顺治朝太后下嫁诏书。这是清朝官员叙述清初之遗事，既非文人琐谈，又非政敌口谤，想见太后下嫁必有其事，并非捕风捉影，这也算是证明太后下嫁的有力佐证。

（三）《建夷宫词》

南明鲁王政权的大臣张煌言，曾作《建夷宫词》，其中关于太后下嫁的就有三首：

"十部梨园奏尚方，穹庐天子亦登场。缠头岂惜千金赏，学得吴歈进一觞。"

"上寿觞为合卺樽，慈宁宫里烂盈门。春官昨进新仪注，大礼躬逢太后婚。"

"掖庭又说册阏氏，妙选娥闺足母仪。椒寝梦回云雨散，错将虾子作龙儿。"

第一首描写顺治帝生性好热闹，不惜屈尊梨园粉墨登场。后两句似指他在太后下嫁婚宴上的失态举动，因为母亲居然坚决地嫁给了自己的仇人，这是顺治帝难以接受而又无可奈何的，故此在婚宴上会有失态之举。第二首则明指太后下嫁一事。"上寿觞为合卺樽"是指太后的庆寿酒又是洞房花烛夜的喜酒，摄政王与太后就是在这一天于慈宁宫中成婚的。末两句是嘲笑讽喻之词，礼部又增了一个前所未有的新仪注——"太后婚"。第三首则大加嘲弄满人的婚俗，不讳再嫁，甚至妄加推测顺治帝是"虾子"（即太后与摄政王的私生子，而非皇太极血脉）而不是"龙儿"，大尽污蔑之能事。这里虽有故明遗士的愤激之言，多有过头之处，但也绝不会是凭空捏造、闭门造车，仍然有它的可信之处。

（四）太后陵葬

清代后妃死于皇帝之前或死于皇帝之后但皇帝尚未安葬时，可葬于皇帝陵寝之内。若死于皇帝之后，断无祔葬之理，但也都葬于"风水墙"之内，唯有孝庄皇太后是一例外。孝庄皇太后病重时，曾对其孙康熙帝说："太宗文皇帝梓宫，安奉已久，不可为我轻动。况我心恋汝皇父及汝，不忍远去，务于孝陵近地择吉安厝，则我心无憾矣。"这种做法是违背清朝帝后丧葬制度的。身为太后的她明知违制却仍一意孤行，可见她是有难言之隐的。因为她已下嫁摄政王多尔衮，再与皇太极祔葬既不合情理，也使后世子孙汗颜。因此康熙帝左右为难，一直未将祖母安葬，将其灵柩停放东陵三十多年，直到雍正时才下令安葬于东陵帝宫，而雍正帝也将太后下嫁一事看作一种耻辱，对太后下葬极为轻慢，甚至没有亲自去祭奠。

（五）"治栖之风"与汉化

入关前的满族社会，由于发展的落后，尚保留着许多古朴而又落后的风俗习惯。"君臣同川而浴，并肩而行。父死子妻后母，兄终弟娶寡嫂。"这种在汉族地区被视为乱伦丧德的"治栖之风"，在当时的满族社会却颇为盛行，尤其在上层社会中，如莽古尔泰死，他的妻子被分给了豪格与岳托；德格类死，其妻分给了阿济格；皇太极的皇后、庄妃、宸妃又是姑侄三人同事一夫……在当时的满族社会中，还没有将此视为悖伦的观念。由于受到汉文化的影响逐渐加深，汉族的伦理道德观念也渗入到满族之中，开始认识到这种婚俗的不合理性，因此皇太极时曾明令禁止这种不同班辈的婚制，但由于传统习俗的固存性，此事非一朝一夕就可以改变，所以仍是有令不止，有禁不行。入关后，随着汉化的进一步加深，满族社会内部对这种"治栖之风"的看法也进一步发生着变化，但并未完全冲破传统风俗习惯影响的框架，虽不以之为辱，但也绝不以之为荣。因此，多尔衮娶其嫂子，在当时的满族社会中还未被视为渎伦、有伤教化的败俗之举，还是可以接受的，从而为太后的下嫁创造了一个契机。

问鼎中原后，民族融合的发展使满族的汉化程度逐步加深，也接受了汉族传统文化与伦理观念，此时的太后下嫁便被视为悖伦辱德了，成为丑不堪言的事，因此清廷大加隐讳，避而不谈，所有相关史料在清代的官书中都已删削殆尽，讳莫如深，这也是太后下嫁诏书得而复失，杳如黄鹤的原因，恐怕这纸诏书已早化为一纸烟云了吧。因此，我们不能因为史料的缺乏而断定绝无太后下嫁之事，历史上许多事情都是由于人为的原因造成的。

孝庄皇太后的下嫁，确为见识过人的举动。封建帝王后宫内院私生活的细枝末节，有时甚至能暂时或局部地改变一代历史画卷的构成方式和某些内容。尽管多尔衮连登基用的印玺龙袍都早已准备好了，却至死也未能如愿以偿。满洲贵族内部反对势力的牵制以及入关后汉化影响的加深，"宗子维城"的皇位继承观念已为大多数王公贵族所接受，致使多尔衮"皇帝自为"的心理意识下降，不愿冒天下之大不韪，而毁弃自己"周公"的美誉。而且多尔衮本来身体就不好，素有风疾，又纵欲好色，三十多岁，尚无子嗣，再夺帝位，已有力不从心之感。同时，太后下嫁，合卺之后，使多尔衮无论从权欲上，还是从名分上，都满足了做皇帝的心理，从而甘心做一个握有实权，功德圆满的"太上皇"了。

作为一个政治家和一个女人，她用了一切可以利用的手段，不惜纡尊下嫁，从心理和生理上承受着一个仇人的践踏，来保住自己儿子的皇位。她是一个女人，也是一个政治家，但更是一个母亲。

顺治七年（1650）十一月，皇父摄政王多尔衮由于多日有病，郁郁不乐，便率领八旗诸王、贝勒、贝子等出边围猎，消遣解闷，颐养心性，然而多年的鞍马劳顿、政务缠身使其心神日益憔悴；纵欲无度、贪杯好色，又使他本已虚弱的身体更加虚弱，已不适合再进行如此劳累的围猎了。一天外出，他突然从马背上摔了下来，诱发"风疾"（即脑血管病），从此便再未起来，十二月初九日，病死于塞外的喀喇城。

消息传来，举国震惊。但对于许多人来说，这是一个从天而降的喜讯，尤其对于孝庄皇太后与顺治皇帝。然而他们并未将这份喜悦表现出来，因为多尔衮虽死了，但他的势力仍然存在，一着不慎，或许多尔衮活着时未发生的政变，会在他死后发生，孝庄皇太后是深明此理的。于是，在她的授意下，顺治帝立刻下诏：举国戴孝，为皇父摄政王举行"国丧"。当多尔衮的灵柩运回北京时，顺治帝亲率诸王、贝勒、文武大臣身穿重孝，出东直门五里相迎，哀声动天，福临居然在摄政王灵前跪哭三次，悲痛欲绝。他已长大了，已知道如何来掩饰自我的感情，又如何伪装自己的悲伤。文武百官跪伏道左举哀，公主、福晋及朝廷命妇在摄政王府大门内跪哭，那哀声震动北京城，响彻四宇，仿佛在哀悼着英灵的早逝，又仿佛在无言地向人们预示着什么。这仅仅是开始。

不久，顺治帝又下哀诏，追悼亡灵，赞誉多尔衮那"千古无量"的"至德丰功"。六天之后，又追尊其为"诚敬义皇帝"，庙号"成宗"，于是，多尔衮未了的夙愿，在他死后实现了，从摄政王、叔父摄政王、皇叔父摄政王、皇父摄政王到皇帝，他一生的荣耀也就此达到了顶峰。

对于孝庄皇太后，她知道这是一次绝不可失的机会。以一个政治家的头脑，她敏感地意识到，无论如何要乘此时将失去的再重新夺回。否则，失去的将会更多。于是，在皇太后的支持下，顺治八年（1651）正月十二日，本应在福临二十岁行冠礼之后才举行的亲政仪式，却在太和殿提前举行了。一切如从前，唯一不同的就是福临的身旁已没有操纵权柄的玩偶人。

第四章

初辅幼主太后固国邦

天学西来耶稣入宫墙

一、收皇权皇太后辅国政

无奈的宫廷生涯，已将初入宫时那纯真的蒙古少女磨炼成一名成熟而又出色的政治家。很早以来，她就在一点一滴地显示着自己的才华，但真正的力挽狂澜，却是在顺治帝亲政之后，"统两朝之养孝，极三世之尊亲"。虽然多尔衮死后，在皇太后的支持下，顺治帝宣布亲政，但他毕竟只有十四岁，既缺乏政治经验又缺乏保护自己的能力。而且多尔衮为了做一个稳稳当当的"太上皇"而对他实行的愚顽政策，使这位皇帝不习汉文、不学汉话，召见大臣时，不知所云，甚至连批阅奏章的能力都没有。倘若没有皇太后的辅弼，或许这位年少的皇帝又不得不成为他人手中的玩偶了。

亲政需要自己的政治基础和政权班底，这是孝庄皇太后所深深明了的。多尔衮虽然死了，可他的班底依然存在，他所遗留的势力还像一张无形的网，在束缚着一切。对于孝庄皇太后和顺治帝来说，要想真正摆脱傀儡的地位，首要的便是要清除多尔衮所遗留下的淤底，重新组建自己的政权班底，撕破那张无形的网。

多尔衮是以两白旗起家发迹的，在他担任摄政王之后，也着意培植两白旗的势力，组织自己的政权班底。其兄阿济格、弟弟多铎虽在一些细小问题上与多尔衮也有分歧，但在重大问题上则始终保持着一致，也是多尔衮摄政的主要支柱。尤其多铎智勇双全，不仅率军逐鹿中原，累加勋爵，立下不世之功，而且随着他威望的与日俱增，在多尔衮的提拔下他很快便取代济尔哈朗的辅政地位而被晋封为辅政叔德豫亲王，成为多尔衮最得力的助手。同时，多尔衮还分化拉拢两黄旗大臣，使其投入自己的麾下，谭泰、拜平图、冷僧机、巩阿岱等两黄旗大臣在多尔衮的软攻硬打之下均改变初衷，弃幼主而阿附摄政王。两黄旗的分化，一方面扩大了多尔衮的摄政班底，另一方面也使多尔衮的反对势力逐渐减弱，这也是多尔衮敢于不行跪礼，飞扬跋扈，一步步向皇位迫近的一个原因。顺治六年（1649）三月，辅政叔德豫亲王多铎出痘而死，这对多尔衮无疑是一个巨大的打击，失去了威福自专的股肱。一年后，多尔衮也病死。此时，他所遗留下来的班底主要是以英亲王阿济格为首的两白旗及两黄旗的一些大臣，然而阿济格却只是个有勇无谋而又野心勃勃的武夫，根本没有他两位弟弟的智慧与权谋，是个政治上的"近视眼"。

据明末清初著名史学家谈迁的《北游录》中记载：多尔衮在他临死前曾召见他哥哥英亲王阿济格"语其后事，外人莫得闻"。有人猜测是多尔衮授意其兄发动逼宫政变，有人却不以为然，认为倘若是多尔衮授意，与他们同为一伙的大学士刚林又怎会策马入京将英亲王谋逆之事遍告诸王、固山额真呢？不论多尔衮授意与否，阿济格确实曾率三百骑入京，妄图发动政变，取代多尔衮的地位，却由于刚林的告发，刚至城门便被捉，以图谋不轨被囚。两白旗失去了核心，年幼的阿济格之子劳亲和多尔衮养子多尔博尚无统率两白旗的能力。孝庄皇太后立刻意识到这是一次机会，一次铲除异己的机会。于是，在她的安排下，作为试探性的举动，顺治帝命大学士刚林到睿亲王府收回象征着至高无上权力的信符，接着又命吏部侍郎将赏功册收入大内。在没有出现任何不良反应后，开始议阿济格之罪。但由于多尔衮的遗留势力依然很大，若以"谋逆"议罪，很可能会适得其反，打狗反伤人，因此，便以对摄政王不恭，诸王五次哭临丧所，唯英亲王不往议罪永囚高墙。与之有关的两白旗将领席特库、阿思哈、毛显尔根等分别受到处斩、鞭责、革职、抄家的处分。这一方面打击了两白旗的势力，另一方面也有利于稳定局势。之后，又晋封代善的子孙为亲王、郡王，笼络了两红旗的势力……要想彻底清除摄政王的淤底，就必须摧毁他的无上权威与尊崇。万事俱备，只欠东风，现在所缺少的，只是一个首先发难者。孝庄太后与顺治皇帝选中了苏克萨哈。

苏克萨哈虽然隶属正白旗，但因生性耿直、不善谄谀，在争夺皇位的满洲贵族的争权斗争中又保持中立，从不介入，因而没有得到多尔衮的信赖与恩赏，始终受到压制。一方面由于他的处境不佳，极好拉拢，他为人又耿直、忠心，不易出岔子；另一方面则由于他本身就是两白旗人，用他来攻击多尔衮，不仅说服力大，而且也很难让人找出借口。于是，他便成为孝庄太后与顺治帝分化两白旗，打击多尔衮的最佳人选。顺治七年（1650）十二月，多尔衮刚死不久，顺治帝立即特颁谕旨，命苏克萨哈重袭被剥夺的世职，不久又擢升为议政大臣，从此，他更坚定地站在了孝庄太后与顺治帝一边。

顺治八年（1651）二月，苏克萨哈联合詹岱、穆济伦首先揭发多尔衮墓中随葬有"八补黄袍"等御用之物，并曾想率两白旗往永平，阴谋叛逆……墙倒众人推，善于见风使舵的谭泰也站出来揭发多尔衮强娶肃王妃为妾，以郑亲王济尔哈朗为首的一批深受多尔衮压抑、欺凌的贝勒大臣也群起而诉。于是，龙颜大怒，下旨议罪，籍没其家产人口，让养子多尔博归宗，又将他的亲信党羽刚林、何洛会、巴哈纳、冷僧机、拜平图等或砍头、或监押、或革职，进行清算。尤其可笑而又可悲的是，善于见风使舵、出尔反尔的谭泰也未能逃脱厄运。可见，"宁为兰摧玉折，不作瓦砾长存"，无论何时何地，人们所欣赏的都是耿直、忠信之士，见风使舵、变节辱身之流，只能利用，却绝不会有人称颂，"识时务者为俊杰"只不过是他们聊以自慰的托词罢了。

其实，多尔衮生前身为"皇父摄政王"，死后又追尊为"诚敬义皇帝"，以黄袍殓丧也是无可非议的。然而政治斗争是复杂而又残酷的，它早已确定了一切发展的方向，是无论如何也难更改的。"欲加之罪，何患无辞"，这只不过是一个借口，一个可以使多尔衮的权威从顶峰跌入低谷的借口。西方传教士卫匡国记载：顺治皇帝发现自己的叔叔活着的时候，怀着邪恶的企图，进行暧昧的罪恶活动，他十分恼怒。命令毁掉阿玛王（指多尔衮）华丽的陵墓，掘出尸体……用棍子打，又用鞭子抽，最后砍掉脑袋，曝尸示众，他的雄伟壮丽的陵墓化为灰尘。其实，顺治帝的仇恨早在多尔衮摄政时期就一直在酝酿着，从即位到亲政的八年间，复杂的宫廷生活，使年幼的福临成熟得很早。当他第一次感到自己只不过是一个供人玩耍的傀儡，只是一个有名无实的皇帝时，一种强大的自卑感及无名的痛楚便深深地折磨着他。皇父摄政王的阴影始终笼罩在他的心头，他的一举一动也无时无刻不处在多尔衮的监视之中。一次，他外出围猎，随从中多尔衮的心腹党羽巩阿岱、锡翰、席纳布库等人有意在峻岭密林中引他走上险径，当他不得已离鞍步行时，他们大加奚落嘲讽："年少不学骑射，像这种路也要下马步行吗？"奴才可以仗着主势如此奚落他这个大清皇帝，而他却无可奈何，顺治帝知道尽管这是一帮狗，却是打不得的狗，这样的侮辱在他的心中种下了仇恨的种子，他恨这帮奴才，更恨他的皇父摄政王。他不仅夺走了自己的权力，而且还抢走了他的母亲，"每经累月方得一见"。他不理解这是为什么，也不理解母亲为什么要下嫁给自己的仇人，以致他不仅对多尔衮产生了仇恨，还与自己的母亲产生了隔阂。他将一切希望都寄托在自己亲政上，他要报复，他所付出的要他们加倍偿还。但除仇恨外，他的皇父摄政王也给他以恐惧和不安。顺治帝与孝庄皇太后都十分清楚，无论谁流露出一点不满或报复之意，都会演出一幕母子被废，摄政王称帝的惨剧。于是，他不得不韬光养晦，终日沉溺于嬉玩渔猎之中，不问政事，使摄政王无所猜忌，得以保全复仇之身。甚至在多尔衮暴卒后，他也不敢稍有懈怠，仍表现得毕恭毕敬、温顺有加，三次于灵前哭祭，悲痛欲绝……顺治八年（1651）正月十二日，当福临亲政之后，他那积郁已久的怒火终于喷涌而出，开棺戮尸，锉骨扬灰，削夺封谥，剿灭党族，几乎用尽一切手段来发泄自己的不满。

在他的宣泄之中，孝庄皇太后始终保持着沉默，尽管她参与了这所有的一切，她也深为儿子亲政，仇人伏诛感到快慰。但所受攻击的人，毕竟在名分上是自己的丈夫。从儿子的恣意举动中她也感觉出了对她的怨恨与不满，儿子可以也应该不承认这位"继父"，而她却无法否认他这第二任丈夫的存在，她的心情是极端复杂的。对于儿子的不理解与怨恨，她深感伤心，却又不知该如何来解释这一切。

随着多尔衮的一败涂地，两白旗势力从此大衰，摄政王的班底也逐渐被清除，一切都将如孝庄太后所设想的那样重新开始。然而权力似乎具有一种难言的诱惑力，尤其对于那些曾经拥有而又失去的人，更有无穷的魅力。

郑亲王济尔哈朗，是努尔哈赤的亲侄子，幼年时由太祖亲自抚育教养，多次从征，战功显赫，阿敏坐废后，他取代阿敏成为镶蓝旗旗主，被封为和硕郑亲王，是清初诸王中不可小视的核心人物之一。皇太极死后，他自知无望嗣位，但由于曾受太宗皇太极厚爱，自然站在了两黄旗将领一边，使多尔衮不得不在皇位继承问题上仔细斟酌，放弃夺位的机会。福临继位后，多尔衮又将其拉上了辅政之位。他虽是一员勇将，但在政治斗争上，他的智谋、能力都远不及多尔衮，于是被迫将第一辅政之位拱手相让，成为一个表面上的装饰品。进取中原时，他被留守盛京，失去了建功立业的一个大好机会。顺治帝于北京二度加冕后，封多尔衮为叔父摄政王，济尔哈朗为信义辅政叔王，无论是在名分上，还是在俸禄、冠服上都与多尔衮明显拉开了距离，而地位逐渐上升的多铎又开始威胁着他的地位。顺治四年（1647）七月，在多尔衮的策划下，将济尔哈朗踢出决策核心，加封多铎为辅政叔德豫亲王，取代了他的地位。自此，他一直处于多尔衮的打击、迫害之下，几乎丧命。顺治五年（1648）三月，多尔衮又罗织多种罪名将其捉拿问罪，最终免死，降为多罗郡王，罚银五千两。后来虽然又恢复了亲王封爵，却再也不能进入决策核心，只能重新披甲执锐，率兵征讨，如同普通八旗将领，再无往日之威风了。在顺治帝对多尔衮的清算中，他主动站出参劾多尔衮，使许多满洲亲贵纷纷响应，造成墙倒众人推之势，对追论多尔衮的罪责起了积极作用。但面对曾失去的权力和宫廷中的孤儿寡母，他的心又动了。他乘多尔衮衰败之机，以拥立福临的旧勋和参劾多尔衮的新功自居，将处理日常政务大权抓到了自己手中，并开始培植自己的党羽。刚为儿子亲政而舒了一口气的孝庄皇太后，此时又不得不紧张起来，她敏感地意识到：前门驱狼，又焉知后门不会入虎？不论济尔哈朗是否也如多尔衮一样有野心，但权力的外放必然会对宫廷造成危险，或早或迟。现在唯一的办法就是趁他立足未稳，迅速将权力收归于大内。于是，在她的策划下，一道顺治皇帝的亲笔谕令传到了内三院："以后一应奏章，都直接送朕批阅，不必再送给和硕郑亲王。"济尔哈朗刚刚夺到手中的权力，还未能体味出个中滋味，便又失去了，看来他确实不如多尔衮。而孝庄皇太后此举，却有效地防止了济尔哈朗专权，阻止了一幕历史悲剧的重演。

年少的顺治帝并不像史书上所描写的那样"上生而神灵，聪明英睿""六龄即嗜观史书"，似乎天生就是一个牧天下之民的君主。最起码在汤若望的笔下，他却是一个"固执心肠""火急烈暴"的年轻人。其实，从懂事起，顺治帝就完全生活在一种与平常儿童截然不同的环境之中。从六岁即位到十四岁亲政的八年中，由于多尔衮的限制，每隔数月才可同仅有隔墙之遥的母亲见上一面，太后下嫁后就更难谋面了，虽然他的母亲还健在，但他如其他孤儿一样缺少母爱，缺少母子相亲的童趣。因此他幼小的心灵中留下了创伤，以至于他对乳母李氏的感情十分挚厚，甚至超过了生母孝庄皇太后。不仅如此，多尔衮还对这位侄皇帝实行愚顽政策，让他纵情玩乐，不习书文，企图将他变成无知无识的玩偶以达到长期秉政的目的。顺治帝后来曾回忆道，朕非常不幸，年方五岁，先父太宗皇帝就去世了，皇太后又只生了我这一个儿子，娇生惯养，从来无人教训，失去了学习的机会。十四岁时，睿王死后，才开始亲政，批阅诸臣奏章时，都茫然不解其意。其实无人教训及失去学习机会，并不是因为太后的娇生惯养，或者说没尽到做母亲的责任，这也是顺治帝对孝庄太后的误解之处。在那数月方可一见的日子里，孝庄皇太后那颗做母亲的心也深深地受到伤害，难得见儿子一面，更难将儿子抱在怀中享受天伦之乐，别说娇生惯养，就是想要这样，也了无机会呀！况且像她这样的母亲，是多么希望自己的儿子能够如他父亲一样创下不世奇功，又怎能让他失去学习的机会呢！所有这一切，都是多尔衮所一手策划的愚顽政策罢了。再者，对于多尔衮的这一政策，孝庄太后未必知情，即使知道了，又能如何呢？母子二人都处于别人的股掌之中，她纵是有心也还是无力呀！

正是这样一位皇帝，年少而又无知，要想亲政，要想稳定住动荡不安的政局，他唯一的依靠便是母亲孝庄皇太后。在顺治帝的眼中，她或许不是个好母亲，却是一位出色的政治家，这也是他所深深钦佩的，也是他在走向亲政途中所证明的。因此，在后来的宫廷生涯中，无论是误解还是什么别的原因，他与自己的母亲都曾发生冲突，尤其在感情上。但在政治斗争中，他却始终和母亲站在一起。

二、笼络汉人太后稳朝纲

不知为什么，在许多传奇小说中，多尔衮都被描绘成一个阴险狡诈、风流成性、虎狼寡恩的人物。其实除了在生活上他确实太过于放纵外，他不失为一名出色的政治家。他能从一个民族的利益出发，蠲弃前嫌，与逼殉生母，夺其大位的兄长皇太极默契合作，草创了清朝的基业；也能从一个国家的大局着眼，放弃皇位，平息了一场足以毁灭几代人心血的政治斗争；又能审时度势，"统兵入关，扫荡贼氛，肃清宫禁""分遣诸王，追歼流寇，抚定疆陲，一切创制规模皆（他）所经画""伟伐殊功，实为从古所未有"。正如汤若望所说的那样，他才是"清朝实际的缔造者"。当然，他也有私欲，而且不是一般的私欲，与他的父亲一样，他也有私天下之心。唯一不同的是，努尔哈赤的私天下，是要在与敌人的厮杀中实现，成为开基创业的先驱；而他的私天下，却要违背封建伦理道德的规范，从他兄弟、侄子的手中夺得，于是，他便背上了千古骂名。

私欲谁都有，只不过普通人的私欲太小，而他的私欲太大，就如墨子语中"窃钩者"与"窃国者"的差别一样，那是一般人无法想象的。在封建社会的政治斗争中"窃钩者诛，窃国者为诸侯"的现象也是合情合理的，"窃钩者"无论何时何地，他只能是贼，而"窃国者"，失败了他是寇，成功了他就是王。"二十四史"中，又有哪一部不是这些窃国成功者的家史？历史总是青睐成功者的。"窃国者"最起码想到了"窃钩者"所未想到或从未敢想的，不能不说这本身就是一种进取精神。对于满族这个民族来说，倘若没有这种进取精神，就不会跨进山海关的大门；对于多尔衮个人来说，倘若没有这样的精神，也不会创下那载世丰功。因此对于历史人物，我们不应以他野心的大小，仍按封建时代的道德标准去评价，在许多时候，野心也是奋力进取的一种驱动力，中国古代历史上那些创下丰功伟绩的出色政治家，有哪一个没有野心，又有哪一个不是在你死我活、不择手段的政治斗争中拼杀出来而推动历史进步的呢？

多尔衮率领一个刚刚崛起的民族征服了一个比它更为先进的民族，他是新生力量的代表，但同时也是落后因素的表征。

入主北京之后，多尔衮一方面"参汉酌金"因袭明制，实行"以汉治汉"，拉拢旧明汉族地主阶级，迅速建立起能正常运行的政权机构，恢复国家统治的正常职能；另一方面则以武力来清除统一途中的种种障碍。尾追农民军，包围堵截、处处拦击，于陕西大败农民军，迫使他们撤离西安；李自成又于湖北九宫山遇难，解除了一个心腹之患；对于南明弘光小朝廷，大搞欺骗战术，一道"吊民伐罪"的檄文便使弘光君臣们产生了"联虏剿寇"的幻想，不加防范，尚在"清歌于漏舟之中，痛饮于焚屋之下"就被大清的铁蹄征服了；而之后的唐王、鲁王、永历等南明小政权也昙花一现般寿终正寝了。至此，大清的铁蹄踏遍了大江南北，也逐渐在中原站稳了脚跟。

但作为一个落后民族的代表，无论他如何英明聪睿，也摆脱不了他愚昧的一面。在多尔衮的文韬武略中，也留下了野蛮与愚昧的印记。入关不久，多尔衮也犯了与他父亲如出一辙的错误，进行文化心理征服，剃发易服，"留头不留发，留发不留头"。并谕令礼部："今中外一家""若不画一，纯属二心"，限期十日内"尽令剃发""仍存明制，不随本朝制度者，杀无赦"。在清初的剃发中，到底有多少汉人因反抗而遭杀害，至今仍是个无法统计的数字。但清代剃头师傅的担子旁都立有一根长竿，据说就是清初剃发时留下的风俗。那时城乡的剃头匠们都由武装清军保护，见留发者即强行剃除，不从者立即杀头挂在竿头示众。后来虽已没有因反抗而被杀头者，这根竿子却作为遗风留了下来。或许多尔衮以为自己是个战无不胜的成功者，但他不知道一个民族的文化心理是无法以武力来征服的，只有经过多年的融合、同化才可能趋于同一。这也是清军入关时众多汉人为了头顶那缕头发而舍弃性命，二百年后，却又为保住脑后那根辫子而拼命的原因。多年的融合、同化已使那根辫子成为整个中国的表征，已不再是汉、满之间差异的标志。多尔衮在清初所实行的野蛮剃发易服，不仅造成了社会的动荡与不安，而且进一步加深了民族矛盾与民族仇恨，严重伤害了汉族人民的自尊心。在京畿地区，又实行圈地，名义上是为了安置入关的满洲贵族及八旗兵丁，而实质上却是财产权利的再分配，把八旗成员都变成依靠剥削为生的统治阶级，以巩固其政权的主要基础。通过暴力手段实行的圈地，使被圈占者不仅土地房舍被剥夺，甚至连妻子儿女都沦为奴仆，佃户变为农奴……同时的城镇圈房、蓄奴、投充为奴、逃人法、满人高利放贷等都是对已高度发展的封建生产关系的摧残与破坏，使急需恢复的社会生产力，又受到野蛮的摧残，不仅激化了民族矛盾，而且更把阶级矛盾与民族矛盾弄得错综复杂，使"被圈之民，流离失所""相从为盗"，更加剧了社会的动荡与不安。最为野蛮的还要数清军的"屠城政策"，尤其在下江南后，稍遇抵抗，便令屠城，演出一幕幕惨绝人寰的历史悲剧，"扬州十日""嘉定三屠""江阴屠城"……哪一个不是泣血难诉，催人泪下？据王楚秀的《扬州十日记》中载：这十天内就有八十余万人被杀，而投河自尽、闭户自焚的不在其数；江阴城破，一个小小的县城在三日内就被杀十七万两千多人，仅有老幼者五十余人尚存；嘉定三屠，则不分男女老幼，一律杀死，以致"浮胔满河、舟行无下篙处"。……很难想象，这就是"吊民伐罪"的"仁义之师"的所作所为，但这是真的。

所有这些倒行逆施的野蛮政策、屠杀掳掠，使清初的民族矛盾日益尖锐，汉族人民的反抗斗争从未停止过，甚至农民军余部与南明也暂时抛弃阶级利益的冲突而联合抗清，降清的故明悍将李成栋、姜瓖、刘良佐也倒戈反清，许多深受欺压的少数民族也纷纷起义……大清的天下从来没有一天真正安宁过。顺治八年（1651），顺治帝亲政时，虽然大清已开始逐步在中原站稳了脚跟，但多尔衮野蛮高压政策所造成的恶劣后果依然存在，"民无几人生，国无一日宁"，正是此时社会现实的写照。而清初诗人尤侗的一首《煮粥行》更将百姓们的苦难与痛苦心理刻画得惟妙惟肖，催人泪下，诗曰：

> 去年散米数千人，今年煮粥才数百。
>
> 去年领米有完衣，今年啜粥见皮骨。
>
> 去年人壮今年老，去年人众今年少。
>
> 爷娘饿死葬荒郊，妻儿卖去辽阳道。

小人原有数亩田，前年尽被豪强圈。

身与庄头为客作，里长尚索人丁钱。

庄头水涝家亦苦，驱逐佣工出门户。

今朝有粥且充饥，那得年年靠官府？

商量欲向异方投，携男抱女充车牛。

纵然跋涉经千里，恐是逃人不肯收。

　　长期的战乱与野蛮的杀掠，对社会生产造成了严重的破坏，使民族矛盾空前激化，"民无遗类，地尽抛荒"。从塞北到江南，从城市到乡村，疮痍满目，尸骨遍野。倘若再如此继续下去，大清真能立足中原吗？很难想象。对于这些弊政，由于历史条件的限制，孝庄皇太后或许还未曾认识到它们所造成的严重后果，因此在顺治帝亲政后并未对这些弊政进行革新。但作为一个身处后宫、贵为帝母、养尊处优的女人来说，她能够将国家和自身的命运与人民大众连在一起，却是难能可贵的。"治国之道，莫先安民"是她所深深了解的。面对颠沛流离的百姓、残破不堪的社会，在她的影响下，顺治帝多次蠲免赋税，并颁定《赋役全书》，理顺紊乱的财政收入，逐渐将国家财政体制系统化、明朗化。这些对于安定人民生活，缓和阶级与民族矛盾，健全国家管理机制，将清朝的封建统治逐渐引入正常化轨道起了积极作用。她还极力提倡节俭、缩减后宫一切开销，并多次将宫中节省的银两赈济灾民。顺治十一年（1654），她将宫中节省下来的四万两白银拿出赈恤灾区百姓；顺治十三年（1656），畿辅地区连年荒歉，颗粒无收，她又将宫中节省银三万两散给灾民……历朝历代的帝后中有几人肯将自己腰包中的钱掏出救济他人？慷国家之慨者有之，慷他人之慨者有之，慷自己之慨者却少之又少呀！孝庄皇太后此举，不论是慈善之心，还是政治举措，或许两者兼而有之，确实在一定程度上起到了稳定民心的作用。而且，她的这种做法，一直影响到康熙、雍正两朝，经久不衰，成为中国封建社会中的罕见之举，也成为清初盛世中不可磨灭的一部分。

安抚的同时，必须依靠武力才能平定纷乱割据的局势，孝庄皇太后没有意识到多尔衮举措的失当，从而未从根本上纠正他的失误，但为了加速镇压抗清力量和南明残余势力，她吸取了多尔衮"以汉治汉"的方针，极力拉拢汉族将领，"以汉攻汉"来达到平定四方的目的。

顺治九年（1652），平南王孔有德出镇广西，与张献忠余部李定国的农民军决战于严关，失利后退守省城。但在李定国的围攻下，城陷自缢而死，全家百余口被杀，只有女儿孔四贞突围而出，奔京师哭诉其父死难之事。她不仅仅容秀美，而且善于骑射，颇有女中豪杰之风，深受孝庄皇太后钟爱。为了安抚孔有德旧部，孝庄太后打破宫中历来不许蓄汉女的旧制，于顺治十年（1653）将孔四贞养育在宫中，赐白金万两，每年俸禄与皇室郡主一样定制，后来又加封为和硕格格（即公主），因为孔四贞不仅是孔有德的女儿，还是偏将孙延龄的未婚妻。这种恩养汉女的举动，在清代是绝无仅有的。孔四贞在宫中一住就是九年，这其中固然另有隐衷，我们以后将会谈到，但如此恩宠，也是无以复加的。这一举动不仅安抚了孔有德旧部，使他们未萌叛心，反而更致力于为大清效命。同时，也从心理上抚慰了在"首崇满洲"宗旨下忐忑不安的汉官汉将。

同年，为了拉拢平西王吴三桂，她又将皇太极的第十四女和硕公主下嫁给吴三桂之子吴应熊为妻，想依靠政治联姻的方式，来达到笼络、控制吴三桂的目的。尽管二十年后，发生了"三藩之乱"，但此时的吴三桂对大清确实感恩戴德，肝脑涂地以报，在对农民军与南明政权的战争中，屡建奇功，为实现满洲贵族"混一华夏"的梦想立下了汗马功劳。可以说，孝庄皇太后此举确实达到了她"以汉治汉"的目的，而且对进一步拉拢汉族地主阶级也起到了积极作用。

三、整顿吏治母子固国基

民族融合是历史发展不可抗拒的潮流，只要两个民族之间有接触，就会有融合。当今世界上，我们也很难找出某个民族的服装、发式、文化等是纯而又纯的国粹或本民族的精华，而毫无注入其他民族影响的印痕。入关后的大清，就如饺子馅一样，完全处于先进汉文化的包围之中。尽管他们强行剃发易服，妄图以强制手段来完成对汉民族及其他民族的同化，但先进必将战胜落后，文明终能征服野蛮，于是，在形式上，清朝已使汉人接受了满化，但在实质上满族却一步步走向了汉化，这一切都在不知不觉中发生，却又不可抗拒。清朝的皇帝，又有哪一个能说无论从心理上，还是从思想、文化、习俗上未受到一丝汉文化的影响呢？

早在顺治帝还在盛京时，都察院承政满达海、给事中郝杰等人就多次疏请选择博学之士，对皇帝"朝夕话讲，及时典学"。入关后，大学士洪承畴、冯铨等人鉴于统治汉族地区的需要，联合上奏：

皇上满书俱已熟悉，但帝王修身治人之道，尽备于六经。一日之间，万机待理，必习汉字，晓汉书，始上意得达，而下情得通。伏祈择满汉词臣，朝夕进讲。

然而，只想将皇帝培养成一个诸事不懂的玩偶的多尔衮却一概回绝了，于是，亲政后的顺治帝福临虽然聪明过人，但每日对着一堆堆汉文奏章，却无计可施，不得不由皇额娘辅政。孝庄太后是一名出色的政治家，却不是一个野心家，更不是一个喜欢擅权专政的女人。在她辅政期间，很快就稳定了清初的政局，缓和了日益激化的社会矛盾。她知道天下是自己儿子的，她能代他一时，却不能代他一世。倘若自己的儿子不思进取，只想做一个满洲的皇帝，那么他现在所拥有的一切或许已够了，她不希望自己的儿子会如此不济。既已踏入了中原的大门，就绝不能抽身而退，满洲的皇帝要做，代天牧民的中华之君也要做。于是，在她的鼓励与安排下，顺治帝开始"习汉字，晓汉书"，也加入了汉化的大军之中。他自己后来回忆道，由是发愤读书，每日清晨到中午处理完军国大事后，就读书至晚。然玩心尚存，许多都不能记住，只好五更早起，直到天已大亮才能背诵如流。前前后后共读了九年，甚至因过于劳累而呕血。他涉猎的范围很广，不仅博览左史庄骚、孔孟经藏，还读唐诗宋词、医典小说。甚至练就了一笔好书法，而且所绘山水丹青颇得"宋人三昧"，擅长画牛，还会"指画"（用手指为笔作画），并常以所绘墨卷赏赐大臣。一次，大学士盛际斯偶然经过，顺治帝突然召其下跪，吓得他惊恐不已，不知这位喜怒无常的皇帝又要做什么。凝视片刻，顺治帝却拿起笔来当场摹画其像，极为相似，令盛际斯惊叹不已。同时，明末清初"天学"西来也在很大程度上改变了中国帝王的知识结构。以往的帝王所学总不出左史庄骚、孔孟经藏、琴棋书画、典章治策。而西方传教士的东来，却以"天学"知识和仪器敲开了紫禁城的大门，使清初的几位皇帝，几乎都不同程度地接受过西方科学知识的启蒙教育。顺治帝就曾向汤若望请教天文、历法等自然科学知识及宗教、道德、政务等各方面问题，这是以往的帝王们所无法比拟的，可以说顺治帝是第一个真正呼吸过西方"天学"及基督教空气的中国皇帝。

作为征服者，无论是在社会名分上，还是在心理上都要求保持自身的尊贵地位，保持作为战胜者的地位和虚荣心的满足。于是，"首崇满洲"便被作为大清的基本国策定了下来：国家机构中的实权官职多由满人担任，旗人犯罪有"换刑""减刑"特权。旗人罪犯归旗务机关审理，收监时满人也另有优待，至于"圈地令""逃人法"更是这一政策的直接体现。孝庄皇太后与顺治帝也继承了这一国策，因为他们从满洲发迹，离不开满洲贵族的支持，他们稳固政局的支柱依然是八旗劲旅，但元朝"民族分治"仅入主中原九十余年就又被驱回漠北边地的史实又使孝庄皇太后焦虑不安，难道大清也要重蹈覆辙吗？她的祖先所走过的路，她不希望再在她的儿孙身上重现。"夷夏之防"所引起的民族仇恨与争斗无时不在威胁着大清统治的安定。她绝不可能消除这一矛盾冲突，却可以疏解，使其不致激化。

早在努尔哈赤执政时，内廷就有一种奇特的供祀，即供奉"万历妈妈"。传说努尔哈赤在起兵攻打抚宁之时，曾因兵败被囚，后金政权遂买通明朝太监，向万历帝的母亲说项求情，听完努尔哈赤的悲惨遭遇后，她顿生恻隐之心，劝说她的儿子释放了努尔哈赤。自此，内廷便开始设案祭奉这位万历皇帝的母亲——慈圣皇太后。入关后，孝庄皇太后猛然发现这是从心理上缓解满汉矛盾的一个契机，于是，后宫内"万历妈妈"身价倍增，香火不绝。"每年三百六十日，每日猪两口，使一老妪主其事"，于"紫禁城东北隅有小屋三椽，供万历太后神牌"。并且，此俗很快流传到了民间，被改为"完立妈妈"加以供奉。满族人的后宫中却供奉着大明太后的牌位，这不能不令中原的大明遗民们惊奇而又欣慰，从心理上寻求到了一种平衡。同时，孝庄皇太后还不断告诫自己的儿子要善待前明皇族成员，争取人心，缓和民族矛盾，这也与多尔衮的想法不谋而合。因此，清朝入关之初即修缮明朝皇陵，厚葬崇祯皇帝，并为他哭丧三天。

问鼎之初，满族官吏往往以战胜者自居，极为轻视汉族官员，不能同心协力，却极尽侮辱之能事，以丧家失国之人视之，以致汉官汪琬曾痛诉道："汉官们每发一个议论，每写一篇奏稿，都不能得到官长、同僚和属下的认可……满人视汉人为累赘，长此以往，汉人的权力将会丧失殆尽。"满汉官僚之间的斗争也必将加剧满汉两个民族间的矛盾，影响到国家基业的稳固。而且，优秀的知识分子多来自汉族，虽然清代衙门中的正职之官均由满人担任，但这些满洲贵族只有厮杀疆场之能，却无治国安邦之术，真正能替爱新觉罗家族治国平天下的，只有那些虽身居副位，却学富五车、满腹经纶的汉族知识分子。"马上得天下，安能马上治之"，孝庄皇太后也是深明此理的。于是，在她的面授机宜之下，顺治帝大胆起用汉官，鼓励他们直言，揭露时弊，甚至即使冲击到满洲贵族的利益，只要合情合理，也一概言听计从，因此在当时出现了许多"鲠直敢言，不畏强御"的汉族臣僚。

顺治十一年（1654）的一天，一封奏章被送到了顺治帝的手中：

当今天下贪官污吏比比皆是，被参劾者不过其十分之一，流弊横生，与明末相比也有过之而无不及……好一点的不过能克己奉公而已，却难以为民立身请命；至于那些贪酷暴虐的，却大肆搜刮民脂民膏，中饱私囊，昏庸无比，就是虎狼食人，也不过如此。为官如是，百姓将何以安身。

字字刺眼、句句逆耳，顺治帝不由拍案大怒："如此匹夫，这不明摆着是在攻击朝廷，藐视圣尊，责怪朕治国无方吗？"他刚想传旨将参奏者捉拿问罪，却又停了下来。为君者有多种，有庸碌无为的，有丧家失国的，有开基创业的，有锐意进取的，他选择了后者。但作为一个进取之君，倘若连纳谏的勇气都没有，又如何进取？一切都当谨慎行事。他略微稳定了一下情绪，看了看奏章上的署名：林起龙。他又细览了几遍，思索良久，微微地点了点头。以往的奏章，多是诣谀之词，华而不实，只有这篇敢逆龙鳞，切中肯綮，俗话说"良药苦口利于病，忠言逆耳利于行"，不管他指责的确实与否，借此机会整饬一下吏治，也不失为一明智之举。于是，他立刻下令褒奖林起龙，并开始整饬吏治，严惩贪官污吏，健全官僚机构的管理体制。

林起龙是福建福清人，也是清初开科取士被首批录用的汉官之一。自从此次建议被采纳后，他更胆大了，连连揭露各种社会的阴暗面，甚至对清王朝赖以打天下的八旗劲旅，也攻之不留情面。他再次上奏，认为八旗制度是满洲入关前体制，在进入以农耕为主的汉族地区后，已显得落后而且不适应此时的情况，应依照《明会典》中的汉族军制进行某些必要的改革。这不啻在朝廷中响起了一声惊雷。这可是在攻击太祖皇帝创下的八旗制度，攻击为清朝立下汗马功劳的八旗劲旅呀！不仅满人为之震惊，汉官们更是不敢想象其下场如何。大家将目光对准了顺治皇帝，等待着他的最终裁决。几天后，御批发了下来：

> 满洲兵建功最多，资生无策，十年来未有言及此者。林起龙所陈，条画有绪，实心为国，嗣后有关政治、民生利害兴革者，言官均宜直陈无隐，以起龙为法。

并谕令吏部提拔林起龙为五品京堂，留京任职。此旨犹如以石击水，朝野震惊，谁也没想到会是这种结果，京中的汉官们更是举手相庆，他们又从中看到了希望。

就在林起龙注意八旗劲旅的时候，顺治帝也将目光集中在了绿营兵身上。绿营兵，是由明朝降军所组成，均为汉族士兵，按明军编制，协助八旗兵驻防战守。这些军队虽人数众多，号称六十万，却都是前明的军队，多是白吃国家俸禄的酒鬼无赖，根本没有丝毫战斗力，而且各级将官也承明流弊，虚报人数，大吃空饷，"徒耗国币，竭民脂膏"，就如人背上的痈疮一样，拔之则痛，不拔是病。在命令林起龙调查属实后，顺治帝果断下令裁军，这在当时是要冒极大风险的，因为大批裁掉的兵员失去生活依靠，在混乱不堪、兵连祸结的当时很容易形成与朝廷对抗的武装力量。但背上的痈疮即使再疼也要拔，否则会将整个身体都侵蚀掉。于是，绿营兵由六十万裁至二十万，却给予四十万人的薪饷。这样，饷厚兵精，绿营兵逐渐成为一支战守有力的劲旅。到康熙朝时，八旗兵已腐朽不堪，康熙帝正是凭借这支军队才平定了"三藩之乱"。

杨雍建也是顺治朝一位诤直之士，而且他的劝谏也别具特色。满族是个游牧民族，素善骑射，就是皇子皇孙也不例外。因此，心情郁闷时，顺治帝总爱去南海子打猎，有时一月竟去数次，兴师动众、劳民伤财。杨雍建深觉不妥，直言相劝又怕皇上动怒。于是，当顺治帝又想出猎时，他换了一种措词劝道："皇上安危关乎国家兴亡，宜谨慎出入，况时下战乱频仍，治安未稳，皇上经常外出游猎似乎不大妥当吧！"话音刚落，顺治帝便勃然大怒，斥道："我大清国以武力定鼎天下，平息祸乱。朕经常打猎是为了不忘武备，借此演练军队，你安敢胡言？"顿时，左右大臣及侍卫们都吓得心惊胆战，皇上只有在心烦的时候才会出猎，而杨雍建却专挑这当口儿进谏，岂不是自找死路吗？而杨雍建却面不改色，拒不认错，气得顺治帝暴跳如雷，喝令摘去他的顶戴花翎。但杨雍建仍坚持道："臣只知道忠爱皇上，并无罪过。"发泄了一番后的顺治帝忽然觉得自己有些失态了，自己本来心情不好，又怎能以责罚大臣来出气呢？可就此停止，却又太失面子。思虑片刻，他忽然大笑起来，说道："好你个杨雍建，想让朕落下一个不听善言的罪过，而你自己却择得了一个敢言直谏的好名声，这难道不是你的大罪吗？"杨雍建一怔，随即心领神会，立刻伏身叩首，朗声道："这确实是小臣罪过，臣愿领罪。"顺治帝顿时色霁颜和，宣布收回成命，不再出猎。之后，凡有杨雍建的奏疏，顺治帝都格外留意，而且大多采纳实行。

倘若仅将这些看作一位英明君主虚心纳谏的掌故，似乎太低估它的作用了。孝庄皇太后与顺治皇帝都是受先进汉文化影响颇深的人，博大精深、源远流长的汉族文化，使他们心驰神往，但血脉相通的北方民族又与他们有着相濡以沫的情感，这就使得他们不仅要照顾北方民族的心理，又要吸取南方士民的治国之术，以为己用。于是，在满汉关系上，他们采取了调和、疏解的政策，以自己作为南北文化的融合点，基本上成功地实现和维持了对汉族地区的统治。多尔衮的刀剑只是在武力上暂时征服了汉人，却隐埋下了无尽的危机；而孝庄皇太后与顺治帝疏解"夷夏之防"的举措，则以比刀剑更大的力量抚绥了汉族士民的人心。对于清王朝的长治久安来说，后者的实际作用远远超过前者。

几千年的悠久文明，孕育了数代的辉煌，源远流长的汉文化在当时的中国确实是先进的，甚至与当时欧洲相比也并不逊色。精华之中也有糟粕，这是不可避免的，但也并不能因此而否认汉文化的先进。要想真正利用它，关键在于选择者的鉴别而不在文化本身。"取其精华，去其糟粕"，对于这点，清初的统治者确实是做到了，也正因为如此，才确立了清朝在中原近三百年的统治。

早在春秋战国时，作为文化承载者的"士阶级"（也就是今天知识分子的前身）产生那一刻起，就因各自不同的利益而分化为各个不同的派别，并为争夺文化上的至尊地位而展开了斗争。在当时，这种"百家争鸣"的局面确实促进了社会的进步与文化的发展，因为"物竞天择，适者生存"，只有在竞争中才会进步，也只有在竞争中才会发展。当汉武帝"罢黜百家，独尊儒术"，实行文化专制政策后，"通经即可入仕"，儒家知识分子便开始被纳入了封建统治体系之中，肩负起"辅弼君王、佐政安民"以维持封建统治正常运行的历史使命，并逐渐形成了以儒家伦理道德为核心的独特的文化氛围，造就了以儒家知识分子为主体的封建统治阶级。在这个阶级的内部也由于各自利益的不同分化为各个阶层，并展开了斗争，但此时的这种斗争因士阶层被纳入封建统治体系之中，而被赋予了浓厚的政治色彩，这就是中国古代历史上的"党争"。政治斗争是残酷的，当这种知识分子内部各阶层的斗争被赋予政治色彩，与政治紧密相连时，就变得更加残酷、更加野蛮，也因其隐藏在"仁义道德"的面纱下而显得更加隐蔽、更加虚伪了。这种"党争"或许在某个方面曾起到了积极的作用，其中也不乏些许有识之士，但就整个封建社会来说，它的消极意义远大于它积极的一面。东汉"党锢之祸"、唐朝"牛李党争"、明朝"东林党争"……几乎每朝每代都有，但王朝又几乎无一例外地都败在"党争"之中，"党争"至少是其覆亡的一个因素。"前朝遗事，后朝之鉴"，顺治帝苦心钻研了有关前明的大量史料，得出了"阉祸党争，败国第一"的结论。因此，对于汉官僚中的"党争"，他是深恶痛绝的。

然而，前明的降官，似乎已弃暗投明，要痛改前非，但他们之间的政治斗争并未因此而停止，因而在清初的政坛上形成了著名的"南北党争"。北党以冯铨及刘正宗为魁，南党则以陈名夏、陈之遴为首，他们互相攻讦，南党之言，北党必尽驳之；北党之议，南党必皆反之。与明末相比，有过之而无不及。对于汉人之间的鹬蚌相争，满洲权贵们乐得坐收渔人之利，不住地煽风点火。顺治帝也是满洲人，却是一个特殊的满洲人，特殊的政治地位和肩负一代帝业的责任感，使其不得不决心清除这误国误民的"党争"陋习，以免重蹈覆辙，因此，无论满汉，一经发现党同伐异的苗头，就立刻严惩不贷，毫不留情。

顺治帝对"南北党争"的清除得力于一位汉人降官杨义，他为政清廉，颇有爱民勤政之名，对于"党争"也不事偏袒，左右攻讦，唯顺治帝马首是瞻。顺治十一年（1654），南党魁首陈名夏觉得清政府的剃发易服政策过于残酷无理，而且在汉族地区的实际推行中杀戮太多，屡屡激起民变，于是上疏建议留发复衣冠，此举不异于投石击水，激起层层波澜，尤其满族官民更是激愤不已，视为奇耻大辱。北党见有机可乘，立刻奏表弹劾，群起攻之，使陈名夏获罪赐死。而杨义又上疏状告南党另一实权派人物孙承泽，说他与陈名夏"同掌铨衡，颠倒是非，交相党附"，这是顺治帝所最不能容忍的。于是，孙承泽被免官，从此之后，南党势力彻底垮台了。

击败南党之后的北党，沾沾自喜，却没想到"兔死狐悲""唇亡齿寒"，厄运也在一步步向他们走来。不久，北党首领刘正宗推荐其党徒董国祥拟授文选司郎中之职。董国祥曾经有过贪赃枉法的劣迹，却受到刘正宗的保护。于是，杨义又抓住了一次机会，疏告刘正宗为扶植党羽，不按制度办事，枉法行私，并在顺治帝面前痛斥刘正宗种种"专擅营私"的劣迹。于是，刘正宗、董国祥都被治罪，北党的势力也受重创，从此一蹶不振。而杨义却在一年中四次晋职，官至工部尚书。有人估计杨义的两次弹劾均出于顺治帝的授意，否则他也太善于揣摩圣意了。其实，无论是顺治帝授意也好，还是自己揣摩的也好，这毕竟有力地挫败了明政权延续下来的种种党争恶习，使清初的政治风气大为转变，稳定了政局。

经过数年的励精图治，种种有效措施的施行，不仅稳定了政局，社会生产也开始逐步发展，已基本扭转了明末的种种积弊。到顺治十四年（1657）时，清朝在中原的统治已立稳了脚跟，一切又都重新步入了封建制的常轨之中。可就在这一年，却发生了震惊一时的丁酉科场案。

这年秋天，在南、北两地同时开科取士，称为南、北闱。北闱主考官是张我璞、李振邺；南闱主考官是方犹、钱开宗，他们都在开考期间利用手中的权力营私舞弊、广收财金，为行贿者大开方便之门。事情曝光后，北闱士子鼓噪大闹，群情激愤，扯破榜文，一无名氏写了一本《万金记》，"万"即方犹的方字去掉上面一点，"金"即钱开宗的钱字去掉右边，此书揭露二人弄权营私，大捞油水的内幕，一时在社会上广为流传；南方士子则写了大量的讽刺诗，广为散发，其中一首这样写道："孔方（古用铜钱，圆形方孔，故多用'孔方兄'来戏称钱财，此指代南闱主考官方犹）主试副钱神，题义先分富与贫（南闱考题为《论语》中的'贫而无谄'一句）。定价七千方立契，经房十二不论文。金陵自古成金穴，白下于今多白丁。最讶丁酉兼王子，博得财星始发身。"于是，北闱二主考的外号称为"张千李万"，南闱二主考的外号则为"孔方钱神"，一时闹得天下沸沸扬扬。

接到举报后，顺治帝大为心恸，立刻令有司严加稽查。明太祖朱元璋曾说过："天下之弊，莫过于贪墨。"并对贪污受贿者剥皮实草，以兹警戒。因为这不仅仅是贪几两银、取些许财的问题，它还将严重地侵蚀封建统治的肌体，使封建统治机制难以正常运行，到那时，国破家亡也为时不远了。天下方定，一切才刚刚步入正轨，就发生如此贪贿枉法之事，不能不令顺治帝心悸。当一切都被证实后，龙颜震怒，下旨"荐举不公，官评淆乱，负国殃民，殊堪痛恨"，严令稽拿查办，将南北主考官皆腰斩于市，同考诸官二十余人均砍头示众。同时下令科考成绩无效，进行重新考试，择优录取，天下举子皆拍手称快。经此一案，不仅惩治了贪官污吏，一定程度上澄清了吏治，而且使知识分子阶层开始投入到清政权的怀抱中。许多士子投身科场及第，为新朝效力的举动，不仅对当时的社会产生了巨大影响，也影响到康雍时期，并为后来清初盛世局面的出现奠定了基础。

在整个顺治一朝的政治生活中，孝庄皇太后始终扮演着一个举足轻重的角色，但也始终居于幕后。尤其在顺治尚未成年的年少时期，几乎每一个大小政令都由她审定，每一个重大举措都由她来构设，再以顺治帝的名义颁发实行，而且这些措施对于清初政局的稳定和社会的长治久安都起到了积极作用。到顺治十四年（1657）时，无论是经济、政治都有了长足的起色，民族矛盾也在相应减弱，使清朝真正在中原立住了足、站稳了脚，这其中有着孝庄皇太后的多少心血呀！倘若说皇太极奠定了清朝的雏形，多尔衮实现了清朝的美梦，那么孝庄皇太后则稳固了清朝的基石，为清盛世的出现创下了不朽的功绩。

四、玛法传教西学入宫闱

满洲八旗的铁骑跨入山海关时，远居欧洲的英伦岛屿上同时响起了隆隆的枪炮声。唯一不同的是后者的资产阶级革命，将人类历史拉入了新的阶段，而前者却使中国那具腐朽的封建之躯又因满洲人的入侵而被注入了一剂强心剂，又重新开始在封建王朝的迷梦中徘徊。

早在14、15世纪时意大利的地中海沿岸便出现了资本主义的最初萌芽，很快发展壮大并遍布了几乎整个欧洲，并且首先与传统的封建基督教文化在思想上展开了斗争。在这场斗争中不断失利的基督信徒不惜跋山涉水、远渡重洋到东方来寻找新的基督乐土。其实，倘若从唐代的那块遗物"大秦景教（即基督教）碑"算起，基督教入华，到清代初年已有近九百年的历史，不过在这漫长的时间里，这种来自西方的异质文化并未取得佛教那样的惊人成果，犹如雪泥鸿爪，只是在中国的文化土地上划了一道轻轻的印记而已。而自明末西方传教士陆续来华后，似乎这种情况得到了改观，大有将天国的光辉普照中华之势，这主要是因为对中国的日渐了解，使他们改变了以往手捧《圣经》，口呼"耶稣"的简单传教方式，而将中国的最高决策层——皇宫作为突破口，以"天学"知识和仪器敲开了紫禁城的大门，随后又将《圣经》与十字架塞了进去。汤若望初见多尔衮时就是一手拿着天法新历，一手拿着《圣经》。然而，多尔衮似乎对新历更感兴趣，而《圣经》却只能和汤若望一起屈尊在北京宣武门内的小教堂里。于是，汤若望只好转移目标，将传教的希望寄托于寻找新的代理人上。

顺治五年（1648），北京城里正在酝酿着一个巨大的阴谋。随着地位的逐渐稳固与势力的不断扩大，摄政王多尔衮已越来越不满意于自己现在的身份，自为皇帝的心理愈来愈迫切。于是，他首先为顺治帝福临选聘了科尔沁部吴克善台吉的女儿，即孝庄皇太后的亲侄女为后，并以为新婚夫妇建造居所为名开始营建新宫，意图将顺治帝永远囚禁于此，封以亲王，发动逼宫政变，坐镇紫禁、独拥大宝，成为真正的皇帝。对于多尔衮的阴谋，孝庄皇太后早有察觉，极力反对营建新宫，却无能为力，正在焦头烂额、无计可施之时，在钦天监任职的汤若望却抓住时机，上奏说："今年气运不佳，营建新宫，大兴土木，恐遭天谴。"这固然只是无稽之谈，却解了孝庄皇太后的燃眉之急。因为多尔衮也迷信，也怕遭天谴，这是那个时代的人所固有的通病。尤其在不久前西洋新历在与大明旧历、回历等的较量中所显示出的迅速与精确，使他不得不对汤若望的话多加考虑，于是多尔衮下令停止营建新宫。而此后不久，孝庄皇太后主动纡尊下嫁，有力地阻止了多尔衮的夺位。因此，虽然孝庄皇太后与汤若望从未谋面，互不相识，但在此事上，汤若望无疑帮了孝庄皇太后一个大忙，孝庄皇太后对汤若望也是万分感激，这也是后来太后认汤若望为义父的一个重要原因。

顺治八年（1651）四月的一天，汤若望居住的南堂突然响起了急促的叩门声。一位面色焦虑的宫女在几名皇宫侍卫的护送下走了进来，声称某亲王的郡主得了急症，请汤若望前去诊视。汤若望并不精于医道，更不会看病救人，但根据来者介绍的病情，他断定这只是一时的急病，与性命无碍。于是，他灵机一动，何不借此机会在满族统治阶级的上层中宣传自己的基督教呢？他拿出一面十字圣牌交给来者带回，并嘱咐将此物悬于患者胸前，数日内即可愈。不久，宫内传出太后懿旨召汤若望进宫，众人惊诧，就连汤若望自己也不明就里。入宫后，孝庄皇太后才告诉他患病的不是什么"郡主"，而是自己的亲侄女——顺治皇帝的正宫娘娘，并赏赐给他大量礼品，认他为"义父"。从此，一面小小的十字圣牌叩开了清宫的大门，也就在这一年，在范文程的引见下，顺治帝福临也与汤若望相识，由于太后的缘故而称之为"玛法"（即爷爷），并与基督教结下了不解之缘。

不久，孝庄皇太后的胸前挂起了一面十字圣牌，尽管她此刻还不知基督耶稣和《圣经》为何物。十字架本是古罗马的刑具，基督教认为耶稣是替世人赎罪而被钉死在十字架上，故尊此为信仰的标记，胸前的十字架意即"基督在我心中"。然而，孝庄皇太后的心中真有耶稣吗？未必有，她心中所有的却是儿子帝业之成败。之所以佩戴十字架，可能是好奇，也或许是为了向汤若望表示友好的善意。在宗教信仰上，孝庄皇太后似乎并不专制，蒙古的喇嘛教、女真的萨满教、中原的佛教、西方的基督教都在后宫之中盛行过，这固然与顺治帝有很大关系，但倘若太后立场坚定地信佛教，基督教是很难在宫中立足的。或许她只是将它们作为一种工具加以利用罢了，尤其是基督教与佛教，她从未领会其中的教义，更未真正信仰过，只不过是在与儿子的冲突中来利用它们解决自己所不能解决的问题。基督教在入宫一年后便由于顺治帝情趣的转移而日渐衰落，而佛教也在顺治帝死后，随着太后与皇帝之间冲突的完结而被清除出宫门。

顺治帝与汤若望的相识多半是由于太后佩戴十字架所引起的。然而有趣的是，十字架挂在孝庄皇太后的胸前，而基督教义却钻到了顺治皇帝的心里。结识了这位鹰鼻鹞眼的洋神父后，顺治帝从他的身上发现了许多新的从中国人身上不曾看到的东西。他渊博的学识、高贵的品格、脉脉的温情都使这位中国的皇帝如痴如狂。强烈的求知欲与好奇心驱使他违背君臣之礼，在两年之内就亲自去拜访过汤若望二十四次。他们谈论天文、历法、物理等各种自然科学知识，也谈论宗教、道德、人情、国家政务等社会问题，从他的身上，顺治帝了解了日月食、彗星、天象历法等从未接触过的东西，知道了"中国原不在地球中央"。尤其对于各种天文仪器，他颇感兴趣，仔细询问，细细观察。与其说顺治帝对基督教产生了兴趣，倒不如说是被汤若望那些自然和社会知识所深深吸引住了，而汤若望也希望在皇帝可塑性强的时候将其训练成一名虔诚的十字架崇拜者，以打开中国这个广阔的宗教信仰市场。于是，在向顺治帝传授各种自然科学和社会知识的同时，他也循循善诱地灌输着基督教教义。在欧洲的史料中曾这样记载：

皇帝特别愿意与沙尔（指汤若望）讨论宗教问题。一次，皇帝嘱咐书记官把养生术、上帝的信条、恩典和"十戒"等逐一记下来，沙尔说不必如此麻烦，他和别的神父早就著有许多关于耶稣宗教学说的著作。皇帝不管此时外边正刮大风，下令立即取来这些书籍，独自坐在一处僻静的书室内，整整读了一夜……

基督耶稣的情况使顺治皇帝备受感动，他跪了下来，并让沙尔也跪在身边，介绍耶稣的十字架之路。

……

在沙尔神父的住处，皇帝让他介绍跪凳和念珠的用法，而且询问了基督教规以及生活方式……

圣诞节时，皇帝也饶有兴趣地来到教堂看马槽（耶稣诞生之处），并且观看了耶稣、玛丽亚、天使三位神王和牧民的像。

高度人性化的基督崇拜和欧洲和风细雨般的人情风味，使在宫廷这个冷峻无情环境中长大的顺治帝对汤若望产生了一种超乎寻常的感情。尤其在对他作过深刻调查，发现"他完全是一个自身清白、修持自谨而从无生活劣迹的人"，"确信沙尔的诚实品行有如真金，而非塔米尔铜锌合金时，才向神父敞开了自己的心扉"。他们两人之间的感情已超出君臣，一度曾宛若父子，乃至后来顺治帝虽已对基督教失去兴趣，但对汤若望的话却依然言听计从，不以为忤。

在汤若望面前，顺治帝十分随便，而汤若望在皇帝面前也从不拘束。按照当时的规定，凡是皇帝在臣僚或普通人家坐过的地方，都要覆以金黄色布以示尊贵，别人只能对那儿顶礼膜拜，绝不能再去坐卧。一次，汤若望诙谐地调侃道："陛下，您已坐过了这里所有可坐的地方，那么以后我该坐在哪儿呢？"而顺治帝却从床上坐到书案前的一张椅子上，笑道："玛法，对于像你这样学识渊博的人，又何必再搞这些做法呢？你觉得坐在哪儿舒服，你就坐在哪儿吧！"在汤若望家中，顺治帝从不要求什么佳肴美馔，也不要求什么隆重的迎接仪式，就像朋友一样亲近随便，使顺治帝体味到了另一种做人的滋味。甚至有一次寿诞，皇上竟将宴席摆在了汤若望家中，成为京城的头号新闻。

不仅如此，对国家政务，汤若望也经常开诚布公地指出他施政中的弱点，并一再劝谏他："不要成为一位对百姓喜怒无常的继父，而应是一位慈善良好的父亲，不要把处理国家大事的责任向下推诿，而应对官吏们制定一个标准：己所不欲，勿施于人。"以至于皇帝对自己的太傅们大为不满，认为只有汤若望才是一位真正的批评者。无疑，汤若望的这些建议对顺治帝的施政方针确实有一定的影响。一次，顺治帝与汤若望讨论统治术时，顺治帝问道："为什么有些道貌岸然的官吏不能恪尽臣职，无法使人信任呢？"汤若望答道："我认为上行下效，你应该是大臣们的榜样。"皇帝闻言颇为不悦，拂袖而去，但不久之后又回来了，并亲自为汤若望送上了奶茶，对他的批评也由衷地接受了。

一个于此时来过中国的荷兰使团留下了这样的记录：

> 一位来自科隆的耶稣会神父，长着银白色的胡须，剃着满洲发式，穿着鞑靼人的衣服，受到中国皇帝的格外敬重。

这位神父就是汤若望。他享有随时进入紫禁城的特权；在觐见时被免除了一大套繁琐礼节；在宫廷宴会上都坐在皇帝的身旁；不善盘膝而坐的汤若望每次盘得两腿发麻，无法站立时，顺治帝往往亲自扶起他，并斟上奶茶……可以说，汤若望所受到的礼遇是独一无二的。对于皇帝与汤若望的过多接触，孝庄皇太后从不过问，她自己也时常召见这位"义父"叙叙家常。于是，在太后与皇帝的带动下，一大批贵族官僚也加入了基督徒的行列，基督教士也被允许可在各省传教布道。

"溥天之下，莫非王土；率土之滨，莫非王臣。"汤若望以为只要征服了皇帝，使他拜倒在耶稣圣像之下，那么整个中国必将成为基督的乐土。然而，任何一种宗教总是植根于与之相适应的文化土壤之中，在西方孕育出的基督教文化未必会在东方的土地上发芽、开花、结果。中国有由其自己土壤孕育出的道教，有由印度传入却被改良了的佛教，更有规定着人们的思想道德规范，无形中起着与宗教相同作用的儒家文化，或者有人称之为儒教，它们已在不同程度上与中国这片土地融为了一体。或许在广大百姓的祭坛上，人们并不在乎再放上一尊耶稣的十字塑像。因为中国的宗教太多了，有时一间屋子里既供着观音又祭着太上老君，这也就造成了中国在宗教信仰上兼容并蓄的特征。但他们绝不允许任何一个新来的宗教冲击或改变他们旧有的思想、风俗、习惯，尤其是对被他们奉为至圣的儒教的冲击。佛教就是在适应了中国人民的这种心理，在儒化之后才在中国这片土地上扎下了根的，这也正是直至今日，耶稣的灵光也未能照亮中国每一个角落的重要原因。而且，中国自古就是一个高度集权专制的国家，在这里君权高于教权，而不像中世纪的欧洲那样教权高于一切，包括君权。因此，在这里，只有耶稣跪倒在皇帝脚下，却绝无皇帝跪倒在耶稣脚下之理。即使顺治帝有意领洗入教，使基督成为这片土地上唯一的王的崇拜对象，封建政权也绝不会让他如愿的。第一个站出来反对的就会是首先挂上十字圣牌的孝庄皇太后，因为她始终是以一个中国龙族代表的身份来对待这一切的。这也就注定汤若望的企图必将失败。况且，顺治帝虽对基督教义感过兴趣，但那只是好奇，耶稣从未在他的心里占据过多大位置，他就曾经拒绝过汤若望赠送给他的《耶稣圣迹图》。从汤若望那儿，顺治帝学到了许多新的知识，寻求到了情感上的慰藉，而不是精神上的寄托。只有在他接触到佛教之后，似乎才找到了真正的精神寄托，甚至几次想出家为僧，至死也没有放弃过这个念头。自此，基督教也日渐被冷落。尽管如此，顺治帝、孝庄皇太后与汤若望的私人感情依然十分不错。

经过数年的靖边安国，四方的割据势力几乎已被消灭殆尽。只有南明唐王政权的余部郑成功占据福建金门地区，竖起反清复明的大旗，在东南沿海坚持抗清斗争，成为清朝的一大隐患。为此，孝庄皇太后想采取围禁政策，切断他们与东南沿海人民的联系，将他们困死或挤入大海之中。然而，东南汉族地区人民的反清情绪却是如此强烈，不顾清廷禁令总与郑军保持着联系，不断运送物资，使陷于险境的郑成功未被困死，反而在东南沿海人民的支持下声势日渐恢复。同时，孝庄皇太后也未放弃她所一贯采取的安抚政策，数次让投降清朝的郑成功之父郑芝龙写信劝降，许以丰厚待遇，却并未奏效。

顺治十六年（1659）六月，经过一番休整后，郑成功以"招讨大元帅"的名义，请张煌言为监军，统率十七万水陆大军，挥师北上，意欲一举荡平江南，再取北京，完成抗清复明大业。他沿长江破瓜洲、镇江等二十四县，仅一个多月就围逼南京，江南"父老争出，持牛酒犒师，扶杖炷香，望见（明朝）衣冠涕泗交下，以为十五年来所未见"。大有举国同起，驱除满洲之势。

消息传到北京，举朝震惊，在与母后的后宫争斗中已头昏脑涨的顺治帝完全丧失了镇定的态度，他先是惊慌失措，惶惶不知何为，既而忘了自己皇帝的身份与祖宗的武勇精神，甚至要逃回关外，做一方之主。文武群臣震撼，尤其满洲贵族们更是悲愤难当，他们没有想到浴血沙场，费尽心血所夺取的天下，皇上却要如此轻易地放弃。闻讯后，孝庄皇太后也惊诧不已，这几年儿子长大后，她早已让他独立行政了，可没想到自己倾力相助的儿子却是如此的懦弱不堪，她不得不亲自起驾去见自己的儿子。进入顺治帝的居处，看到他惊慌失措的狼狈样，孝庄皇太后不由怒气横生，怒斥道："孽子，如此胆怯怕死，卑劣惧战，竟然要将祖宗苦战得来的江山如此轻易放弃，还配做爱新觉罗家族的子孙吗？"面对太后的镇静与怒斥，不知是由于自惭形秽，还是由于别的原因，顺治帝竟起了狂暴的急怒，他拔出宝剑，宣言决不变更意志，要亲自出征，或胜或死。并挥剑将一座御椅劈成碎块，扬言砍死任何敢于劝阻者。孝庄皇太后没有想到会是这样的结果，她只想让他恢复理智，解除危机，但从没想过要让他亲征。因为在封建社会中，皇上亲征是一项重大举动，不到万不得已皇上是不应离京亲征的，况且以顺治帝此时的心态率军亲征，不要说能否获胜，就是皇上的安危又真能保吗？她太了解她的儿子，此时让他率军亲征，是任何事情都会发生的。于是，她慌忙上前劝解，而顺治帝却不想再听，拂袖而去。在后宫，她与儿子的冲突已日趋白热化，她知道，此时劝解最难以奏效的人就是她这位生身母亲。她赶忙召集勋戚重臣商议对策，得出的结论是：只可战而不可退，但皇帝也绝不可轻易亲征。只是政令的发布都须经过皇帝之手，因此目前首要的问题就是劝说皇帝放弃亲征的念头。

孝庄皇太后想到了一个人：顺治帝的乳母李氏。由于自小失去母爱，顺治帝一直是由乳母李氏带大的，二人相依为伴。因此，福临对乳母李氏的感情甚至超过了生母孝庄皇太后。然而，结果却令人大失所望，李氏也未能说服皇帝，顺治依然一意孤行，各城门也都贴出了皇帝亲征的布告。形势紧迫，再召大臣议论，有人提出了一个人：汤若望。太后不由迟疑了一下，自从顺治帝一心礼佛，使汤若望的传教企图破灭后，两人之间的感情虽很不错，但汤若望已很少再踏入宫门了，她不敢断定他是否会答应，又是否能真的说服皇上。但此时京城之内，唯一可与皇上说上话，还有劝诚机会的只有他了。于是，太后立刻命大臣前去相请，却被拒绝了。或许汤若望已不想再去那个令他伤心的场所，各亲王、部臣、大小官吏们就如排成长队一样，逐一到汤若望馆中相请，都被他拒绝了，可能是后来人们说这是太后的意愿，他深为他们的诚心所感动，接受了他们的请求，但是，对于此次入宫的前景他似乎并不乐观。据说，他曾同传教士苏纳、白乃心开过一次会，并写了一封奏疏，然后做弥撒祈祷，洒泪而别，那次会议可能就是他交代后事的会议，因为今非昔比，他无法把握此时的皇帝在盛怒之下是否会做出什么对自己不利的举动，也不知道皇上是否还信任他。接到"玛法汤"求见的奏报，顺治帝传旨立刻接见，此时他的情绪已有些安定了。汤若望走至近前跪下，将奏疏呈了上去，并诚恳地劝诚他不要使国家到蒙受损失的地步，他不愿有所见而不言。看完奏疏，顺治帝的情绪改变了，亲自上前扶起跪着的"玛法汤"，他知道汤若望说的是对的，而且历来对于汤若望的政治见解及治国之术他大多是赞同的，更何况那是第一个使自己领略到人间真情的人。虽然对基督教他已索然无味了，但心中的那份情却无论如何也抹不去的。于是，各城门上又贴出了一张新的布告说：皇上亲征已作罢论。直到此时，从后宫到朝野，所有的人才松了一口气，并纷纷向汤若望致谢。

其实，这次的劝解成功确实与汤若望有很大关系，倘若另换一人，可能不会有这种效果。但是，更为主要的还是顺治帝已意识到自己举措失当，也感觉到了自己在盛怒下的失态。顺治帝虽然是个性格极其复杂的人，但也不失为一个明智之君，在平静下来后，他也意识到了自身的失误，已愿意改正了，尽管与母后不和，但在重大政治问题上，他还是与母亲站在一起的。

那么，从逃跑到拼命再到不了了之，一波三折，顺治帝又何以会产生如此跌宕的情绪变化？尤其在太后申斥他之后，却突然由弱转强、由惧生怒，其原因何在呢？这是他的逆反心理在作怪，和他与母亲的争斗有着巨大关系。在政治上母子俩站在了一条战线上，但在生活上、在情感上却始终在后宫这片土地上发生冲突、争斗，以致使母子之间的隔阂越来越大，最终竟反目成仇。其终极原因仍在官闱内廷之中。

第五章

宫闱之争母子生嫌隙

为情所恼顺治剃青丝

一、帝后不和母子生嫌隙

清祖制，皇子生，无论嫡庶，一堕地，即有保母持之出，付乳媪手。一皇子例须用四十人。保母八，乳母八，此外有所谓针线上人，浆洗上人，灯火上人，锅灶上人。绝乳后，去乳母，添内监若干人为谙达，所以教之饮食，教之言语，教之行步，教之礼节。至六岁，则备小冠小袍褂小靴，教之随众站班当差，教之上学，即上书房也。黎明即起，亦衣冠从容而入乾清门，杂诸王之列，立御前。所过门限不得跨，则内侍举而置之门内，则又左顾右盼，仪态万方而雅步焉，皆谙达之教育也。自堕地即不与生母相见，每年见面有定时，见亦不能多言，不能如民间可以随时随地相亲近也。至十二岁，又有满文谙达教国语；至十四岁，则须教之以弓矢骑射；至十六或十八而成婚，如父皇在位，则群居青宫，即俗呼阿哥所也。如皇崩，即率所生母并妻分府而居焉。母为嫡后则否，盖子已正位，即奉为太后矣。按自襁褓至成婚，母子相见迨不过百余面耳，又安得有感情哉？

孝庄皇太后也不例外，福临一落地，她便被剥夺了做母亲的权利，这对她来说无疑是一种痛苦与悲哀。而对于福临来说，从小就生活在这冷峻而又了无亲情的环境中，缺少母爱，缺少温暖，使他那年幼的心灵蒙受了巨大的创伤，造就了他执拗、放纵的性格。顺治帝所固有的恋母情绪，使他对自己的乳母产生了浓厚的感情，而对于亲生母亲，可能除了那点名分上的亲情外，很难再找寻出一些什么别的情感了。尤其太后下嫁之后，福临更难见母面不说，而亲生母亲却嫁给自己的仇人实是难于接受但又不得不接受，那时的他也不可能理解母亲这样做的苦心。于是，本来就缺少感情，又加上误解，使母子之间产生了隔阂，并不断扩大。

满蒙联姻是清朝的一项既定国策，尤其在清初立国未稳的时候，满蒙之间的关系则显得尤为重要。因此，皇太极的五官后妃都是蒙古族女子，这就确立了蒙古妃子在后宫中的独尊地位。顺治五年（1648），多尔衮为了实现自己的逼宫政变，同时基于政治上联结蒙古的考虑，派英亲王阿济格率队前往蒙古行聘，尽管此时他尚未成为皇父摄政王，却俨然行使皇父之权，为顺治帝择婚。对于多尔衮的企图，孝庄皇太后十分明了，但她也希望能够保持蒙古女人在后宫的独尊地位，而且多尔衮选定的又是她的亲侄女，就是当年送她入后金的哥哥吴克善之女。俗话说："姑舅亲，辈辈亲，打折骨头连着筋。"因而，对此她并未反对，况且她的反对也是徒劳的，倒是在汤若望的帮助下，她抓住时机主动下嫁，才阻止了多尔衮夺位的野心。

顺治六年（1649）八月，多尔衮亲自去蒙古接回了选立的吴克善之女，据称这位未来的皇后仪容出众，足称佳丽，亦极巧慧，确有母仪天下之风。尽管如此，顺治帝对这位蒙古女子似乎并不中意，可能是出于对多尔衮的怨恨吧，从而也迁怒于自己的这位表妹身上。但封建时代的帝王能号令天下，运筹大业，却往往对自己的婚姻之事无能为力，至少在选择册封皇后的问题上是如此。因此，虽然同时选送的还有许多女子，其中也不乏容德出众的佼佼者，但为了取悦新婚不久的母后，他深知自己对多尔衮的权势无力反抗，不得不选择了他的表妹——博尔济吉特氏为皇后。于是，多尔衮酿制的这杯爱情苦酒，在他与孝庄皇太后的共同压迫下，使顺治皇帝无奈地喝了下去。

婚后的顺治帝与博尔济吉特氏生活得并不美满，二人无论是在思想、感情、性格、意趣等方面都不一致，使顺治帝颇为苦恼，屡有废后之心。尤其多尔衮死时，皇后的册封大礼尚未举行，完全可废换新后，因为这位皇后就是多尔衮为他选定的。但废后必须得到太后的同意，顺治帝投鼠忌器，碍着母后的面子没敢如此，仍然于顺治八年（1651）八月册封博尔济吉特氏为皇后，颁诏全国，成为国母。据顺治帝自己说，皇后生性妒忌，又嗜奢靡。更坏的是"处心弗端"，见到"貌少妍者即憎恶，欲置之死"。有一次皇后到教坊司见那里的女乐穿红着绿，如花似玉，不由醋意横生，下令裁掉所有女乐，一律改为太监弹筝弄箫，一有宴乐，则令他们素服登场，一时间使宫廷内风景大煞。而她自己却极尽奢华之能事，"凡诸服御，莫不以珠玉绮绣缀饰"，甚至因所用食具中有非金之器，大为不悦。更有甚者，这位皇后醋意极大，使其他妃嫔难得恩宠，即使对皇帝的举动也"靡不猜防"。顺治帝左右为难，废又废不得，忍又难再忍。一怒之下，顺治帝择地别居，不再与皇后相见，因此皇后虽体健色妍，却一直没有子嗣，可见顺治帝对她的冷落。

对于帝、后之间的不和，孝庄皇太后早有所闻。虽然皇后是多尔衮选立的，却是自己的侄女，是自己巩固蒙古女人于后宫地位的一个砝码，是维系自己和科尔沁利益的关键所在。况且，普通百姓之家休妻尚不是易事，撤废"国母"岂不更要惹得天下风言风语，影响大清的尊严与国体吗？！因此，对于顺治帝屡屡流露出的废后之意，她都痛加申斥，坚持不允，并敦促他早行册封之礼。于是，皇后的册封大礼是行了，可刚册封完毕，顺治帝就择地别居，以示反抗。对于男女之间的事，孝庄皇太后自知无能为力，她只想无论如何，只要能维持现状，则足矣。然而，在短短不到两年间，顺治帝就因"含忍久之，郁懑成疾"，身体衰弱，容颜憔悴，众多太医也束手无策。孝庄皇太后十分清楚地知道倘若长此下去，势必因此而葬送儿子的性命，那才是大清国真正的根呀。于是，在儿子与侄女之间，她选择了前者。"心病还须心药医"，她只有牺牲侄女一生的幸福来换取儿子康复，因为失去了儿子，无论是她的地位，还是科尔沁的利益、蒙古女人的尊崇都将因此而受损。一封太后亲书的手谕被送到了顺治帝的手中：在废后问题上允许他自行裁酌。这不啻于天降福音，得谕后的顺治帝精神大振，立刻下令礼部及内院诸大臣，"命察历代废后事例具奏"。消息传开，满朝震惊，不明就里的大臣们更是瞠目结舌。皇帝的一切举动皆关国体，立国未久，无缘无故却要休妻废后，简直太不可思议了。尤其那些以封建礼教为法的汉族官僚更难于理解与接受。

顺治十年（1653）八月二十四日，大学士冯铨、陈名夏等五人联名奏谏，请求皇帝"深思熟虑，慎重举动"，而招来的却是顺治帝的一顿臭骂。龙颜不悦，诸臣都胆战心惊，噤若寒蝉，无人再敢吱声。两天后，皇帝的圣旨下发到礼部，诸臣才恍然大悟。

> 今后乃睿王于朕幼冲时因亲定婚，未经选择。自册立之始，即与朕志意不协，宫闱参商已历三载，事上御下，淑善难期，不足仰承宗庙之重。谨于八月二十五日奏阅皇太后，降为静妃，移居侧宫。

原来，皇上已与太后计议妥当，所谓的"议废"只不过是补办一个手续罢了，看来已无人能阻止这一切的发生。废黜皇后，不是以谋弑夫皇、秽乱宫中、勾结外敌等名义，却因"志意不协""无能之人"，可能这是历史上第一份，也是唯一一份以感情的融洽与否作为标准的废后诏书。

尽管如此，却依然有许多人不避帝威，冒死上奏。八月二十七日，礼部仪制司员外郎孔允樾上奏：

> 皇后正位三年，未闻显有失德，特以"无能"二字定废谪之案，何以服皇后之心，且何以服天下后世之心？君后犹父母，父亲想要休弃母亲，即使心知母亲过错，还涕泣劝父；况且不知道母亲何错，又怎能缄口无言不为母亲请命呢？假如皇后确不如帝意，也可仿效旧制，设立东西两宫，共襄内治。

句句是实，字字珠玑，使顺治帝难以反驳，但帝意已决，又有太后的应允，一切都已成定局了。九月初一日的诸王大臣会议上再次提出了"仍以皇后正位中宫"，并"选立东西两宫"作为折中议案，顺治帝坚决拒绝了，并下谕道：

> （规谏者）必须真闻确见，事情果然可行，朕自然听从。倘若无真闻确见，仅自揣摩而言之可行与否，让朕听从，必撤职查办。

诸大臣面面相觑，谁能对这种宫廷秘事"真闻确见？"即使略知一二，又怎敢公布于朝廷？看来帝命难违。况且皇太后也已应允，众臣无言，孔允樾慌忙上奏一再剖白，愿"席蒿待罪静听处分"。无人敢再劝，于是，初五日，郑亲王济尔哈朗召集议政王会议，一锤定音，遵旨而行。

仅二十一天，博尔济吉特氏便永居冷宫了，将自己一生的幸福与青春埋葬在这深宫内院中，又成为一个政治婚姻的牺牲品。不能不说，这是一个悲剧，一个那个时代所造就的悲剧，而此悲剧的形成一定程度上也归咎于孝庄皇太后。"成也萧何，败也萧何"，始作俑者是她，拉开悲剧序幕的也是她。她始终以一个政治家的眼光和女人的私欲来对待儿子的婚姻，造成了一个又一个的悲剧。在顺治帝的眼中，她是一位出色的政治家，但绝不是一个优秀的母亲。她辅弼幼主，有条不紊地处理各种政务，果断而又迅速地稳定了清初政局，缓和了社会矛盾，为大清数百年基业立下了不朽功勋；可在后宫之中，却由于她的存在使那儿从未真正平静过。看来，历史就是这样，鱼与熊掌又怎可兼得呢？无论是婚姻还是亲情、思想、文化……一旦与政治结缘，就会变得无比残酷、野蛮、可怕。

皇后之位虽不如帝位那样尊贵、重要，但也不可久虚，就如一家之中有父又焉能无母，否则，那将意味着乾坤失调，国体不稳。那位被打入冷宫的博尔济吉特氏脸上的泪痕未干，孝庄皇太后就又开始风风火火地为顺治帝选立新后。顺治十一年（1654）五月，蒙古科尔沁贝勒淖尔济的两位女儿同时被接进宫中，并几乎同时被聘为妃，按姻亲辈分论，淖尔济是孝庄皇太后的侄儿，两位妃子自然是太后的侄孙女。一个月后，姐姐被册封为皇后，即孝惠章皇后，妹妹被册为淑惠妃。无疑，这又是孝庄皇太后为维护蒙古王公贵族在宫中的特殊权益和地位所采取的举措，但此举也还有另一个更令孝庄皇太后难言的隐衷。

　　顺治九年（1652），定南王孔有德在与李定国农民军的战斗中失利，自缢而死，举家百余口被杀，只有女儿孔四贞力克重敌，突围而出，孤身一人奔京师哭诉其父死难之事。孝庄皇太后得知后，一方面为了安抚孔有德旧部，另一方面也由于自己很喜爱这个女孩，遂留其于宫中，视之如郡主，以承膝下之欢。孔四贞是孔有德的独生女儿，不仅容貌端庄秀美，而且善于骑射，征战沙场，颇有关外女子之风。然而，不知于何时，多情的顺治帝却对这位汉家女子一见钟情，朝思暮想，终于有一天，他向太后提出，要纳孔四贞为妃。孝庄皇太后闻言大惊，她没想到会出现这样的结果。清廷旧制，宫中严禁蓄养汉女，现在孝庄皇太后出于政治上的需要，已违反这一禁例，又怎能轻易准许皇上娶汉女为妃呢？况且，孔四贞早已许配给孔有德的偏将孙延龄为妻，虽未过门，却已是孙家之人。汉族人极重名节，尤其在婚姻上更是"一女不事二夫""嫁鸡随鸡，嫁狗随狗"，孔四贞是不会答应的。即使她答应了，孙延龄又会轻易放弃吗？倘若强娶，很可能会激起孔有德旧部的兵变，以至影响大清"以汉治汉"方针的执行。因而孝庄皇太后任顺治帝多次请求，依旧断然拒绝。但见自己的儿子对此事耿耿于怀，她也未敢立刻为孔四贞完婚，而将她养于宫中，加封为和硕格格（即公主），掌其父定南王之事。直至九年后，也就是顺治帝死后的第二年才与孙延龄完婚，移居紧邻皇宫的东华门之外，可见孝庄皇太后在处理此事上颇有为难之处。

　　与此同时，她也紧锣密鼓地为儿子选后择妃，想通过新的佳丽入宫来转移顺治帝的情感，使一切都悄然逝去，如过往云烟。然而，她却没有想到，长久以来的感情缺乏与误解，使母子之间已产生了一道情感的鸿沟，在顺治帝的心中形成了一种强烈的逆反心理，多尔衮选择的他不会接受，母后选择的他也不会接受，只有自己选择的才是最尽人意、最可心的。然而，孝庄皇太后是不会允许儿子自寻称心如意的佳偶的，她不仅要维护蒙古王公贵族的特殊权益与地位，更要维护清朝的尊严与命脉，这就注定顺治帝的婚姻只能成为封建祭坛上的缀饰与牺牲品。

孝惠章皇后姐妹就是在顺治帝对母亲由怨生恨，对孔四贞眷顾殷殷的时候被选入宫的。她们的命运似乎并不比头一位博尔济吉特氏强到哪去，尽管太后对她们百般呵护，疼爱有加，可在顺治帝的眼中，她们只不过是不屑一顾地摆在后妃位置上的牌位罢了，以致姐妹俩至死也无一儿半女。这不能不说是一种悲哀。尤其对于新皇后，顺治帝更是看不顺眼，极度冷淡，竟以"虽秉心淳朴，却缺乏特长及才华"的简单而又可笑的理由不予理睬，甚至在顺治十五年（1658）太后病时，以"礼节疏阙"向皇后兴师问罪，停进中宫笺表，并谕诸王大臣议处，直欲再度废后，但因太后的坚决反对而作罢。之后，博尔济吉特氏两姐妹也只能在宛若冷宫的环境中生存，在不知不觉中将青春与幸福抛弃，埋葬在这"庭院深深"之中。

清廷旧制，朝中凡有吉凶礼典，在京达官贵人的命妇（封有品级的妇人）皆得入朝，即命妇更番入侍之制。可到顺治十一年（1654）四月，孝庄皇太后突然下令因"前代所无"，且要"严上下之体，杜绝嫌疑"，停止命妇入侍后妃之例。顺治十三年（1656）四月间，皇宫内落成乾清、坤宁、景仁诸宫，按例应册立嫔妃，孝庄皇太后却突然一反常态，提出"孔有德女孔氏（孔四贞）宜立为东宫皇妃"。一前一后，反差竟是如此之大，不禁令大臣们大吃一惊，茫然无措。罢旧制，立孔氏，如此突然，如此紧迫，难道真如孝庄皇太后所说的那么简单吗？此时的后宫之中已乱作一团，顺治帝福临又制造了一段震惊朝野的风流艳史。

二、母子失和战火一触发

在汤若望的书中，曾提到过这段令世人震惊的艳史，他这样记道："顺治皇帝对于一位满籍军人之夫人，起了一种火热的爱恋。当这位军人因此申斥他的夫人时，他竟被对于他申斥有所闻知的天子，打了一个极其怪异的耳掴。这位军人于是乃怨愤致死，或许竟是自杀而死。皇帝遂即将这位军人的未亡人收入宫中，封为贵妃。"这位满籍军人就是顺治帝同父异母的弟弟博穆博果尔，那位夫人就是他的妻子，也就是后来极受顺治帝宠爱的董鄂妃。兄夺弟媳，尤其是拥有三千佳丽的皇帝却夺占自己兄弟的妻子，这不能不震惊朝野，轰动天下。

顺治十年（1653），内廷中传出了铨选秀女的谕旨。在清制中，凡满洲旗籍官吏有年及十三四岁的女儿必须报选秀女，"或备内廷主位（即选为后妃），或为皇子、皇孙拴婚，或为亲、郡王及亲、郡王之子指婚"，任何一个旗籍官吏都不会放弃这样一个与皇宫结亲的机会，一女当选，满门朱紫。于是，这年深秋，一队长长的马车缓缓地驰至神武门前，一辆接一辆，有序地排列着，每辆车上都竖有不同颜色和标识的两盏灯，表示着车内候选秀女的家庭地位和身份。她们很早就开始在宫门外等候，直至日上三竿，户部官员清点完人数后，才被引导步入神武门，在顺贞门外等候着决定命运的最后时刻。每位姑娘都有一面小牌子，上书姓氏、籍贯、年龄等字样，面试合格者将牌子留下，谓之"留牌子"，落选者谓之"撂牌子"。每届选秀之日，神武门前都有千百辆车，称"排车"，选中者不过十之二三，而入选秀女中能与皇室结亲者更属少数，有幸"备内廷主位"册封为妃嫔的实则凤毛麟角。大多数入选秀女的命运，不过是在宫内应付各种差遣，年满三十岁之后才遣出择配，到清末，则放宽至二十岁。这次预挑，董鄂氏的牌子被留了下来，并且非常幸运地被指配给顺治帝的同父异母的弟弟襄亲王博穆博果尔为妻，成为千百名入选秀女中的幸运者。第二年，便与博穆博果尔合卺成婚，成为襄亲王妃，时年十六岁，长博穆博果尔两岁。

董鄂是部落之名，位于今辽宁省桓仁满族自治县附近，明代称为"东古""冬古"，清初则音译为"东果""栋鄂""董鄂"。女真尚未统一之时，董鄂部名义上虽隶属建州女真，实则独自为政。努尔哈赤以父祖十三副铠甲起兵时，首先便征服了董鄂部，被编入太祖军中，南征北战，立下汗马功劳。董鄂氏，是内大臣鄂硕之女，隶属满洲上三旗中的正白旗。鄂硕本人并无显赫战功，全凭祖宗所立下的赫赫功劳而享受恩荫，"三世以军功袭职"。据说，这位董鄂氏才貌双全，不仅有闭月羞花之容、沉鱼落雁之貌，而且自幼颖慧过人。"乃长，娴女红，修谨自饬，进止有序，有母仪之度，姻党称之。"这里不免会有他人为奉承顺治帝所作的谀美之词，但是可以指婚给亲王的女子，即使难赛西施、貂蝉也绝不会比她们逊色几分。

"自古红颜多薄命"，当上苍将富贵降给董鄂氏的时候，并未将幸福也一同赐给她。她的丈夫博穆博果尔，是清太宗皇太极最小的儿子，为麟趾宫懿靖大贵妃所生。虽然年仅十四岁，却骁勇善战，经常率军出征，小小年纪便立下了不少军功。对于普通的女子来说，自己的丈夫能有如此成就，一定是高兴万分。而董鄂氏却是一个感情细腻的人，她所向往的是卿卿我我、两情相悦的甜蜜生活，而丈夫常年出征在外，自己独守空闺，使这一切幻想都破灭了，而且两人的性情也多有不合，即使相见，也难以说上几句话。董鄂氏只能终日生活在这毫无感情可言的婚姻所带来的痛苦之中。

按照清代的命妇入侍制度，这位显贵的襄亲王妃当然可以经常出入宫闱。不知从何时起，她的如花似玉的容颜，雍容华贵、脱俗不凡的气质深深地吸引了顺治皇帝；而皇帝的多情与善解人意也打动了董鄂氏的心。于是，在董鄂氏应选入宫后的半年之中，两人就已如胶似漆难舍难分了。顺治皇帝也是一个多情的人，他的废后与冷落新后都是因感情不和所引起的，而对孔四贞的爱恋又因种种政治原因难以得到回应，他也一直生活在情感的旋涡之中。当两个"多情却被无情恼"的人儿刹那间相遇后，便从对方的身上看到自己所渴望的东西。于是，他们不顾一切地同时紧紧抓住了爱河中的那叶孤舟，无所顾忌地从对方的身上吸吮着爱的甜美，寻求着情感上的慰藉。一些现代心理学家认为，人类的"情"是一种很微妙的东西，这种心理力量有时大得惊人，在极其强烈的情绪笼罩下的人，往往思维不能自制，甚至根本不能发生任何作用，即所谓"丧失理智"。这可能也是唐明皇与子争妻、隋炀帝杀兄占嫂的一个原因吧！此时的顺治帝就正处于这种因情而丧失理智的境地之中，根本不考虑母后在他婚姻问题上的政治筹算、董鄂氏的弟媳妇身份，更无视宫内的种种非议，抛弃一切封建道德、伦理纲常的束缚，仿佛天地之间只有她和他。

孝庄皇太后此时正为了却了自己的一桩心事而欣慰，而且皇帝对孔四贞的感情似乎也在渐渐淡漠，这使她不由得心中暗暗高兴，也为自己移花接木计谋的成功而庆幸。然而，她没有想到"移花接木"的计谋倒是实现了，但移得不是她种的那朵花，接的也不是她栽的那棵木。从宫女妃嫔们的窃窃私语中，她也觉察出了端倪，忙将孝惠章皇后姐妹召来询问，才知皇上早将她们冷落，又从一些妃嫔的嘴中得知皇上与襄亲王妃的关系极为密切。这不啻于晴天响雷，几乎将她震晕过去，与弟媳妇悖理乱常，倘若传出宫外，岂不遭天下人耻笑，有损大清国体的尊严吗？况且襄亲王尚未去世，就与弟媳妇乱伦，这在满族内部也是为人所不齿的呀！于是她一方面令宫中封锁消息，严禁外传，另一方面则下令停止命妇入侍后妃之例，以切断他们相见之路，达到拆散二人的目的，以平息这场足可震惊天下的宫廷艳事。她不明白自己的儿子为什么"三千佳丽皆不爱，独留痴心宫墙外"。

然而，一切比孝庄皇太后所想象的还要糟，爱情的力量是无法想象的，一切都已到了不可收拾的地步。太后的禁令也超不过皇帝的威严，避开她，两人依旧在宫中不时地幽会。更为糟糕的是"世上没有不透风的墙"，此事渐渐地也被博穆博果尔所觉察，倘若他能忍气吞声，或许什么事也不会发生，但身为满洲军人为大清的天下厮杀征战，而身在后方的皇帝却在玩弄着他的妻子，这是他无论如何也难以接受的耻辱。一天，与顺治帝幽会完的董鄂氏刚一踏进房门，他终于忍无可忍，将她狠狠地痛斥了一番，把自己许久以来的积郁与怨恨全吐了出来，并禁止她以后再踏入宫门半步。他觉得自己得到了心理上的一丝解脱，却不知为自己埋下了祸根。几天后，皇上突然降旨召见襄亲王，当房中只剩下他们兄弟二人时，皇上却以"虐待王妃"为由打了他一个"极其怪异"的耳光。显然，董鄂氏已将一切都告诉了皇上。他没有反抗，也没有申辩，只在懵懵懂懂中不知自己于何时，又是如何走出皇宫回到自己家中的，满腹之中只有委屈与耻辱，还有惶恐。他没有想到皇上对那个女人的宠爱竟是如此之深，而她却偏偏是自己的妻子。不久之后，这位襄亲王博穆博果尔就去世了，有人说是怨愤过度而死，也有人说是自杀身亡，更有人说是顺治帝派人所杀……不管以何种方式，这位满洲军人带着屈辱离去了，却为顺治帝与董鄂氏的真正结合开辟了道路。

就在博穆博果尔对顺治帝与董鄂氏的事有所察觉的时候，顺治十三年（1656）六月，孝庄皇太后急谕册立东西两宫，并提议立孔四贞为东宫皇妃，企图以顺治帝对孔四贞的旧情来阻止其不轨行为。虽然早在入关之初，孝庄皇太后就亲自悬牌宫内，严禁汉女入宫，可由于政治斗争的需要，她将孔四贞育之宫中，厚加优待，此刻又要自食其言，一反常态要立孔四贞为妃，可见事情之紧迫；同时尽管孔四贞已许配孙延龄，但两人并未成婚，立孔四贞为皇妃，对于大多数孔有德旧部来说是一种荣耀，孙延龄虽会不满，只要好生安抚，不是不能平息他的气愤。况且即使他有所举动，就目前形势来说还是足以应付的。因此，权衡利弊之后，孝庄皇太后毅然抛出了立孔四贞为妃的方案来约束顺治。此时最重要的事就是割断顺治与董鄂氏的情丝，防止丑闻的发生与曝光。但她所有的努力都随着七月间襄亲王博穆博果尔的死去而落空，一切都为时已晚了。

仅为丈夫守了二十七天孝，董鄂氏便被顺治帝迫不及待地接入宫中，匆匆脱下孝服换上盛妆，在尚有泪痕的脸上扑上点粉霜，摇身一变，便成为了"贤妃"。真不知这一"贤"字是从何说起？孝庄皇太后已无能为力，只好听天由命了，而懿靖大贵妃对于顺治帝的抢媳逼弟，也只好忍气吞声，强咽苦水，谁叫人家是皇帝之尊呢？对于自己的这些丑行，顺治帝也多方掩饰。董鄂妃死后在他亲制的挽词中说她"年十八，以德选入掖庭"。董鄂妃入宫时确实十八岁，却不是"选入"。清制选秀之女子必须在十三四岁以上，但年岁也不可太大，年已在十七岁以上，谓之逾岁，则列于本届合例女子之后。虽然她们还有选秀的机会，却排在其他年少秀女之后，选中的机会可以说是微乎其微。况且，董鄂妃的父亲鄂硕出身上三旗，绝不敢在女儿到岁数时违制不去应选，而且他女儿才貌双全，绝不会放弃与皇室结亲的大好机会，等到女儿"逾岁"才去应选，坐失飞黄腾达之机。所以，董鄂妃绝非由秀女入宫，而是顺治帝夺人所爱，从襄王府纳入宫中的，这是无须掩饰，也无法掩饰的。在这场闹剧中，尤为滑天下之大稽的是在这年八、九两月下旬，也就是顺治帝册封董鄂氏为"贤妃"的当天和拟封她为皇贵妃的头三天，分别遣官去祭奠自己的弟弟襄亲王博穆博果尔，且不论他是为了平息朝议，还是深觉有愧，光是这吉凶二礼并行的两次祭拜，就足够滑稽的了，他想告诉死者什么呢？是对他说"对不起"，还是说"你的妻子已是我的了"？

俗话说："有情人终成眷属。"顺治帝与董鄂妃也算是有情人了，而且他们爱得是那么执着、真挚……以至于人们对因为他们相爱而造成的他人的悲剧也不愿过多地指责。有人说："人类历史上的悲剧皆根源于爱，爱是美好的，却又是残酷的，甚至比恨还残酷百倍。"这或许有些太过于夸张，却有其道理，至少顺治帝与董鄂妃的悲剧就是由爱所引起的。他们如普通人一样尽情地追逐着正常的爱情生活，却忘记了自己的心永远也飞不出牢笼的束缚，尤其是顺治帝，他终究是封建政治的代表人物，是皇帝，这就注定其一切与封建政治不相符的东西都将成为悲剧的因素，自然也包括爱情在内。因此，他虽崇尚爱情，同时却又在制造着悲伤与痛苦。这其中的真谛，直到董鄂妃死后顺治帝才真正领会到，却又无可奈何，从而留下了"吾本西方一衲子，奈何落入帝王家"的偈语。

这年十二月，董鄂氏正式被册立为皇贵妃，而且按照册封皇后的大礼"颁诏天下"，在宫内外的一片訾议声中举行了异乎寻常的隆重典礼。倘若一切仅此而已，悲剧或许不会发生得那么早，也不会如此惨烈。但顺治帝在这次斗争的胜利中所得到的不仅仅是爱情，还有信心和勇气以及皇上所应有的威严。于是，他开始宣战。以册立董鄂妃为先声向母后进行第一次宣战，并意欲再度废后。但他太高估了自己，也选错了对象。对于儿子的攻击，孝庄皇太后感到惊诧，却表面无动于衷，她没想到自己与儿子的关系竟到了这种势如水火的地步，更不知道为什么自己为大清基业所做的一切换来的却是儿子的不解与怨恨。她正在考虑，希求能找到一种新的方法来缓解他们母子之间的关系，然而就在这时，顺治帝却再次发动了攻击。

顺治十四年（1657）元月初六日，册封董鄂妃为皇贵妃的大礼正式告成，诏告天下。十九天后，顺治帝公然下令："太庙牌匾停书蒙古文，只书满汉文。"

太庙是清廷供祀祖宗神位的圣地，中殿供奉着太祖努尔哈赤和太宗皇太极的牌位（以后清帝牌位也置于此），后殿则有太祖以前的肇祖、兴祖、景祖、显祖等列位祖先的牌位。由于满蒙之间的姻亲关系，尤其清太宗皇太极的五宫后妃均是蒙古人，从而确定了蒙古女人在后宫之中的特殊统治地位。因此，在太庙的牌匾上书写蒙文，不仅仅是一种尊崇，还是蒙古王公贵族在后宫统治地位的象征。而现在，顺治帝悍然下令太庙牌匾之上停书蒙文，这无疑意味着将结束蒙古女人于后宫之中的独尊地位。这是蒙古姻党，也是孝庄皇太后无论如何也不能接受的。她刚刚才产生出的缓和母子之间关系的想法，就因儿子的再度反击而破灭了，她知道一切努力都将化为乌有，要保住蒙古王公贵族的地位与利益，她不得不与自己的儿子展开一场较量。虽然在表面上对此她不置一词，可却在暗中等待适当的反击时机。顺治帝没有想到，他在为一场亲手制造的悲剧匆匆收场的时候，又为自己更大的悲剧拉开了序幕。

三、为情所困太后酿悲剧

就在孝庄皇太后整日于佛堂中诵经礼佛，静待反击时，顺治帝与董鄂妃却在后宫这片危如虎穴的天地中双宿双飞，共浴爱河，沉浸于人间的挚爱真情之中。

对于董鄂妃这个人，除了入宫前与顺治帝的桃色绯闻确实影响她的清誉，成为她一生中的疵点外，她入宫后的所作所为却往往令人敬佩不已，在后宫之中颇有口碑。顺治皇帝曾这样描述她："宽仁待下，无丝毫之嫉意。宫中之人做了好事她立刻上奏，有了过失则竭力为之掩盖，从不打小报告。为朕所深深喜爱，太后对她也宛若亲子。即使有了些许美味之食，也要让大家共享，方觉心安。宫中眷属，无论大小都一视同仁，年长的称为婆婆，年少的则以姐妹相待，从无非礼之处。所以凡是见到她的，没有不喜欢的……""虽然未晋皇后之名，实际上则司皇后之职。"其中虽也有夸张之词，却也不为过。

董鄂妃深知自己是在何种境况下，以何种身份进的宫，而且仅入宫短短四个月就晋封为皇贵妃，大有取代皇后之势，更易遭人妒忌怨恨，她必须同时应付与处理来自三方面的压力：一是以孝庄皇太后和皇后为首的蒙古后党；二是人数众多、关系复杂的妃嫔姻党，她们往往是朝中不同政治势力派别在内宫中的代表人物；三是虽然地位卑微，却早已于后宫中扎根筑巢，颇能兴风作浪的太监大军。而她所凭借的仅是自己的才智和顺治帝那点可怜的爱，这爱是柔弱无力的，是冰清玉洁的，是无法与宫廷之中那野蛮而又残酷的政治斗争相抗衡的。因此，董鄂妃在后宫这片土地上如履薄冰，不得不谨小慎微，四处小心，稍不留意就会遗人把柄，酿成祸事。尽管此时的她虽颇有昔日杨贵妃"后宫佳丽三千人，三千宠爱在一身"的味道，却毫无杨贵妃那种矫揉造作的酸味儿，更没有"贵妃出浴"的狎邪事情。在个人的生活上她从不奢华，平时穿着"绝去华彩，即簪珥之属不用金玉，惟以骨角者充饰"。与那食器之中有一不为金者即大发雷霆的第一位废后形成了鲜明的对比。在办理后宫庶务上，无不尽心尽力，又把握适当的尺度，赢得了姻党戚谊们的一片赞誉。对待后宫之中的太监与宫女，则宽厚抚绥，每遇有太监宫女犯了过错，她总是为之求情，以他们以往的功绩来劝谏皇帝息怒，使太监宫女们感激涕零。皇帝的赏赐，她也分给下面的宫女太监，从不怜惜，以至封为贵妃有年至死却"绝无储蓄"。

在与顺治皇帝的爱情生活中，他们形影不离，相濡以沫，每次福临下朝休息，董鄂妃总是亲自安排饮食，斟酒劝饭，嘘寒问暖，忙得不亦乐乎。顺治帝大有一日不见如隔三秋之感。而且，两人之间的情感已超出了卿卿我我的小夫妻之间的恩爱，她不仅是顺治帝的精神支柱，还是他患难与共、撑家立业的贤内助。顺治帝性格复杂，脾气暴躁，时常与大臣们闹得面红耳赤，不欢而散。一次下朝之后，顺治帝对忙碌不已的董鄂妃深感过意不去，让她与他共同进餐，董鄂妃却借机劝道："陛下厚爱，我感到非常荣幸。然而您为什么不多与大臣们共食，谈说笑乐，让他们也享受到皇上的恩惠呢？"自此之后，顺治帝与诸大臣共食的次数多了起来，脾气也和缓了许多，大家都以为皇上幡然悔悟，洗心革面了，却不知这是董鄂妃妙劝的结果。每次顺治帝批阅奏章至深夜，她都亲自作陪，每见顺治帝因心烦意乱草率处理文章奏折时，都轻声劝道："这难道不重要吗？陛下为何要轻易处置呢？"顺治帝总是漫不经心地回答："无用，都是老一套呀！"但在董鄂妃的反复劝说下，他也总是重新审视，细心批阅。这一时期也是顺治帝最为勤政，治国最卓有成效的时期。有时夜深人静时，顺治帝提出让她同阅，她却起身致谢，说道："我听说宫中女子不得过问宫外之事，又怎能干预国政呢？请陛下斟酌明察。"清代，为了防止外戚专权，严禁宫中后妃干政，否则视为违制。董鄂妃不是擅权专政的人，在她的心中总有一根无形的尺度，举止言行皆止于应止之时，绝不逾制。由于吏治不整，故明旧臣大量入朝使新旧矛盾层出不穷，惩处降谪是经常之事，而在处理这种事时顺治帝总是大伤脑筋，闷闷不乐。董鄂妃知其原委后，劝道："这种事情确实非我所敢干预的，但我愚见，以为诸大臣虽都有过失，但都为国事，并非为一己之私，陛下为何不息怒详察，以服其心？不然，大臣们不服，又怎能服天下之心呢？"她的这些建议与思想，切中肯綮，允妥恰当，成为指导顺治帝整饬吏治的重要方针。可见在顺治帝所取得的功绩之中，不能不说有着董鄂妃的一份功劳。

"御案上一点墨，便是民间千滴血。"有多少君王就是轻点朱墨，而被民间所聚集成的血河所淹没，成为亡国之君。因此，在死刑的裁决上必须慎之又慎。一天晚上，顺治帝审阅一批报斩罪犯的卷宗，思虑良久还是犹豫不决。董鄂妃见状，起身问道："不知是什么事，竟使陛下如此心神不安，忧虑重重。"顺治帝沉吟道："这是秋天正法犯人的卷宗，这里面的十个人，只要我说可斩，就将被正法啊。"听罢，董鄂妃潸然泪下，劝道："这些该杀头的人，都是愚昧无知，又不是陛下亲自审理。我知道陛下的心意，即使是亲自审理，也难免有失误之处，况且刑部审案，又怎能全无冤枉呢？陛下应该慎重处理，尽量减轻他们的处罚，存其性命，以示好生之德、仁人之心呀！"对此，顺治帝深为赞同，从此之后，福临审案极为谨慎，而董鄂妃对刑部的案卷也格外留意，一再劝诫福临："人命关天，死而不可复生，陛下要多加留意，仔细考虑。不然，百姓还能依靠谁呢？"在处置死刑犯人的指导思想上，她提出："与其失人，毋宁失出。"即与其因误判而错杀，还不如误将罪人刑等减轻或释放，因为误杀无法改正，而误释却可复判。这种法制与量刑思想，在清初吏治混乱，草菅人命的情况下显得尤为重要，对顺治帝也影响极深，使他的治国之策由"重剿"转为"重抚"，对于稳固统治，缓和社会矛盾起到了积极作用。在董鄂妃入宫后的短短四年间，"杀头的被免死，监押的被减罪之人很多，吏治也大为改变"，这不能不说与董鄂妃的劝谏有很大的关系。就连顺治帝也承认，由于自己的多次重审而少杀了不少的无辜者，此皆"亦多出后（指董鄂妃，死后被尊为皇后）规劝之力"。

董鄂妃的入宫与晋封，使孝庄皇太后感到了一种威胁，并不是对她个人而是对整个蒙古后党利益的威胁。对于这种危及根本利益的事情，她不会不闻不问的，但多年的斗争经验也形成了她稳重自持、深思熟虑的风格。于是，她悄无声息，只言不发，只冷眼地观瞧着一切。然而，一切却似乎并不如她所预想的那样。董鄂妃不仅天生仪容，而且谙熟宫中的各种礼节，进止有度，言行得体，无论对上对下，都和蔼可亲，无丝毫之骄态，使人难以挑剔。就在董鄂妃被册封为皇贵妃不久，孝惠章皇后可能也感觉到了自己地位所受到的威胁，"憔悴忧念"，大病一场，几乎丧命。在孝庄皇太后看来这正是董鄂妃专宠的天赐良机，出人意料的是她端茶奉药，亲临榻前服侍，宫中侍御还乘此机稍事休息，而董鄂妃却五天五夜没有合眼，"为皇后诵读诗书，或闲谈解闷"。皇后病愈之后，她仍然早晚侍候，照顾起居，根本不像皇贵妃，倒像一个下等侍婢，就连皇后本人也颇受感动。对于孝庄皇太后本人，她更是伺候得无微不至，"曲意承欢"。正如顺治帝所说的那样："事皇太后，奉养甚至，伺颜色如子女，左右趋走，无异女侍。"即使在皇帝离宫时也是如此，绝非做做样子以讨圣欢，孝庄皇太后对此也大感吃惊，不知董鄂妃为何要如此对待自己。人都是有感情的，孝庄皇太后与董鄂妃婆媳间的紧张气氛曾经一度得到了极大的缓和，然而，感情往往取代不了现实。尽管孝庄皇太后对董鄂妃的敌意已有所减弱，从心理上来说她已渐渐开始接纳这位儿媳妇，但在现实利益当中，无论董鄂妃有心无心，她都已成为蒙古王公贵族在宫中独尊地位的严重威胁，而孝庄皇太后却是蒙古后党的代表和他们利益的维护者，两者之间的冲突已注定不可避免。这种冲突说到底其实是孝庄皇太后与顺治帝为争夺宫廷的控制权而进行的争斗，只不过董鄂妃却成为这场斗争的冲突点，因而她也便成了这场宫廷斗争的牺牲品。

顺治十四年（1657）十月初七日，承乾宫内传出喜讯：皇贵妃喜生贵子。顺治帝欣喜若狂，更想将董鄂妃扶立为正宫皇后，于名于情，两全其美，朝内外大臣也一致认为皇上是一定会将这位新生的皇子立为太子的。而这对于孝庄皇太后来说，又不啻于一声晴天惊雷，使她心惊肉跳，她立刻意识到问题的严重性。直至今日，年轻体壮的皇后依然寡居后宫，难得见皇上一面，更不要说承恩受孕了，以目前董鄂妃所受的恩宠与地位来说，未来的皇位必将是她的儿子的，而未来的皇太后也非她莫属，那时，博尔济吉特氏一脉将被挤出后宫政治舞台，或者只能扮演着一个无足轻重的角色。政治斗争中没有感情，只有利益。于是，一切都由于新生儿的降生而变得更加残酷，更加现实。孝庄皇太后知道倘若再不反击，那么一切都将为时已晚了。"量小非君子，无毒不丈夫"，在宫廷利益的驱使下，她开始反击，而且冷酷无情，一出手便是那么的狠。

入冬后，孝庄皇太后突然移住京郊南苑，有意避开了即将临盆的董鄂妃。就在董鄂妃喜获麟儿不久，南苑中却传出皇太后"违和"（身体欠安）的消息，并谕令后宫妃嫔及亲王大臣们前去问安省视。而且告谕也如往常一样送到了承乾宫中，似乎无人知道董鄂妃刚刚生产，是个身体虚弱，急需休养恢复的产妇。

这一年，京畿一带夏季连降大雨冰雹，灾情不断，秋天水灾成患，到了初冬就异常的寒冷，甚于往年。太后所居的南苑也叫南海子，元朝称为飞放海，在永定门外二十余里处，是皇家春冬狩猎、讲武阅兵之处。从皇宫到南苑路程并不太远，但寒冬腊月里让一位产后不久、体弱身衰的产妇坐二十余里的车轿，确实也太不近人情了。省视完后，众人皆回，只有董鄂妃被留了下来侍奉寝食，以尽孝道。白天捧茶送药，侍奉饮食，夜里仍执劳病榻，守夜熬神，竭力服侍，太后也无只言片语之抚慰，似乎毫不知晓她刚刚生产。而此时的皇后却安居暖宫，非但不去南苑探视，而且也未派人前去问安，似乎根本不知太后生病。两下相照，不难看出，这其中必有隐情。太后真病了吗？或许病了，但绝不是身病，而是心病。这一切都是孝庄皇太后一手策划的：从心理上不能消灭的，那么就从肉体上消灭。自此之后，董鄂妃一蹶不振，"容瘁身癯，形销骨立"，有人估计她是得了严重的月子病，因此，只在人间勉强挣扎了三年便含冤辞世。

对于太后得病的内中真情，顺治皇帝自然知道，却无法过问，只有静观而待。看到爱妃被折磨成如此模样，他悲恨不已，却又无法将斗争的矛头直接指向母后，只好将一腔愤恨转移到了皇后的身上。十二月二十九日，太后"贵恙"刚愈，顺治帝颁诏大赦天下。四天之后，他再也压制不住心中的怒火，对皇后兴师问罪，大造声势，以废后为首例，指责皇后在太后"有病"期间"礼节疏阙，有违孝道"，下令停进皇后的中宫笺表，谕议政王大臣等议罪，意欲再度废后，作为对太后的反击。对此，孝庄皇太后置之不理，一言不发，既不为皇后说项，也不阻止顺治帝的举动。因为无论是在朝中，还是在宫中，孝庄皇太后都有极大的权威与影响力，没有她的首肯与赞同，废后谈何容易，根本就不可能。尽管她置之不理，但不理睬本身就是反对。于是，皇帝的盛怒与太后的冷漠使一切都陷入了僵局，无人敢劝、无人敢议，只是沉默地等待着。倒是董鄂妃从太后冷漠的态度中意识到了问题的可怕，她知道只要婆婆一息尚存，皇后与皇贵妃之间就有一道无法逾越的天堑，坚持废后只能导致悲剧的提前发生，他们是绝不可能成功的。她哭劝道："陛下若遽废皇后，妾必不敢生。"与其说是劝，倒不如说是指出了坚持废后的严重后果。她不计较什么名分，只想与丈夫爱子静静地走完这段路就心满意足了，因为她知道自己很难逃脱死亡的厄运。

三个月后，新生的皇子原因不明地死去。董鄂妃在这无情的打击下，再也撑不住了，她病倒了，而且病得很重。顺治帝在这妻病子亡的情况下，意志已经接近崩溃的边缘了，他认输了，已经再无力发动攻势了，唯一还能做的收场戏，就是破例封这个仅活了一百零四天的儿子为荣亲王。有人说这位新生的皇子是孝庄皇太后派人害死的。并非没有这种可能，但也只能是猜测。不论孝庄皇太后是否这样做了，但这幕人间悲剧是由她所一手编导的。就在那位新生皇子仙逝，顺治帝心力交瘁的时候，孝庄皇太后下谕停止对皇后的一切惩罚，中宫笺表如旧制封进，一切似乎又恢复了正常，她成功了，带着胜利者的喜悦，每日在慈宁官后的佛堂里参禅礼佛，默诵经卷，她已十分放心——董鄂妃已不可能再次受孕生子，死神在向她招手！

顺治十七年（1660）八月十九日，董鄂妃已无力再在这痛苦的人世间挣扎，病逝于承乾官内，时年仅二十二岁。消息传出，孝庄皇太后重重地松了口气，她一直都在等待着这一天的到来，直到现在她才真正地放心，可以无忧无虑地吃斋、念经、礼佛了。而顺治皇帝却彻底崩溃了，无论是精神上，还是意志上，他聚集起最后一丝力气，凭借自己的万乘之尊，在董鄂妃的丧事上导演了一场"奇特的葬礼"，作为这场悲剧的收场，也是自己对母后淫威的最后反抗。

董鄂妃生前虽未晋封为皇后，但在顺治帝的心目中她早已是皇后，也必须是皇后。因此她死后顺治帝所做的第一件事情就是册封爱妃为"端敬皇后"，并谕令大臣们拟奏谥号。谥号是对于死者一生功过的评价，字数皆有定制，大臣们以皇贵妃等级拟四字。顺治帝不允，一直增加至十字才止，再加上应有的"端敬"二字，共十二字，其谥曰："孝献庄和至德宣仁温惠端敬皇后。"已大大逾制，就是清太宗皇太极的初谥也仅有十五字。尽管如此，顺治帝却依然对谥号内无"天圣"两个最尊荣的字大发雷霆。按照清制，只有皇后才有"承天辅圣"字样，如果妃嫔生子而为帝后，谥有"育圣"等字。董鄂妃生前未封为皇后，也无子嗣为帝，这种要求确实显悖情理，大违礼制，诸大臣合力相劝，才得以平息圣怒。随后，命令词臣拟撰《端敬皇后祭文》，连写三稿均不合圣意，最后倒是中书舍人张宸根据顺治帝与董鄂妃的生前生活细节写成祭文，哀情溢于词间，使顺治帝读罢泪如泉涌，立刻下令升张宸为兵部督捕主事。

八月二十三日，在茆溪森和尚的主持下举行了颇有佛教气息的盛大葬礼。从皇宫内的承乾宫到景山寿椿殿的路上，哀乐声声，佛号连天。和尚指挥，皇上亲临督阵，而抬棺者却都是位居极品的八旗显贵，更有甚者，顺治帝下令诸王大臣的命妇皆须哭丧，而且特谕"内大臣命妇哭临不哀者议处"。一时间，宫内宫外哭成了一片，一个皇贵妃去世，竟如此兴师动众，侵扰勋贵，诸位命妇早已吓得魂飞魄散。这哪里是为一个皇贵妃发丧，分明是顺治皇帝借机恣意发泄一种刻骨铭心的丧妻失子的仇恨。正在佛堂中静修的孝庄皇太后，早已料到自己的儿子会在这场丧礼上尽情宣泄的，但她并不打算过多地干预，因为她知道以此时顺治帝的心境是不会听她只言片语的，而且还可能引起他们母子之间的直接冲突、面对面的争斗。因此，对于谥号的逾制，花费之巨大，仪礼之隆重她均不闻不问，但当皇上竟然命二三品的旗籍大臣抬棺，命妇哭临不哀者议处，宫议汹汹，群情激荡，王公大臣们哀怨不已时，她终于再也坐不住了，倘若再如此下去，难免会影响国家的尊严，激起众怒。于是，她匆匆赶到景山大道场亲自谏阻，才平息了一场古今罕见的"痛哭大竞赛"。毕竟她是皇太后。但福临丝毫不理会母后的态度和所作所为，依然我行我素，在做满隆重的二十一天法事后，于寿椿殿前举行了盛大的火葬仪式，皇后的尸体连同棺椁和两座供做法事僧徒歇息的宫殿及其中珍贵陈设，俱被焚烧。之后，又将三十名太监与宫中女官悉数赐死陪葬并下令全国均须服丧，官吏一月，百姓三日。这场奇特而又盛大的葬礼断断续续地持续着，直至顺治帝去世，才算完全地平息。

这场宫廷斗争，以顺治帝的失败、孝庄皇太后的获胜而告终。在这悲剧之中，孝庄皇太后则扮演了一个并不光彩的角色，这有其历史条件的限制，但也有其不可推卸的个人责任，这不能不说也是孝庄皇太后一生中极不光彩之处。她一手制造了福临与董鄂妃的爱情悲剧，同时也制造了母子成仇逼子走上绝路的家庭惨剧，也品尝到了"始作俑者"的悲哀。正如一本书中所说的那样："在封建专制制度下，统治集团的首脑们都在制造悲剧，却又都是封建政治悲剧下的牺牲品。而造成这一幕幕悲剧的总根源，正是这些悲剧扮演者所竭尽全力维护的封建专制制度。"

董鄂妃死了，孝庄皇太后也达到了她维护蒙古王公贵族于后宫利益的目的，但悲剧似乎并未停止，这场新的悲剧也可以看成是顺治帝与董鄂妃爱情悲剧的延续，那就是顺治帝的礼佛出家。

四、心灰意冷帝王入空门

佛教产生于古印度，为释迦牟尼所创，由于印度多象，因此，又称为象教。西汉时传入中国，并逐渐与中国传统的儒家文化相融合，佛教在儒化之后于中国扎下根并逐渐兴盛起来，与儒教和道教成为中原大地上势力最为强大的三大宗派。佛教在清朝兴盛与传入宫中，是在基督教之后，并在与基督教的斗争中叩开了宫廷的大门。

很多宗教都带有一定的排他性，甚至在同一宗教之中的不同门派有时也互相攻讦，势同水火。基督教传入中国，尤其是汤若望将其带入宫中后，夜郎自大、目中无人、自以为是地凭借皇帝的威严确立了尊崇的地位，强烈排斥其他各教。一些传教士甚至公然宣称："伏羲亦为亚当子孙，而系来自犹太国者。中国之哲学如果与基督学说赫赫之光相较，则反为荧火之明。"这是中国佛、道、儒三教无论如何也不能容忍、接受的，于是，他们便与基督教展开了斗争。首先站出来应战并取得了巨大成效的是佛教禅宗的临济派僧人。禅宗自六世祖慧能之后，首先分出南岳怀让和青原行思两派，以后南岳系又分为沩仰、临济两支，青原则分为曹洞、云门、法眼三支，合称五家。到宋代，临济再分出黄龙、杨岐两派，禅宗遂分裂为五家七宗。宋末元初，各派系多在国内逐渐衰微不传，唯临济宗和曹洞宗两支并立，但学禅者多信仰临济，使曹洞成为"孤宗"。因此，清初佛界即有"临天下，曹一角"之称。

盛行于京畿一带的基督教虽然在统治阶级上层之中培养了一批信徒，但在广大百姓之中仍然是佛教占着绝大的优势。对于横行肆虐的基督教，北京地区的佛教徒们深感愤怒，便于顺治十年（1653）集资重修了毁于明朝嘉靖年间的城南郊的海会寺，作为与异教相抗衡的基地。并聘请临济宗高僧憨璞聪主持新刹，一时间宗风大振、趋者若鹜，成为基督教在北方的一支劲敌。海会寺坐落于皇宫至南苑的途中，是皇帝往来的必经之地，这可能也是选此处为建新刹之地的重要原因吧。据说一年后的一天，顺治帝至南苑围猎，途中突然发现路边多了一座新寺，不由好奇，便入寺驻脚休息，并召主持谈话。他哪里知道憨璞聪和尚朝思暮想的就是这一天，不知不觉中他便落入了别人早已布好的大网之中。憨璞聪巧于辞令，又精通佛法，与顺治帝相谈甚洽，于是，顺治帝便召其入宫宣讲佛法大意。从此，佛教也打开了宫廷的大门。

顺治帝初见憨璞聪和尚时，对佛法近乎一无所知，他曾问道："如今好学佛法，从谁而传？"憨璞聪和尚答道："皇上即是金轮王转世，夙植大善根、大智慧，天然种性，故信佛法，不化而自善，不学而自明，所以天下王尊也。"一席巧舌如簧、阿谀奉承的瞎话，竟赢得了皇上的满心欢喜，从此一心钻研起佛教经典来，也就将基督教慢慢地冷落了。顺治帝之所以能够如此快地就接受了佛教，是因为自幼所遭受的心灵创伤与磨难给他造成了超乎常人的精神负担，并在一直寻求着解脱的途径，但在基督教的十字架下他寻找到了真情却并未寻找到精神的寄托。在接触到佛教之后，他才从其中得到了精神的满足，从心理上得到了一丝解脱。因而便将佛教作为一种摆脱心理痛苦的工具加以利用了。从憨璞聪那里，顺治帝了解到了佛教的一些基本知识和宗门耆旧之别，并熟知了临济宗高僧玉林通琇、茚溪森、木陈忞、玄水杲等的名字，为顺治帝进一步参学佛法打下了基础。

顺治十五年（1658）九月，顺治帝下诏请玉林通琇入宫。但这位得道的高僧似乎并不急于得见圣颜，直至第二年二月十五日才扭扭捏捏地来到了北京，使顺治帝十分不满。但高僧毕竟是高僧，很快他就使顺治帝佩服得五体投地，成为皇上的入门法师，并为皇上取法号为"行痴"。倘若说顺治帝遁入禅关，憨璞聪可为引荐者，玉林通琇是启蒙老师，而真正使他步入佛门堂奥者，却是木陈忞和尚，他法名道忞，又号山翁，晚号梦隐道人，俗姓林、名莅，广东茶阳人，二十七岁弃科举入禅，先后辗转于江西、浙江、广东、山东等处寺院。顺治十四年（1657）主持宁波天童寺，是临济宗的一位高僧，他不仅精于佛法，还擅长诗词、戏曲、书法，深得顺治帝器重，顺治帝特为其指定西苑、悯忠寺、广济寺三处"结冬"（居住过冬），伴君达九个月之久。这期间，他不仅以玄奥诡秘的说教使顺治帝醉心佛典，潜心向化于莲台之下，而且极尽阿谀奉承之能事。称顺治帝是"夙世为僧""是禅师转世为帝",将皇帝与佛法连接在一起,他甚至劝皇帝在开科取士时,"但悬一格""若有人悟得祖师禅定(禅家名句),即与他今科状元"。顺治帝对他则是推崇备至,再请他为自己取法名"慧囊",字"山臆",号"幼庵",并将字号刻成印章,凡御制丹青书画均用此钤印。顺治十七年(1660)四月,南苑德寿寺竣工,顺治帝特旨于玄灵宫宴请木陈忞,对其所作《敕建德寿寺记》一文大加赞赏,馈赠无数。两人交情日深,直至顺治帝临终前数月,还将唐人岑参《春梦诗》抄赠予已南还天童寺的木陈忞。

在封建社会中,皇帝的爱好恨恶都不能仅仅看成个人的私事问题,他的一举一动往往都超出他自身所能预料到的后果,给宫廷、朝野乃至社会以极大的影响。顺治皇帝潜心向佛、优礼释迦,对社会也产生了重大的影响,使世风为之一变,京内京外新寺迭出,香火旺盛,江浙一带的礼佛修寺之风更是蔚为大观。如果说是由于孝庄皇太后才将顺治帝拉进了基督教的大门,那么佛教却恰恰相反。在顺治帝的影响下,宫内宫外焕然一变,不仅使董鄂妃"崇敬三宝,栖心禅学",也迫使孝庄皇太后摘下胸前的十字架而膜拜释迦,并多次派近侍到万善殿,请和尚们开示参禅要领,还在自己居住的慈宁宫中设立佛堂,似乎要诚心向佛。其实,孝庄皇太后的转变并不完全因为皇帝的影响,倘若皇上的礼佛可以改变这个世上任何一个人,但绝不能改变她,因为她有特殊的地位和一个封建政治家的信仰。那么,她又为什么如此轻易抛掉十字架而栖心禅学呢?这其中还有更深刻的原因。清朝问鼎中原后,虽然在武力上征服了天下,但在思想信仰上仍与汉族人民有着强烈的冲突。因而需要寻找这样一种能为双方都接受的宗教信仰来完成思想信仰上的融合与统一。而满洲人自己的萨满教仅局限于满族人中间且比较简单原始，不易为汉族人接受。于是她就选择了基督教，却没想到这个来自异域的西方宗教并不适宜中国的文化土壤，她不得不将目光放在了中原的宗教之上。儒教虽然已为满族人所接受，但儒教与一般的宗教又有着许多不尽相同之处，有许多人还并不将它看作一种宗教，它可以"治国平天下"，却不能给予人"精神上的寄托"。因此，孝庄皇太后只能在扎根于中原的佛、道两家中选择了。恰巧就在这时，佛教的临济宗为了打击基督教，确立自己在宗教界的独尊地位，开始叩击宫廷的大门，积极向新朝靠拢，木陈忞一入京师就大肆鼓吹新朝执政的合法性，著《从周录》奚落古代的伯夷与叔齐饿死首阳山，誓不从周的气节。这是第一个明确表现出拥立新朝的政治态度的中原宗教，适应了清王朝封建统治的需要，而且孝庄皇太后自幼所信奉的蒙古喇嘛教，也是佛教的一支。因此，对于顺治帝的礼佛，她不仅不加干预，而且还积极响应，只不过顺治帝似乎对什么事都特别诚心，差点随老和尚出家去，而孝庄皇太后却嘴上有佛祖，心中无释迦，只不过将其作为一种可以利用的思想工具罢了。否则她就不会一手捧着佛经，另一只手却拿着"匕首"刺向董鄂妃了。

而本可以为新朝效命的临济宗和尚们，却由于"佛法太高"，以至于差点把皇上也勾去做和尚，这使孝庄皇太后大为不满，在顺治帝死后，也就将他们一脚踢出宫门之外，不再信任了。

在清朝的佛教界中流传着顺治帝自作的一句偈语："吾本西方一衲子，为何落入帝王家。"这是否真出于顺治帝之口，尚难证实，但这种思想在他最后几年中确实曾有过。

自从董鄂妃死后，顺治帝的精神就已完全崩溃了，万念俱灰，感到人间一切都是那样的黯然冷漠，也似乎直至此时他才参透了一切悲剧的根源所在。他整日寻死觅活，迹类癫狂，使孝庄皇太后大为惊恐，加派许多内侍近臣轮番守护，生怕这位清朝的皇帝出什么差错。皇上的生命没出任何差错，皇上的思想却出了差错，而且错得那么厉害，错得让天下臣民瞠目结舌：他要落发为僧，遁入空门。

早在顺治十七年（1660）春夏之交的一天，顺治帝召木陈忞和尚对坐讲禅。顺治帝忽然说道："朕想前身的确是僧，今每常到寺，见僧家明窗净几，辄低回不能去……朕于财宝固然不在意中，即妻孥亦觉风云聚散，没甚关情。若非皇太后一人挂念，便可随老和尚出家去。"木陈忞闻言大惊，与其说是皇太后挂念，还不如说是皇太后阻止，他知道皇帝出家将引起的严重后果。老于世故的他生怕担上"勾引皇帝出家"的罪名，慌忙劝道："出家事关因缘玄机，不可轻举妄动，菩萨们也往往变幻现身为天王、人王、神王或者宰辅，保国护民、济利众生。如果只图洁身自好而出家，即使修行几劫也不能成佛作祖。就如皇上您不现身为帝王，又怎么请来众多的和尚来兴扬法事，行此善行呢？希望皇上千万不要有出家的念头。"数月之后，董鄂妃病逝，给顺治帝以沉重的打击，他已无意独留于这悲怆伤心之地，毅然抛下万乘之尊的帝位，"度越生死之因，坚固学道之志"，斩断一头烦恼丝，且将龙袍换僧衣。以此作为自己失败的最后宣告，作为解脱痛苦、悼念死者的最佳方式，同时也是对母后淫威作最后的无情抗议。

顺治十八年（1661）十月八日，西苑万善殿内香光氤氲，法器齐鸣，一位满族青年结跏趺坐，合十诵经，任凭住持和尚茆溪森禅师手中的剃刀阵阵抖动，一缕缕青丝轻轻地飘落。这位满族青年就是身系当今天下安危的大清天子——顺治帝福临。天子的荣华至尊、祖宗的伟业丰功、安危未定的国家大业……一切的一切他都已抛到了脑后，只想"披缁山林，子身修道"，以摆脱这人世间的争权夺利、杀伐流血、明欺暗算的诸般痛苦，去寻求精神上彻底的解脱。

而此时的紫禁城内却乱作了一片，仿佛历史跟满洲的权贵们开了一个玩笑，过去是他们强迫汉族人剃发，而现在汉族的和尚却在剃着他们主子的头发。尽管封建制度从来就不会因为某个帝王发生变故而崩溃，因为封建王朝虽以帝王为最高统治者，但帝王的权势与威严是建立在等级森严、体系完备、功能健全的封建制度之上，它有一套自我应变与调节的能力，但是入主中原的第一位皇帝就要闹着出家，毕竟不是什么光彩荣耀的事情。孝庄皇太后也心如火焚，这几乎是她所遇到最狼狈、最糟糕的事情，她想得很多。且不论皇上出家是否有损于国体的尊严，就目前的形势来说，大清虽已在中原站住脚，但并不很稳。郑成功拥兵于东南一隅，大西农民军在西南也有强大的军事力量，中原抗清斗争也是此起彼伏，毫无宁日，江南抗清义士阎尔梅等人多次入京行刺，均未得逞，朝廷内部也还有众多需要完善之处，党争不息、百废待兴……而总揽朝纲的皇帝却要出家，真是是可忍，孰不可忍。更令孝庄皇太后担心的是，诸位皇子都尚年幼，再立幼子新帝，谁敢担保多尔衮的故事不会重现呢？再一次的争权夺位会不会将大清立足未稳的基业摧垮呢？历史证明孝庄皇太后的担心是有道理的，确实是远见卓识，她不愧为一名优秀的政治家。因此，她不准许清代刚刚揭开的历史篇章在佛教徒的剃刀下改写。"解铃还须系铃人"，孝庄皇太后已想出了阻止的对策。

十月中旬的一天，浙江吴兴报恩寺的住持禅师玉林通琇突然接到朝廷诏书，说顺治帝骑马外出，偶因坐骑惊蹶而有所"省悟"，将召其入京"证道"。当他风风火火地赶到京师，并未能与皇上"证道"，听到的是大弟子茆溪森为皇帝削发剃度，见到的却是早已被安排好，单等他这位主角来主持的闹剧。

宫外的一间寺院里堆满了柴薪，茆溪森双手被缚、捆绑于柴薪之间，执刑僧人手持火炬，侍立一边，而玉林通琇却端坐榻上，历数其罪愆：竟敢剃度万乘之尊的皇上，扬言必将其烧死，以赎其罪。然而火刑声势固然吓人，却始终未将火点燃，执刑僧人已等得不耐烦了，而玉林通琇却总不发出点火之令，他在等待，在焦虑地等待着……忽然，刑部传来急谕：顺治皇帝已答应蓄发还俗，速速将茆溪森和尚无罪开释。玉林通琇长长地舒了口气，一场历史闹剧也匆匆落下了帷幕。这是一场在一只无形大手操纵下的闹剧。否则皇上要"证道"不为什么大事，附近的临济宗高僧有的是，又为何单要找玉林通琇呢？因为他是皇上的入门法师，是为皇上剃度的茆溪森和尚的座师；况且，皇上剃度一事只在少数统治阶级上层中知晓，民间一无所知。远在浙江的玉林通琇更不会知晓，他刚一入京就将一切火刑用具准备完毕，岂不太快？玉林通琇虽为皇帝入门法师，但若无人撑腰，他也是决然不敢烧死为皇帝剃度，又是皇帝大师兄（顺治帝法号"行痴"，茆溪森和尚法号"行森"，同为行字辈）的茆溪森和尚的。可见，此事绝不那么简单。尽管史书上对此事讳莫如深，但仔细推究，我们不难发现，这只操纵一切的无形大手就是孝庄皇太后，在此时整个宫廷之中有能力主持大政、操纵一切的只有她，所有一切也都是她安排的，与其说是玉林通琇和尚阻止了顺治的出家，倒不如说是孝庄皇太后。尽管顺治帝勉强同意留俗，但仍然佛心未泯，自从董鄂妃死后他就一直不理国政了。大清国要的是一位治国安邦的天子，而不是一位醉心于莲台的佛徒，那样又与无君有何差别呢？留住了他的身，还要留住他的心。孝庄皇太后似乎从这次的成功中又看到了希望，决心趁热打铁，再将皇帝的"心"留住。于是，一项使皇帝"留心"的重任，又压在了玉林通琇的肩上。

西苑万善殿的方丈室内，顺治皇帝召见了玉林通琇。一个光头和尚，一个光头皇帝，乍一见面，两人相视而笑，玉林通琇笑的是皇上竟也剃了头发，而顺治帝却是因出家未遂而发出苦笑，他很想知道自己这位入门法师为什么要阻止自己出家，他当然不会想到这其中另有隐衷。甫一坐定，顺治帝顾不得寒暄，劈头便问："朕思上古，惟释迦如来舍王宫而成正觉，达摩亦舍国位而为禅祖，朕欲效之如何？"好犀利的词锋，一语中的。此时的顺治帝已非昔日，早已修炼得机锋峻烈，满腹佛典。相传释迦牟尼是古印度北部迦毗罗卫国（今尼泊尔南部）净饭王的太子，他幼时受传统的婆罗门教教育，二十九岁时有感于人世间的诸种苦恼，并对当时盛行的婆罗门教不满，毅然放弃王族生活和继承王位的机会出家修道，在菩提树下坐思四谛、十二因缘之理多年，终于大彻大悟，创立了佛教。被尊为"东土（中国）禅宗初祖"的菩提达摩据说是南天竺国香至王的三儿子，后经二十七祖般若多罗的点化，遂舍弃国位皈依佛门。约在中国南朝宋末时渡海到广州，后入河南嵩山少林寺，面壁默坐九年之久，最后破壁而修成正果。这些也是顺治帝决意要出家的主要理论依据。

顺治帝寥寥数语，却已将玉林通琇惊出了一身冷汗。他是肩负着使皇帝"留心"的使命来的。可刚一见面，皇上所谈的还是出家，而且所持依据又是他难以反驳的。但玉林通琇毕竟是二十三岁便悟道出世的著名禅师，沉吟片刻，他答道："若以世法论，皇上宜永居正位，上以安圣母之心，下以乐万民之业；若以出世法论，皇上宜永作国王帝主，外以护持诸佛正法之轮，内住一切大权菩萨智所住处。"回答得可谓十分巧妙，避开顺治帝犀利的词锋而以"世法"和"出世法"论证皇帝宜永居正位，不可轻易舍位出家。不仅表达出了以孝庄皇太后为首的满洲权贵的意图，也打动了顺治帝的心，使顺治帝"颔首称善，欣然听决"。

但玉林通琇深知皇帝性格反复无常，一旦皇上再变卦，恐怕自己很难踏上生还南方之路。于是，为了稳定龙心，他又安排了一系列的收场戏。首先授意顺治帝选派一千五百名僧众，在阜成门外的慈寿寺从其受菩萨戒，再由太监吴良辅作为皇帝出家意愿的替身祝发于悯忠寺，而且还为顺治帝安排了去五台山朝佛进香的计划，因为五台山被中国佛界拟称为释迦牟尼居住说法的灵鹫山。顺治帝的龙性佛心在玉林通琇的苦心劝诱下终于稍微安定下来。一直焦虑不安的孝庄皇太后接到消息后满心欢喜，她终于又成功地阻止了一幕宫廷丑剧的发生，维护了清朝的尊严。但她永远也不会明白这一幕幕宫廷丑剧、悲剧产生的直接根源就是她所竭力维护的封建专制制度，而她本身就是这一幕幕悲、丑剧的直接策划者，这也是她自身的一种悲哀。

就在孝庄皇太后沉浸于胜利的喜悦之中，自以为既维护了蒙古王公贵族于后宫中的独尊地位与利益，又成功地阻止了顺治帝出家，维护了大清国体威严的时候，自己的皇帝儿子永远不会再出家了，因为他已染上了可怕的天花，不久就将踏上通往天国的路，不，应该说通往极乐世界的路。看来这次，无论她使用何种计谋、何种手段，也挽留不住自己的儿子——大清皇帝了。这次却是留住心，而没有留住身。

五、染重病顺治命丧黄泉

顺治十八年（1661）正月初二日，顺治帝按照玉林通琇的安排，特命近侍太监吴良辅在悯忠寺作为替身出家为僧。悯忠寺位于宣武门西南，也就是今天的法源寺。它始建于唐贞观十九年（645），历史悠久，不失为佛教的一处圣地，寺内"梵宇崇阁，禅庐周备"，许多剃发染衣的出家仪式均在此举行。顺治帝也选择这里作为自己替身的剃度之所，特令于寺内建造戒坛，并于是日亲临寺内观看吴良辅祝发仪式。之所以选中吴良辅为皇帝的替身，不仅仅是因为他是顺治帝的近侍，还颇有弦外之音。在顺治帝为政期间，他最大的败绩就是恢复了明代的内十三衙门旧制，任用阉人掌管官中事务，使太监骤然间兴起，权倾一时，大有明末阉竖重来之势。吴良辅作为皇帝的近侍，在内监中握有重权，他曾为"交通内外官员，作弊纳贿"受过处分。顺治帝虽然沉迷佛典，执意出家，可也并未忘记自己"承天受命"的职责，毕竟他还是天下之君。因此，对于内监弊政，他也有所察觉。这次选择吴良辅为替身，一方面是对自己夙愿无法实现的一个补偿，另一方面也是为了削弱太监的势力，防止内监权力过大，酿成宦祸。可以说在最后时刻他也没有忘记自己代天牧民的人主身份，始终处于天、神、人三者的矛盾之中。这天回来以后，顺治帝就感到身体不适卧床不起，立召太医检视，却发现皇上已经染上了天花。在那时，天花是一种极为可怕的疾病，几乎无药可医，尤其成年人染上天花，就等于接到了阎王发出的死亡通知书。因此，清代的皇帝们，尤其未出过天花的，每年都要离宫避痘，迁居他地一些时日。

正月初四日，文武百官上朝奏事，突然传来皇上"圣躬违和"不能临朝的消息。正月初七日，宫内传谕："京城内，除十恶罪外，其余死罪及各项罪犯，悉行释放。"同时又下令民间"毋炒豆（豆为痘谐音）、毋燃灯、毋泼水"，这是宫中或民间家中有人出天花的习俗，于是朝廷内外以及百姓才知道皇上染上了天花，并且病势不轻。半夜子时，顺治帝病逝于养心殿，卒年二十四岁。此时，无论是皇帝、太后，还是满朝大臣最关心的就是立嗣问题。顺治皇帝又借此机会聚起最后一丝气力对他的母后进行了最后一次报复。

魏特在《汤若望传》中曾披露了这一事件。他写道：

一位继位的皇子尚未诏封，皇太后立促皇帝作这一件事体。皇帝想到了一位从兄弟，但是皇太后和亲王们的见解，都是愿意皇帝由皇子中选择一位继位者。皇帝使人问汤若望的意见，汤若望完全立于皇太后的一方面，而认为被皇太后所选择的一位太子为最合适的继位者。这样，皇帝最后受到汤若望的劝促，舍去一位年龄较长的皇子，而封一位庶出的，还不到七岁的皇子（康熙帝）为帝位之承继者。当时为促成这一个决断所提出的理由，是因为这位年龄较幼的太子，在髫龄时已经出过天花，不会再受到这种病症的伤害。而那位年龄较长的皇子，尚未曾出过天花，时时都得小心着这种很恐怖的病症。

这则史料的可信度还是很高的，但汤若望作为一名外国传教士，而且与顺治帝的关系也日渐冷淡，又如何能直接参与这一有关国体的立嗣事件，知晓一切机密呢？据载，正月初三日，顺治帝曾密召亲信大学士王熙至养心殿密谈，但这次谈话的内容，王熙至死也未敢向外界泄露只言片语，只在晚年所自撰年谱中偷偷记下此事："是日（正月初三），奉天语（皇帝之语）而论者关系重大，并前此屡有面奏，及奉谕询问密封奏折，俱不敢载。"那么，"天语"为何？"密封奏折"又在哪里？里面又载了些什么？已经无人知道。不难想象，那封"密封奏折"多半是顺治帝立嗣的密旨，那么密旨又是怎么让孝庄皇太后知道，就如《汤若望传》中所说的那样又与亲王们合力谏止呢？这一切都是谜，无人能解的谜，没有任何史料留下有关这次会面的具体记载，这也正说明其中大有文章。将前后各种零星的史料连接起来，我们是否可以做出这样的推测呢？

正月初二日，观看完祝发仪式后，刚回宫不久，顺治帝就感到身体不适，立召太医诊治，却发现自己已染上了绝症——天花。他自知不久于人世，于是，于正月初三日夜，密召亲信大臣大学士王熙入宫密谈嗣君之事，并写下"密封奏折"，抛出了他的立嗣方案：从自己的"从兄弟"中选一位为帝。当时顺治帝尚有"从兄弟"四位：辅国公叶布舒、镇国公高塞、辅国公常舒与韬塞，顺治帝选择了哪位已不得而知，但这四位"从兄弟"都有一个共同的特点：都是满籍妃嫔所生，没有一个与博尔济吉特氏有关。顺治帝并非没有子嗣，却要违背"子承父位"的祖制，传兄弟不传子嗣，其用意是十分明显的。在与孝庄皇太后的宫廷斗争中，顺治帝失去的太多了，早已与母后势成仇敌，根本没有丝毫母子情感可言了。虽然他的精神早已崩溃了，但也不会放弃任何一个复仇的机会。这次立嗣，他之所以选择一位"从兄弟"为君，一方面是想在宫廷之中排除博尔济吉特氏的血统，逐渐将她们挤出后宫，摧毁蒙古女人于后宫之中的尊贵地位，作为对母后的报复；另一方面若立自己的兄弟为帝，新帝已有独立主政的能力，可阻止后党、重臣的专权，防止自己悲剧的重演。同时，由于他们与自己的母后及皇后没有什么关系，会在她们身边培植出一批新的宫廷力量，从而削弱、打击以母后为首的蒙古后党的势力及利益，可以说是一箭双雕。然而，王熙仅是一介汉官，对这一违背封建立嗣制度的举措，王熙也大吃一惊，却没敢反驳，因为他知道皇上的固执禀性，但他在思虑着日后如何向太后交代，因为他也知道皇太后的权势与威严，更知道宫廷斗争的险恶。他怎么敢在有关国本的重大问题上有所隐讳呢？于是，他偷偷地来到了孝庄皇太后处，据实禀告了。此时的孝庄皇太后也正为嗣君的选立问题焦躁不安，不知圣意如何。她也在时时刻刻地关注着皇上的一举一动。当得知皇上召见王熙的密告后，她预感这次密议的重要，她也正在考虑如何才能从王熙的口中得知皇帝的意图，却没想到思虑再三的王熙主动登门相告了。静静地听完王熙的密告，孝庄皇太后已五脏如焚，皇帝的意图使她不寒而栗，这无异于尽夺蒙古王公于宫廷中的利益，她是无论如何也不会答应的。于是，她立刻下懿旨召诸亲王集议，并通知汤若望立刻入宫参议。

慈宁宫内，孝庄皇太后向诸位亲王和汤若望说出了皇帝的立嗣方案，立刻引起了轰动，谁也没想到皇上会违制作出这种令人费解的决定，这其中的原因当然只有孝庄皇太后才明了，但她知道顺治帝的这一举措是很难得到汉化日深的满洲权贵们的赞同的，她必须抓住他们一起推翻皇上的决议。商议了许久，终于做出了最后决定：孝庄皇太后与诸亲王一起力劝皇上改变初衷，鉴于汤若望不宜入宫与皇太后、众亲王一起劝谏，回去后由他自己去求见皇帝，见机相劝。于是，太后与诸亲王以问安为名来到了养心殿。叩安完毕，孝庄皇太后单刀直入地询问嗣君议立之事，顺治帝支吾不语，他预感到母后似乎已知晓一切。但孝庄皇太后并未点破，她说道："皇上身体欠安，立嗣大事应该早定，以安臣子之心，定国本之议。所幸皇上尚有四子，应择一立为嗣君。倘若皇上有所不测，诸亲王定会拥立你的儿子为君，誓死相辅，旁支左脉，有敢觊觎皇位者共诛之。"与其说是相劝，不如说是威胁。她刚言毕，诸亲王立刻跪倒，请求皇上速作决断，必立一皇子为嗣。重压之下，顺治帝感到独木难支，他知道此时宫内宫外都已被母后所控制、操纵，自己再坚持己见、固执反抗也是徒劳的，自己虽贵为皇帝，却已是孤家寡人了。百般无奈，顺治帝听从众议，改立"一位年龄较长的皇子"。福临共生八子，四子早年夭折，只剩下福全、常宁、隆禧、玄烨（即后来的康熙帝），俱非蒙古后妃所生。关于这位年长的皇子是谁，没有留下任何记载，很可能是福全，因为他年纪长于玄烨，母亲宁悫妃也姓董鄂，可能由于出自对爱妃的悼念，顺治帝才选择福全的。但无论这位"年龄较长的皇子"是谁，顺治帝的这一意见又遭到了孝庄皇太后的反对。蒙古后妃均未能留下子嗣，出于帝业稳定的考虑，孝庄皇太后提议让玄烨即位，因为他已出过了天花，不用再害怕这种可怕疾病的侵扰了。这无疑是一个极其正确的意见，也受到了诸位亲王的赞同。在此之前，汤若望曾来求见，但顺治帝拒绝了，可能后来顺治帝又派人去向他询问立君之事，而他所持的意见又与皇太后的意见完全一致。于是，顺治帝只好屈从，同意立玄烨为嗣君，玄烨就是后来的康熙大帝。在嗣君之争上，孝庄皇太后再一次取得了胜利，实践证明，在政治斗争中她确实是个强者。

也有人认为顺治帝的遗诏"凡三次进览，三蒙钦定"，又有王熙参与，而且遗诏通篇语气严厉，痛自苛责，颇像一纸兴师问罪的檄文，实际上就是一纸"罪己诏"，诸多内容与顺治帝的心态和语气大不相符。从而断定，孝庄皇太后与顺治帝尚未达成最终协议，顺治帝便已矢逝黄泉路上，因而出现了孝庄皇太后等人私改遗诏的事情。

正月初六夜里三鼓时分，官内一片死气沉沉。顺治皇帝感到自己的病情不断加重，预感大去之期不远矣。于是，他立刻下旨召王熙即刻进殿议事。大学士王熙也再次被引入养心殿中，但此时的顺治帝没有想到他最为亲信的大臣早已置于孝庄皇太后的控制之下，他的一切举动，太后都悉知无遗。卧榻上，顺治帝福临强撑病体，对跪于床前的王熙说道："朕患痘，势将不起，尔可详听朕言，速撰诏书，即就榻前书写。"王熙已泪流满面，泣不成声，这里有一丝真情，也有一丝虚伪与一丝苦恼。顺治帝又连忙催促道："君臣遇合，缘尽则离，尔不必如此悲痛。此何时，尚可迁延从事，致误大事？"王熙只得拭泪吞声，握笔草诏，心中却叫苦不迭。他没有想到皇上居然特令"于榻前书写"，寸步难离，倘若就这样将遗诏按皇上的意思草拟完毕盖上玉玺，那就万难更改一字，自己又如何向皇太后交代呢？遗诏刚写完首段，顺治帝就已有些支撑不住了，王熙见状忽然心生一计，他连忙奏道："臣恐圣体过劳，请皇上详细口授圣衷，臣仔细写完后再交由皇上过目。"此时的顺治帝福临已气息奄奄，很想休息一下，更无精力再去考虑王熙是否还有其他意图。顺治帝将遗诏大意说明后，王熙忙起身卷起诏书匆匆退出养心殿，不由长长地出了口气。

乾清门下西耳房内，王熙正连夜拟诏，反复修改，"凡三次进览，三蒙钦定"，直至第二天中午才算定稿。然后，遗诏交侍卫贾卜嘉捧奏皇帝，福临正于榻上更衣，而且已看了两遍，又是他最亲信的大臣所拟，所以这最后一遍很可能并未细阅，便下谕道："诏书由麻勒吉先收着。等朕更衣完毕后，麻勒吉和贾卜嘉两人捧诏去通知皇太后，并宣诸王、贝勒、大臣们。"子时，顺治帝就辞世了。从王熙初六日夜承谕拟诏到初九日清晨才在天安门外宣读，历时两天三夜；遗诏中经三次大的改动，又经王熙、麻勒吉、贾卜嘉多人之手。在这期间，孝庄皇太后等人完全有时间从容不迫地按照自己的意图修改遗诏，但究竟是从哪里入的手，又在顺治帝遗诏中增加了多少"私货"，还无法知道，尚难指实。但遗诏中开列顺治帝十四大罪状，从不敬祖宗、不孝母后、内宠逾制（指宠幸董鄂妃）、疏懒政事、昵近阉宦……到生活靡费、自恃聪明、厚己薄人……几乎一无是处，简直就是一个十恶不赦的囚徒。顺治帝身为皇帝之尊，即使真心悔"罪"，也绝不会如此奚落谩骂自己，更不会对自己诚心相爱的董鄂妃大加砭斥。相反，整篇诏书倒与孝庄皇太后的口气完全吻合，也只有她才会如此斥骂皇帝，也只有她才有这个资格。与其说这是一篇遗诏，倒不如说这是孝庄皇太后所一手炮制的"问罪檄"。看来，至死他们母子之间也从未彼此谅解、宽容过，而且那也是不可能的。孝庄皇太后在顺治帝生前所积郁的怒气都在一纸遗诏上一股脑地发泄了出来。她这么做仅仅是为了出口恶气吗？似乎并不是那么简单，而是为新皇帝敲响了警钟、祭起了戒尺，尽管他还很小。

　　顺治帝虽然死了，但悲剧似乎并未结束，作为最后的收场戏，孝庄皇太后又亲手制造了贞妃殉葬的悲剧。看来以悲剧开场只能以悲剧结束。贞妃是董鄂皇贵妃的妹妹，秉性温良，很像她的姐姐，自从董鄂妃死后，顺治帝就一度推爱于贞妃，没想到却为她招来了杀身之祸，唯一的原因就是"怀璧之罪"了。可见，孝庄皇太后对自己的儿子是多么残酷，对董鄂皇贵妃又是多么怨恨。有人说，宫廷之内毫无感情可言，此话看来不假。顺治帝的灵堂在景山寿皇殿刚刚布置完毕，贞妃的尸棺也停放在了皇帝梓宫之旁，谁都感到惊诧，又谁都不敢多问一字。

　　孝庄皇太后曾因顺治帝为董鄂妃举行盛大的葬礼而多加指责，叹为奢侈。而她不知出于什么原因，却为自己的儿子举行了一场更为盛大的葬礼，并且一直忙碌于始终。

　　正月初九日清晨，于金水桥外宣读了皇上驾崩的哀诏，而后命诸大臣各返衙门守制，二十七日内严禁回家。同时遍请僧道，做百日之期的道场，超度亡灵。四月十七日，百日之期过后，正是梓宫火化之期，皇上那巨大的梓宫连景山的大门都通不过，只好拆开东边一大段宫墙，才勉强得进。或许是为了抚慰福临的在天之灵，以弥补他那西方极乐之梦，孝庄皇太后竟同意曾亲为顺治帝剃发的茆溪森和尚来主持他的火葬仪式。在茆溪森和尚的只有顺治帝才能明白的朗朗佛家偈语声中，巨大的梓宫在烈焰中熊熊地燃烧着，是抗议，还是欣慰？谁也说不清楚。在顺治帝的丧礼期间花费至巨，所焚珍宝难以计数，"火焰俱五色"。当时人说每焚一珠，即有一声爆响，而丧礼期间常是"声如爆豆"，谓之"小丢纸"。至十七日丧期将满时，干脆以大车满载珍宝器物投之火中，谓之"大丢纸"。以致在场的达官显贵们都惊叹道："王家富丽……真大观也。"

　　仿佛就在丧礼将毕，"宫中哭声，沸天而出"的时候，孝庄皇太后在忙碌中才猛然想起死去的是自己的儿子，也是大清国的皇帝，同时还是与自己势不两立的仇敌，一丝深深的悲凉与凄苦刹那间笼罩心头，这是为什么，为什么呀？没有人能知道，也没有人能告诉她，似乎直到此时她才感受到了儿子的悲哀，也感受到了自己的凄苦。许多人"仰见皇太后黑素袍，御乾清门台基上，南面，扶石而立，哭极哀"。此时，这位"大获全胜"的母亲，内心深处又在想些什么呢？那呜咽的哭声久久在皇宫上空回荡，是在哭自己，还是哭儿子？似乎两者都有。

第六章

万世劫宦祸轮回之谜
千年恨初兴文字之狱

一、搅弄风云宦劫祸万世

在清朝的历史上，有两件事一直格外引人注目：万世之劫的宦祸在清朝的历史上似乎从未发生过；与明太祖朱元璋相比有过之而无不及的文字之狱。两者之间并没有什么必然的联系，然而却偶然般在历史上重合了，而且似乎都与我们的主人公有着一定的关系。

宦官并不是中国历史上所独有的。古代的埃及、希腊以及与中国毗邻或许多少受到中国影响的朝鲜都曾存在过与中国的宦官类似的阉割之人。然而，不知什么原因，或许是由于人性的复苏吧，这种连动物界都不曾有过的现象终于在那里绝迹了。于是，只有素有千年文明古国之称的中国却不可思议地将它保留下来，成为独有的特色。对中国人来说，却又让人永远难以理解，这是荣还是耻？

中国最著名的历史学家司马迁将人的生死荣辱分为十等："太上不辱先，其次不辱身，其次不辱理色，其次不辱辞令，其次诎体受辱，其次易服受辱，其次关木索、被箠楚受辱，其次剔毛发、婴金铁受辱，其次毁肌肤、断肢体受辱，最下腐刑，极矣。"而"净身"（即阉割）被作为最屈辱的事情。在他自己被汉武帝强迫净身后，痛不欲生地说道："诟（最耻辱之事）莫大于宫刑，刑余之人（指宦官），无所比数（当抛弃人籍）！"然而，尽管如此，中国历代的净身之人却难以胜数，无论是自愿的还是被迫的。其因何在？因为在中国古代的历史上，宦官也同样成为一种特殊的商品，有供而又有求。

阉割行为最初与部族战争有关，获胜的部族往往将俘虏阉割后作为奴隶使用，一方面可以获得他们的劳动成果以为己用，另一方面也可使自己的敌对部族永久地绝种。这不可不谓一项伟大的"发明"。当父系家长制建立后，男人至高无上的权威便被确立了。传统的生殖崇拜与中国的孝道思想相融合，使男人具有了拥有三妻四妾的权利。然而，中国农业文明中的"崇男"文化，同样使中国的男人要求自己子嗣血统的纯洁，儿子是自己的好。子嗣非自己血脉是任何中国男人都不能忍受的耻辱。于是，中国的男人们将自己的妻妾们长锁于庭院之中，与世隔绝，以免与别的男人接触，更多地让女人从事各项家务劳动。但女人那弱小的体质使她们往往难以胜任某些只有男人才能胜任的粗笨之活。于是，中国的男人们发现倘若能有一种中性的人替代他们操持一切，那将是多么好。很快他们便发现了这种被阉割后已丧失了生殖能力，甚至不可能再称作男人的"男人"。

斗转星移、岁月荏苒，不知多少年过去了。当一代代帝王君主作为中国男人最杰出的代表将天下当作他的家的时候，同时也建立了那庞大的绝不允许第二个男人插手的后宫。那更加繁杂的体力劳动和确保龙种的纯正向"刑余之人"提出了更巨大的需求。于是，宦官的数量剧增，宦官成为中国历史上的特殊需要。然而，仅靠强迫净身仍然难以满足需要，因为没有犯罪的人又怎能处以最耻辱的腐刑呢？但奇怪的是，在将阉割视为奇耻大辱的中国社会，却仍有人走上了自愿净身之路，而且越来越多。文化心理素质与社会实际的严重脱节使多少人皓首而难求其因。

在中国封建社会里，有学问的人靠学识入仕为官；有钱人拜"赵公元帅"经商成为富翁；而平头百姓，要想从社会底层爬上来，只有牺牲"性"来换取发迹之途。在贫困之人看来，吃饱肚子为上，即使发迹不起来，有皇粮吃，至少也可免做饿死之鬼。英国学者斯坦因曾这样说道，他们"其中百分之七八十的人是在幼年时双亲贫困，或者为老后有靠甘愿进宫当太监的。而那些二十岁以上想进宫当太监的人，都是憧憬过富贵、淫乐生活的人，是些怠懒的人"。未必全对，却也十分真实、形象。可见，正是中国的封建制度与传统的孝道文化才造成了中国宦官的繁荣与发展。"不孝有三，无后为大"，传统的孝道文化、崇男思想与帝王们自己的淫欲相结合，以帝王们至高无上的权力作为中介，向社会提出"需"的要求，而在封建社会中，贫富差距的悬殊使贫者愈贫，富者愈富，难以逾越的等级鸿沟，更将普通百姓排斥于统治阶层之外。王家的富丽、奢华、威严……强烈的对比反差使众多挣扎于贫困线之下的平民百姓，宁愿忍受心理上的重压，以生理上的牺牲为代价换取温饱和晋身之阶。于是，社会便向帝王们的要求作出反应，并提供了"供"的源泉。一笔交易也便如此成功了。

阉割之后的宦官，无论是在生活上还是心理上都发生了重大的变化。佘江东在《人性的畸变》一文中曾这样描绘宦官的形象：

> 真太监体态似男，但走路却两臂低垂，捆碎步，屁股一扭一扭的，说话嗲语嗲声，女里女气，颇像人在悲切时如泣如诉的呻吟，强笑让人肉麻，真笑又觉毛骨悚然。貌美的太监容貌女性化，若再胖些，再有把年纪，会满脸皱纹，四十来岁便如身着男装的老太婆。

由生理的残疾所导致的心灵的扭曲，驱使他们格外媚强凌弱，经常无缘无故地忽喜忽怒——方才怒发冲冠，转瞬雨过天晴，没事人一样。他们忌讳"老公""太监"之称呼，特别忌讳"割"字，如见尾巴被割的猫，不准明说，只许讲"如鹿尾巴的猫"。沉重的自卑心理又常常逆反出强烈的复仇欲与贪婪性，使他们常常疯狂地攫取和欺压比他们更加贫弱的男人，甚至女人。白居易笔下《卖炭翁》中的"宫使"不就正是他们真实的写照吗？

然而，令人震惊却又无法理解的是：就是这样一些宦官，却在中国封建社会中一次次掀起波澜，又是那样的浩大、那样的具有破坏性。

最早令人瞩目，以致至今令人感叹不已的宦祸可能就是春秋时最先图成霸业的齐桓公姜小白和他的宠信阉人竖刁的故事。

竖刁是姜小白最亲信的宦官。他本来不是宦官，据说是为了能贴身服侍他所敬爱的国君而自愿接受宫刑的，或许他可能就是中国自愿接受宫刑者的始祖吧。与他同时受宠的还有姜小白的一位厨师易牙和一位卫国贵族卫开方，他俩得宠的方式各不相同。

据说有一天姜小白随口说道："什么肉我都吃过，唯独没吃过人肉。"当天晚餐，易牙就为他端上了一盘蒸肉，异常的鲜美。吃罢，姜小白大加赞赏，易牙说道："这是我三岁儿子的肉，我听说忠臣不顾惜他的家人，所以奉献给国君。"卫开方则跟随姜小白十五年，却从未回过一次家。对他们的忠贞，姜小白甚为感动，更深信不疑。

当辅佐姜小白成就霸业的名相管仲病危之际，姜小白曾问道："你死之后，选何人为相呢？你以为竖刁怎样？"

管仲斩钉截铁地答道："自行宫刑之人绝不可用。"

"那么，易牙与卫开方呢？"姜小白继续问道。

管仲轻轻地摇了摇头，说道："就人性而言，没有人不爱自己超过爱别人，如果对自己的身体都忍心残害，对别人岂不更忍心下毒手？没有人不爱自己的儿女，如果对自己的儿女都下得了狠心，他对谁下不得狠心呢？没有人不爱自己的父母，如果十五年之久都不想与父母见一面，连父母都抛在脑后，对其他的人又有谁不会被抛到脑后呢？"

顿了顿，他又继续说道："我死之前，还可以防范他们。我死之后，恐怕他们会像洪水一样地溃决。大王当早除之呀！"

姜小白一生都在管仲的督劝下成就霸业，只有这次他不以为然，因为管仲说的也不一定都对呀！然而，这一切果然被管仲言中。

两年后，姜小白病重。竖刁、易牙见他已没有利用价值，决定杀掉太子姜昭，拥立姜小白另一子姜无方。于是下令禁止任何人出入寝宫。然而，三天之后姜小白依然活着。两人大怒，将所有服侍之人都逐走。又在寝宫周围砌上围墙，隔绝内外，任由姜小白饿死，直到尸体腐烂所生的蛆都多到爬出围墙之后，人们才想起这位一代霸主的死。

之后，太子姜昭逃到宋国，卫开方则拥立另一公子姜潘，其他公子也纷纷自称国君。虽然在宋国军队的护送下姜昭回国稳定了局势，但齐国的霸业也就从此告终了。

然而，中国真正的大规模宦祸却起于东汉。

东汉光武中兴，好了六七十年，就又出现了外戚专政。皇帝要依靠宦官向外戚夺权，终于促使了宦官势力的膨胀。汉和帝除窦太后集团，宦官郑众因功封剿乡侯，开宦官封侯之端。其后，十九宦官剪灭阎太后集团，立汉顺帝，十九人均封为列侯。汉桓帝联合单超、左悺、徐璜、具瑗、唐衡向梁太后集团发难，夺回朝权，五宦封侯，即东汉"五侯十常侍"之"五侯"。汉灵帝的"十常侍"更代天行威，祸乱朝政，鱼肉百姓。终于激起了官员士大夫们的不满与奋起抗争，招致历史上著名的"党锢之祸"。直至黄巾军起义、袁绍进京，宦官专权才被摧毁，东汉也名存实亡了。

东汉立国近200年，外戚、宦官轮番上场竟达约110年，其中宦官专权就约占四成以上。于是，人们警觉地发现这一特殊集团的特殊摧毁力，用尽一切方式来阻止、抑制它。而它却如一个沉重的包袱一样紧紧地压在人身上，无论如何也推不下去。

至唐代，任人们如何百般地防范它，历史却又重演，开始了中国历史上的第二次宦祸轮回。

唐太宗以古为鉴，曾明令禁止宦官参政，宦官品级不得超过三品以上。然而，他的子孙却不以为然地将这一禁例打破了。

唐玄宗宠信宦官高力士，尤其在后期迷恋上杨贵妃后，更无心于朝政，将政务都交由高力士去办。四方进奏文表，必须先呈高力士，然后进呈玄宗，小事便由高力士自决，以致玄宗常说："力士当上，我寝则稳。"于是，宦官成了玄宗权力的化身，而高力士则是这一化身的体现。而且，他更爱屋及乌，打破唐太宗立下的祖规，竟拜某太监为骠骑大将军，官至一品，而当时的宰相也不过三品。太监中授黄衣紫衣者竟不下四千人。高力士则四方培植党羽，增强私人势力。走他的门路，获将相高位者竟有十多人，获其他官职的不可胜数。以至于太子称他为"二兄"，诸王、公主称其"阿翁"，驸马辈即尊他为"阿爷"。

安史之乱中，宦官的权势更大。唐肃宗由于得到宦官李辅国的辅佐，便让他主管章奏和军符，以后又将中央禁军也交给了他。而李辅国也更嚣张，在替肃宗谋划，软禁并气死了唐玄宗后，又杀张皇后再度气死肃宗，让仰仗他的代宗即位，自己则荣升宰相，开了唐宦任相的先例。甚至明目张胆地对代宗说："大家（皇上）但居官中，万事由老奴作主。"

之后，宦官更集军、政大权于一身，外牵将帅，内治朝臣，唐代元稹就是因得罪宦官被贬官。唐文宗时，宦官仇大良专权二十余年，仅被他杀掉的宰相就有四人。"甘露之变"时，他竟报复性地带领近卫军肆杀朝臣。郑注、李训、韩约等十余朝官倾族被戮，朝中几乎为之一空。《资治通鉴》载：

> 自是，天下事皆决于北司（宦官衙门），宰相行文书而已，宦官气益盛，迫胁天子，下视宰相，陵暴朝士如草芥。

建中元年（780），宰相杨炎一改千年税制，颁行两税法，本来颇有成效，后期却被权宦们弄得"无物不税"，天怒人怨，"任是深山更深处，也应无计避征徭"。二十五年后，"二王"、刘、柳（王叔文、王伾、刘禹锡、柳宗元）等人在顺宗支持下，行永贞革新。但权宦秉政，国运何兴？半年便告夭折，继而顺宗被迫退位，被囚于禁地遇害。革新派杀的杀，贬的贬，这就是著名的"二王八司马"事件。

自安史之乱时的肃宗到唐亡时的哀帝，十四个皇帝中有十个皇帝均为宦官拥立，其中，顺宗、宪宗、敬宗、文宗又皆死于宦官之手。唐朝立国 289 年，宦官专政竟达 150 年之久，而且立、杀皇帝如同儿戏，这确实是罕见的。其实中晚唐也算人才济济，高适、岑参、韦应物、白居易、元稹、韩愈、刘禹锡、柳宗元、李商隐、杜牧、韦庄等全系进士出身，大都做过刺史以上的官。然而，在宦官当权之下使人才流向及成就异化，他们亦只好去繁荣诗坛，拨弄古文，致使他们的诗名文采远高于官声政绩。

宦祸之下，唐朝又苟延残喘了一个半世纪。建元改革、永贞革新，历次中兴的转机都被权宦所断送。似乎只有请来农民起义，才能"拨乱反正"。于是当"冲天香阵透长安，满城尽带黄金甲"的黄巢举义，改克长安时，唐代宦祸方才寿终正寝，而曾独领风骚、威服四海的一代唐朝也随之正寝了。使人不知是宦官为它陪葬，还是它本身成为宦官的陪葬品。

司马迁在《太史公自序》中将周公、孔子比作五百年方出一个的圣人君子。于是，中国的士人们往往将五百看作一个吉祥的数字，似乎那才是大道中兴之希望。而历史的嘲弄与讽刺是：唐亡后五百年，却开始了中国历史上的第三次宦祸轮回。

明朝的开国皇帝朱元璋极注重防范宦官，他大约是位先知——料定后世子孙定会陷入宦祸断送社稷。因此开国时特制铁碑，矗立于宫门，上铸十一个大字："内臣不得干预政事，预者斩！"同时立下规矩：禁止宦官任朝廷文武官职、穿戴朝臣服装；禁止与宫外官吏往来书信；禁止插手内外交涉。至严至细可谓称最。然而，在他死后五年，这一铁碑铁字便告无效了。由"靖难之役"起家的永乐皇帝，尤为重用帮他夺取皇位的宦官，将出使、统军、监军、镇守地方、监察官吏的权力统统交给了宦官。中国历史上最为著名的航海家郑和，就是此时永乐皇帝最宠信的宦官之一。

真正的宦官专权滥政却起于明英宗时的权宦王振。

明英宗九岁即位，从小就由宦官王振带大，对他感情很深。因此，在英宗即位掌权后，就将王振调入司礼监，王振成为最受宠信也最具有权势的权宦。

他勾结内外官僚，擅作威福，权倾朝野，贪污纳贿。据《廿二史札记》中载：每有官吏朝觐皇帝者，必先拜见王振。送百金只当作一般人看待，送千金才可从宫中酒足饭饱而归。那时贿赂初开，千金已为大礼。但籍没王振家产时，却有金银六十余库，美玉百盘，高六七尺以上的珊瑚树竟有二十余株。可见他贪鄙之多。可就是这样一个人，却被英宗称作"先生"、被大臣们称作"翁父"。后来，为了揽权主政，他竟然下令砸毁了朱元璋所立的十一字铁碑。

明正统十四年（1449），蒙古瓦剌部南犯大同。王振为了还乡炫耀，不顾京师防务，挑唆并挟胁英宗率军五十万亲征，杖杀阻拦大臣数人。皇帝亲征本是有关国体的大事，却被王振草率行事。结果，明军大败。在回师途经王振家乡时，他又怕兵士踩坏了他家的麦苗而下令绕远道而行，终被瓦剌首领也先率军赶上，在土木堡使明军全军覆没，英宗被俘。王振也在乱军中被怒不可遏的将领樊忠杀掉，但那已根本不能解决任何问题了。可笑的是，明英宗在被释还朝，通过"夺门之变"再度复位后，对这位将他送入虎口忍辱多年的宦官仍然念念不忘，思恋不已，并下令为他设冢立碑，歌功颂德。功何在？德何在？没有人知道。

明宪宗时，重用宦官汪直，并增设特务机构"东厂"，交由汪直督管，权势更盛。为了聚敛钱财，汪直依仗圣宠，爪牙遍布天下，四处寻衅，连王府也难幸免。他们私闯民宅搜查索贿，有不从者便酷刑逼供，甚至教唆犯人诬告富户，以便巧取豪夺，不乖的，立即奏请下狱治死，致使冤死者号啕于街闾。他权重威炽，据《明史·汪直传》载，他出门"随从甚众，公卿皆避道"。有一年，汪直巡边，各御史、主事都沿途相拜于道，就连巡抚都身着戎装前来拜谒，其场面绝不亚于皇帝出巡。以至当时不知有皇上、公卿，"但知汪太监"。

明武宗继位后，以刘瑾为首的八位宦官再操权柄，称为"八虎"。

刘瑾，陕西兴平人，本姓谈，是一个泼皮无赖。为了谋取富贵，自宫入宫服侍武宗，很快便被引为亲信并将明代的宦祸推上了一个新的台阶。他不仅总督皇城禁卫军队，并掌管内宫监、司礼监。又亲设"内行厂"，遥控东厂、西厂，监视文武百官及锦衣卫，权势彪炳天下。刘瑾用刑残酷，大搞连坐法。一家获罪，不但祸连邻里，甚至祸及河对岸住户，一听"内行厂"三字，人们就毛骨悚然，避之唯恐不及，几年内被处死的官民就达数千人之多。他滥用特权、侵夺朝权。刘瑾操纵内阁，首辅焦芳等人要亲自到刘瑾私宅处理政事。每天，朝臣奏章要先送刘宅由他决定。他将送皇上批阅的奏章放入红袋，称红本；不送的放进白袋，叫白本，退回通政司。官吏每天在他门前恭候，向他行对皇帝才行的跪拜大礼。大小官员出京或还京，必先拜见于他，然后方敢离京上任或上朝奏禀。刘瑾迫害朝臣也是出了名的，他诬告包括先帝托孤之臣刘健在内的五十名朝官为奸党，限令辞官还乡，将户部尚书韩文等数十人害得倾家荡产。著名学者、兵部主事王阳明在得罪刘瑾后被发配贵州龙场当驿丞。但刘瑾并未因此放过他，派人途中追杀。万般无奈，王阳明只好伪装投河自尽，才得以保全性命。

弄权与聚财纳贿是权宦们两个最基本的特征，刘瑾也不例外。他与王振一样每有官员朝见皇帝，必索钱财，而且更明目张胆，起价便是千金之巨，甚至高达四五千金。科道等监察官员出使回来，同样须向刘瑾纳重贿才可过关。据载，给事中周钥出使回来，淮安知府赵俊答应供给他千金以贿赂刘瑾。但周钥回京时，赵俊却反悔了。周钥百般无奈，知道无钱贿赂，回京后也没有好下场，只好于途中自刎而死……如此事迹，不胜枚举。到刘瑾败倒，籍没家产之时仅大玉带就有八十束，黄金二百五十万两，银五千多万两，其他珍宝就更难以计数了。

将明代宦祸推至顶峰的却是明熹宗时期的魏忠贤。

他与刘瑾一样，同是无赖出身。因为赌钱屡输，无以偿债，遂自阉入宫躲祸。据说魏忠贤年少时长得白净、英俊，即使阉割后也无多大变化。在宫中颇受宫女们的青睐，很快就与熹宗皇帝的乳母客氏结成"对食"（对食，是宫廷中的太监与宫女由于对正常生活的向往和对异性的需求而模仿正常夫妻所结成的不健全的夫妻关系，双方同吃同住），并由此日益接近君王，受到明熹宗的宠信，升任司礼监秉笔太监，后又兼掌东厂。

明熹宗整日躲于后宫之中，在位七年，从未视过一次朝政，以致群臣七年之久竟不知皇帝长得什么样。于是，权力便自然而然地落到了具有"批红"大权的魏忠贤手中。

在他的手中，阉党势力急剧膨胀，朝臣之中的趋炎附势之人也群起附之，以至于朝廷内外形成了"五虎""五彪""十狗""十孩儿""四十孙"等庞大的势力。"内外大权，一归忠贤"，朝臣路见魏忠贤，都要跪地叩头，高称"九千岁"。全国各地的孝子贤孙们竞相为他建生祠，入祠必须跪拜，否则有杀头之危险，更诌媚地称他"九千九百岁"。他身受三爵，位崇五等，以至"掖廷之内，知有忠贤不知有皇上；都城之内，亦知有忠贤而不知有皇上"。其威势之盛，远在刘瑾之上。

魏忠贤的种种恶行，激起朝中较为清正之士——东林党人的不满与痛责。先后有七十余官上疏弹劾，左副都御史杨涟历数魏忠贤二十四条罪状，其中主要者如下：

一、自行拟旨，擅权乱政；

二、作逐直臣，重用私党；

三、亲属滥加恩荫，小孩子也做高官；

四、东厂诬陷好人；

五、穷奢极欲、生活腐化。

然而，所有的这些奏章都没有，也不可能到达熹宗皇帝的手中，都被魏忠贤截留了。即使到了，就果真能产生什么影响吗？似乎未必，一个七年不视朝政的人又怎会去关心自己国家的兴亡呢？对他来说，及时行乐才是最为重要的。正如 18 世纪法国皇帝路易十五所说的那样，"在我死后，哪管洪水滔天"。

对于东林党人的责难，魏忠贤的回答只有一个字：杀。于是，他除握有"批红"大权可矫旨行事外，又控制厂卫特务机构，组织了一支包括一万多太监在内的宫内武装，并编造黑名单——《同志录》《点将录》，对东林党人大举镇压。万燝被廷杖致死，顾大章、左光斗等被活活用酷刑拷打而死，熊廷弼被斩首，其余被免官驱逐者甚众。魏忠贤的密探更是无孔不入，他们"打事件"——专打小报告整人，朝野内外一片白色恐怖。偶尔有人讲不满的话，即被侦知捕获，割舌头剥皮惨死。据书载：一天夜晚，四个人于密室之中饮酒。一人醉后豪兴大发大骂魏忠贤不止，另三人害怕得不敢吱声。骂声未停，隶役便闯门而入，捉去见魏忠贤，骂魏忠贤的人立即被处以磔割酷刑，被一刀刀割死。

秉权的同时，他也一样的贪贿无比。尽管在他衰败籍没之后，史书上并未载其家产之数，但他权胜于刘瑾，所收贿赂也绝不会比刘瑾少，正如赵翼在《廿二史札记》中所说的那样："权在宦官，则贿亦在宦官；权在大臣，则贿亦在大臣。此权门贿赂之往鉴也。"

当崇祯帝继位，立除魏忠贤，以图中兴。然而，在宦祸轮回下多年的大明王朝，早已被折腾得国本大亏，元气大伤了。时势相异，已非人力所能扭转。于是，尽管崇祯帝在明代历史上不失为一位有为之君，但在外患内乱的冲击下，庞大的明朝也如山峰一样坍塌了。

"才自精明志自高，生于末世运偏消"，这或许也是崇祯皇帝的感慨吧！

千年轮回之劫，宦祸在封建社会中曾困扰人们多年。多少志士仁人振臂高呼，仰天长叹，却终找不出其症结所在。"庆父不死，鲁难未已。"宦祸轮回的基因就在于封建制度本身。宦官专权本身就是君权的衍生物，是君权异态的变形，与外戚专权一样同样是君权之下的"龙御暗影"。

千年基业，只得一家独享。帝王的终身制与世袭制，使那些从马上得天下、文韬武略、历经磨砺的开国之君的子孙们，在钟鸣鼎食的生活中和近亲繁殖、遗传基因递减的情形下，早已失去他们祖先的威武之势、强悍之风。只能躲在宫中见不得世面，造成素质的恶性循环，一代不如一代。尤其幼主登基之时，根本无法理政，只好求助于母后或亲近的宦官。然而，依靠以太后为首的外戚集团，却有失去皇位的危险，因为他们与他一样太正常了。而依靠宦官，尽管也会专权，但"刑余之下"是不可能堂而皇之地登上帝王的宝座的，因为那将是天下之辱。于是，年幼而又资质钝愚的帝王则更多地投向了宦官的怀抱。或许这就是在东汉时还有外戚、宦官轮番执政，到唐、明则只有成为宦官一家天下的原因吧。

夺权本身并不可怕，只要它能真正地促进社会的发展。然而，几次宦祸又有哪一次功德无量？哪一次不是以毁掉王朝、倒退历史作为终结呢？宦官专权，其自身生理、心理的异变也使管理体制的决策程序、决策中心、运转秩序、指导原则统统异变，不可逆转地成为灾星。灾星一出，祸水难收，终只能以害民害国始，以亡己亡君亡国而终。

"这是历史的产物，是一些可怜而又可恶的人们，男性或女性的溢美之词全然安排不到这些人身上。然而，在深宫幽影里，他们却导演了一幕幕中国古代的历史悲剧……"

二、深谋远虑孝庄杜宦祸

当历史将中国这副重担承压到清朝身上的时候，或许也曾有人预想过一幕幕历史的悲剧也必将重演。然而，数百年后，人们才惊异地发现：有清一朝，同样如汉、唐、明一般强盛，一般集权如磐。但宦官干政却从未在它身上体现。即使有，也只如河汉中的点点疏星，从未掀起过波澜，于是，人们将目光投向这段历史。

在历朝历代的统治中，我们不难发现，满洲这个民族似乎具有极大的容纳力与借鉴才能。无论是政治、经济、文化，他们大多能汲取其精华，以为己用。这也正是他们何以以一个塞外民族的身份，却能在入主中原后在广大汉族人民占优势的地区享祚达二百余年之久，这不能不说是一个奇迹。

早在入关之前，以皇太极为首的满洲统治者就已经注意到明朝的腐朽与没落，并着意去探寻堂堂大明，威服海外，却因何如枯树般悄悄烂掉。同时，他似乎已发现了其中的些许奥秘。

于是，后金天聪三年（1629）十月的北京城外，曾发生了这样的故事。

两位明廷的宦官不知是在北京危急时想出逃抑或是别的什么原因，在北京城外被后金兵抓获了。众将领痛恨宦官更怕他们是奸细，因此要求立斩。然而，皇太极却意外地拒绝了，反倒以自愿毁体者多为贫困之人而加以安慰，只将他们软禁在金营幄帐之中。

入夜，当两位宦官忐忑不安，不能入睡时，却从隔壁两位后金将领含糊不清的言语中探听到了天大的机密。

"杀性正起，大汗却鸣金收兵，真……真不痛快！"一人醉声道。

"你懂什么？这……是计。大汗与袁巡抚有密约，城指日可破，你不见刚才敌营送信两人刚走吗？"

"噢，原来如此，那擒崇祯老儿岂不易如反掌了吗？"

"那当然。嘘……噤声，莫让隔壁两个奸细听去。"

但隔壁的两位宦官早已将一切听去，顿时如五雷轰顶般怔住了，袁崇焕与金兵勾结，那么皇上岂不危在旦夕吗？他们正是崇祯帝派出来打探消息的宦官，于是，他们再也坐不住了。

夜色很黑，只有一丝微弱的月光从稀疏的树枝间投下丝丝斑影。轻轻地掀开一丝帐隙，两人竟惊异地发现帐外没有金兵守候，或许是去喝酒或者去取暖了吧，这么冷的天谁又在外边待得住呢？于是，两条人影从帐篷中悄悄溜出，并迅速地消失在夜色之中。又是几条人影从树丛中钻出，那是皇太极一行，望着两位宦官远去的身影，他微微地露出了笑意。

第二天，北京城里传出消息，袁崇焕以叛国罪被捉拿下狱，而他的军队也因主帅被捉一哄而散。皇太极端坐在马上朗声大笑。一个小计，仅凭两个宦官就除去了一个劲敌，大明不能不亡呀！北京，只是一座孤城，当众将领蓄足精力，等待踏平这座城池时，深谋远虑的皇太极却潇洒地掉转马头离去，连给袁崇焕洗刷罪名的机会都没有留下。于是，当北京城里的明朝达官显贵们弹冠相庆的时候，也将袁崇焕的人头悬挂于城门之上了。一代名将就这样饱含着冤屈而去……

可见，对于宦官在明朝宫廷之中的地位与腐朽无知，皇太极是了如指掌的。否则他又何敢冒险将他们捉而又放呢？倘若他们当真探听到了后金的机密，再加上劲敌袁崇焕，他真的有必胜的把握吗？似乎未必。正是由于知道以他们的胆怯与迂腐，是不会探听，也不可能探听到什么军事机密的，倒可以将他们作为工具加以利用。于是，他成功了，是偶然，也包含着必然。而宦官则再一次向人们显示了他们是灾祸之源。

入主中原后，第三次宦祸轮回的至惨至重，更深深地惊醒了满洲贵族统治者。宦官无法废却也不可助长。于是入主中原后的清代第一位皇帝顺治帝福临便特下谕旨：

中官之设，虽自古不废，然任使失宜，遂贻祸乱。近如明朝王振、汪直、曹吉祥、刘瑾、魏忠贤等专擅威权，干预朝政，开厂缉事，枉杀无辜，出镇曲兵，流毒边境，甚至谋为不轨，陷害忠良，煽引党类，称功颂德，以致国事日非，覆败难寻，足为鉴戒。朕今裁守内宫衙门及员数，执掌法制甚明，以后但有犯法干政，窃取纳贿，嘱托内外衙门，交结满汉官员，越分擅奏外事，上言官吏贤否者，即行凌迟处死，定不姑贷。特立铁板，世世遵守。

这块铁板，更确切地说应该出自孝庄皇太后之手。因为孝庄皇太后一生极为俭朴，不事奢华，不讲排场，对明代宫廷庞大的宦官体系及宫廷开支颇为不满，更鉴于明代覆亡，对宦官是存有极大戒心的。况且，她主理后宫又对朝政具有相当的影响力，完全有理由也有能力如此而为。因此，在她主理后宫期间，不仅宦官人数大大减少，宫廷开支也大为缩减，以至于能多次将宫中节省之银拿出赈灾，这与明朝相比是不可同日而语的。而顺治帝在以后的实际行动中的表现与此铁板多有违处，所以很难说这块铁板是出于顺治帝本意，即使真是其所为，也只不过是装点门面罢了。

明代的宦官机构，极为庞大，确为历史上少见。共有二十四衙门，即十二监、四局、八司，负责帝王后妃的饮食起居及日常杂务。其中的司礼监掌管奏章机要，地位最高，历来都由皇帝的心腹宦官担任。明英宗时，由于其九岁登基，少不更事，因此太皇太后委政内阁，命大学士杨士奇等对题奏本章拟出处理意见，交由皇帝裁定，这就开创了明代的"票拟"制度。但阁臣之中只有位高权重的首辅才有票拟资格，次辅、群辅只能参议而已。皇帝在对题奏本章最后裁决后，就由司礼监的秉笔太监将处理意见用红笔批写在奏章上，称为"批红"。于是，秉笔太监便成了皇帝的代言人。当皇帝愚弱或顽劣，不愿理政时，秉笔太监便可以利用职权包揽朝政，甚至改动内阁票拟。王振就利用手中权力矫旨引荐同党、陷害政敌。以至于时人叹道："内阁的票拟，不得不决于内监的批红，而相权也就转归到寺人（即宦官）手中了。"可以说票拟与批红制度正是明代宦官专权的突破口。因此，清朝有鉴于此，废除了票拟与批红之制，同时将宦官衙门由明代的二十四个缩减为十三个，并将人员也大大地裁减，更与明太祖朱元璋如出一辙，御制铁板立于宫城之内，作为对子孙的告诫和对宦官的一种威慑。

然而，最先违反这一禁例的却是亲手颁谕它的顺治皇帝福临。

在满族的社会中，仍然是一夫多妻制。但由于经济生活等各种条件的限制，也只能拥有数妻，最多也就十几个，就是"汗"也并不例外。努尔哈赤只有十六个妃子；皇太极时由于改元称帝，妃子略有增多，仅为他生过子嗣的就有十五个。但与中国传统的三宫六院七十二嫔妃的宫廷制度相比妃子数量依然是很少的，更何况中国历代的皇帝真正的后妃又何止这些呢？因此，入关之后，清统治者也将一种简朴的婚姻方式带入了中原，这也是清初宫廷开支、宦官宫女数量急剧下降的一个重要原因。

在顺治帝长大后，也如同历代君王一样，对享乐与女色感起兴趣来，一度沉迷于奢侈的享受之中。年轻时候的他，虽然聪颖，却很顽劣，更是风流偶傥，沉迷于女色之中。开始时钟情于孔四贞，但仍然寻花问柳，只有在后来将董鄂妃夺入宫中后，似乎才有些收敛。但作为一个皇帝，他自己当然不能公然寻花问柳，纵欲享乐。这需要一个中介：宦官。于是，在宦官的引导下，顺治帝开始挥霍与追求女色，这似乎是历代君王的一个通病。也正是在他纵欲享乐的过程中，宦官渐渐被宠信，从而也使宦官的势力一度膨胀，其首就是他的宠宦吴良辅。

史书中关于吴良辅的记述不多，但从另一个人物刘正宗的身上我们似乎能略窥一二。

刘正宗，是明朝崇祯年间的进士，后又历仕南明政权中的福王政权。顺治二年（1645），其归顺清朝，以文名而任国史院编修，后又授秘书院学士。顺治十四年（1657），却如跃龙门般升任兵部侍郎、弘文院大学士。不久之后，顺治帝又以其清正耿介为名，加太子太保衔，出任六部之首吏部尚书。当时御史杨义、姜图海，给事中周曾发相继上奏弹劾他昏庸衰老，背公徇私，而顺治帝却置若罔闻。

不久，给事中朱徽再次上奏弹劾刘正宗不经过会推，也不上奏就私自任命许宸做通政司参议，其实是暗指他卖官鬻爵。

刘正宗知晓后，立刻以疏忽为由上奏请求罚俸。如此关系重大的事，顺治帝却连查也不查，还特意授恩诏免其自请罚俸的惩罚。并在顺治十五年（1658），晋其为文华殿大学士……

一个明朝降官，又是汉人，为什么如此受到顺治帝的信托，一再委以重任，并对多人的弹劾置之不理，甚至对有关吏治清廉、关系国本的卖官鬻爵事件，也仅凭一句"疏忽"便不加追查……一切都如此令人费解。然而，当我们将目光转向刘正宗与吴良辅之间的关系时，一切就不难理解了，因为吴良辅就是刘正宗的靠山。

顺治帝虽然裁减明代宫廷二十四衙门，但并未将其取消，而只是缩减到十三个，一切机构职能几乎全都承袭明制，只不过略微缩小罢了。宫内的一切事务也都由宦官自己来掌管处置，司礼监仍为最尊，仍然最接近权力的中心，司礼太监吴良辅在宫中也如明代的权宦一样在皇帝的宠信下威势不减。

当吴良辅与刘正宗相识之后，一个是明末遗阉，一个是明季遗臣，都谙熟明末官场中各种溜须拍马、专权纳贿的勾当。二人臭味相投，很快便联结在一起，互相称兄道弟。他们利用手中的权力结党营私、卖官鬻爵，朱徽弹劾刘正宗卖官给许宸即是一例。而且，在吴良辅的作用下，刘正宗很快就被提升起来，并任人百扳不倒。虽然他们的威势与劣行与明末权宦无法相比，却显露了宦祸的萌芽。

孝庄皇太后对他们的种种劣迹多有耳闻，对吴良辅的日益嚣张也日渐担心。但由于此时的她与儿子的关系已势如水火，无论她有多大的威势，一个在皇权庇护下的阴影也是不容易轻易去除的。

"一人飞升，仙及鸡犬"，吴良辅的受宠，同样也使宦官在官中的势力大增，再加上他们主管宫廷中的各种事务，一应用具消费均由他们做主，更擅威作福。虽然对如孝庄太后及皇后她们从未敢有越矩之处，但更多的普通妃嫔往往不得不屈服于他们的淫威之下。就连顺治帝最宠爱的董鄂皇贵妃也不例外。

董鄂妃本是顺治帝弟弟襄亲王博穆博果尔的妻子，却被顺治帝抢入了宫中。也正因为如此，才使孝庄太后与顺治帝母子之间的关系更加恶化。因此，入宫之后，董鄂妃承受着三方面的压力：太后、朝臣，还有一个就是宦官。因为宦官虽然地位不高，却是宫中联系的纽带，倘若遭到宦官的厌恶，在皇太后和皇后中挑拨她与她们的关系，就更如火上浇油一般，而自己的处境也就更尴尬。于是，对于顺治帝的赏赐，她分文不留，全都散给了宫女宦官，而每当宫女宦官犯错触怒圣颜时，她往往为他们辩护，并苦苦求情。有人说，这正表明董鄂妃的宽厚温和。或许有，但同时不也正说明宦官在清初的宫廷已不是一股极其简单的势力了吗？它正在向着一种异化的倾向发展。

爱情的力量是无穷的。尽管对于众多的帝王来说，很难谈到爱情两字，但顺治帝似乎是个例外。董鄂妃入宫之后，顺治帝便如同变了一个人一样，不再像以前那样风流，他在董鄂妃的敦劝下，又将精力投入到了治国理政之上。当皇权返归本位的时候，作为皇权异化物的宦权便很难再有生存的空间。于是，当顺治帝再度真正视政之后，他猛然发现自己似乎是被蒙蔽了。作为帝王的责任感使他不得不重新审视过去的一切，从而惊异地发现自己最亲信的宦官却在干着足以使他无颜去见祖宗的勾当。

顺治十六年（1659），顺治帝下旨痛责刘正宗舞权擅政，"廷议辄以己意为是"。众御史也借机纷纷上奏章弹劾他结党营私、贪墨纳贿，甚至有谋逆之心。当刘正宗上疏辩解时，顺治帝终于忍无可忍地将他再次痛责，并籍没家产之半。外援的失去使吴良辅势单力孤，尽管顺治帝对他仍很宽容，未加责罚，但已不似以前那样宠信了，因此，失去皇权庇护的阉党势力渐渐低落下去。

董鄂妃去世后，顺治帝痛不欲生，根本无心朝政，一心只顾礼佛念经，使阉党势力又蠢蠢欲动。但这次并不那么幸运，顺治帝在出家未遂后，以帝王那尚存的一丝责任感，将吴良辅作为自己的替身，剃掉青丝送进了寺院之中。

顺治帝去世后，康熙帝继任，孝庄太后也从与儿子的争斗中解脱出来。尽管吴良辅已被送入了寺院之中，但孝庄太后所做的第一件事就是下令立刻将他处死。这一方面是因为儿子已死，又何须什么替身留于世上呢？另一方面则是孝庄太后对他已厌恶之极，更为了斩草除根。同时，以一个政治家的敏锐，孝庄太后精准地发现，宦官势力的膨胀并不仅仅在于皇权的庇护，还在于其自身在宫中就握有一定的权力。内监十三衙门，是宦官干政的晋身之途。于是，她果断下令撤销内监十三衙门，而设立内务府，专门管理宫廷事务，其长官总管大臣由满族贵族王公担任。宫权的外移使宦官失去了专权的基石，这可能也是孝庄太后首创吧。

顺治帝所颁谕的特旨铁板，他自己虽未尽然执行，但它的效果在清王朝二百余年的历史上得以实现了。这固然是因为清朝的历代皇帝都很有能力，使宦官无可乘之机。但同时，孝庄皇太后在制度上所作出的重大变革，也同样是一个重要的原因。

三、禁锢思想文字酿悲剧

文字之狱，是明清史上普遍却又独有的特征。我们的主人公孝庄文太后就是这一现象的见证人，甚至与之有着密切的关系。

关于文字的发明，中国历史上同样有着古老的传说。据说在中国古代最古老也最著名的一位君主姬轩辕，也就是黄帝统治的时候，他手下的一位大臣仓颉因为看到鸟兽走过后留下来的爪印和蹄印而产生灵感，从而创造了中国特有的直到 20 世纪仍在使用，而且日本、韩国也在使用的方块字，也称汉字。然而就在他造字的当天，天上就像落雨般地落下粮食，入夜之后，还听到鬼神在哭泣，因为文字的出现将把人类带进一个更复杂和更难生存的世界。

鬼神之所以哭泣，大概是眼看着人类从此将会日增烦恼而悲从中来，但上天为什么要落下粮食，直到今天我们也无法知道。

当仓颉造字的时候，他或许不会想到文字将会给人类带来多大的灾难、怎样的灾难。然而，历史被那传说言中了。一定程度上，文字带来了灾难，甚至文字本身（不包括文字所蕴含的内容）也成为了一种灾难。但罪不在仓颉。

当一个统一的政权在中国大地上兴起的时候，统治者首先便想方设法将思想与文化纳入到这同一的轨道中来。于是，当这种文字的延伸——思想和文化与政权发生偏差的时候，就不可避免地成为了一种罪过与灾难，受到那强大政权的猛烈的冲击。失败者往往是"文字"，而永恒者也往往是"文字"。公元前221年，一个庞大的秦朝在中原大地上崛起，随之而来的就是那"文字"的灾难。"焚书坑儒"使中国积聚千年的文化——文字的综合几乎毁灭殆尽，在政治与文化的碰撞中，文化失败了。如果秦代的"焚书坑儒"还不能算作真正意义的"文字之灾"的话，那么，真正的文字的灾难则开始于明清时期。

明太祖朱元璋是一个从社会最底层爬上来的皇帝。为了活命，他年轻时曾在皇觉寺当过和尚，曾经做过小偷，后来又参加了元末农民起义军，被元政府称为乱臣贼子，因此，在他登上帝位之后，不知是由于做贼心虚还是深感耻辱，对于他的这段往事避讳颇深。以至于听到别人说"亮了"，他就肯定说者是在讽刺自己的秃头，因而恼羞成怒，对说者大加杀戮，开了"文字狱"的先河，致使在明代，"文字狱"已成为昭狱的一种，它的特征是：在至高无上的皇权下，罪状由当权人物对文字的歪曲解释而起，证据也由当权人物对文字的歪曲解释而成。一个单字或一个句子，一旦被认为诽谤皇上、讽喻朝廷，那就成为一种刑责。于是，知识分子在被"诬以谋反"的老套路之外，又多出一种新的纯属起于文字的灾难。

浙江府学教授林元亮，奏章上有"作则垂宪"；北平府学教授赵伯彦，奏章上有"仪则天下"；桂林府学教授蒋质，奏章上有"建中重则"。他们的结果都是相同的：处斩。原因也很简单，尽管他们奏章中的"则"本是法则或标准的意思，然而，中国是如此的广阔，那文字千奇百怪的发音终将他们推上了断头台。在江南方言中，"则"与"贼"同音，朱元璋便以为这显然是讥讽自己曾做过小偷的往事而恼羞成怒。于是，人们不禁感叹起来：倘若仓颉造字之时也造出一种四海皆准的标准发音，似乎就不会有这种灾难发生了。

尉氏县学的教授许元，在奏章上写上了"体乾法坤，藻饰太平"之句。这是早在一千年前连朱元璋都不知道在哪儿的时候就流传着的一句古文，似乎与千年后的皇帝并无什么干系，然而，奏章送上后，他再次发怒了。

"'法坤'与'发髡'同音，发髡是剃光了头，这是讽刺我当过和尚。藻饰与'早失'同音，显然要我早失太平。杀！"于是，又一颗人头摆在了文字的祭坛上。

然而，最令人哭笑不得的却是释来复的故事。

朱元璋崇信佛教，对印度高僧释来复礼敬有加。释来复告辞回国时，行前写了一首谢恩诗，诗中有两句："殊域及自惭，无德颂陶唐。"意思是那么的明显：他生在异国（殊域），自惭不生在中国，因此觉得自己还没有资格歌颂堂堂大明的皇帝。但在朱元璋的眼里，一切都是另外一回事。

"殊，明明指我是'歹朱'。无德，显然指我没有品德（因为他曾做过贼）。"

处于云山雾海之中的释来复尚未从大明皇帝的恩宠中摆脱出来，便骤然间由座上宾变为了阶下之囚，斩之即弃于市。我们不知道中国的拆字游戏起于何时，是否由明朝始，即使不是，朱元璋也绝对是一个拆字的高手，因为他每拆一个字都是那么的高、狠、酷，每拆一个字都是一片血光。真可谓"案上一点墨，民间千滴血"。

其实，明代的"文字狱"除了朱元璋自身的原因外，也如秦始皇"焚书坑儒"一样，是一种强化统治的手段。在封建统治高度集权之下，同样也需要对文化进行调节、干预，将其有效地纳入封建统治中来。因为文化是人们思想的导向，当文化与政治相偏离的时候，人们的思想也往往随之偏离，而思想的偏离又往往导致人们对政权的不满与厌恶，乃至成为政权统治的巨大隐患。对于文化在人们社会生活中的重大作用，马克思曾有过论述并将人类世界分为物质的与精神的两种。而中国的封建帝王早在几千年前就认识到这一点，并无时无刻不在想方设法将其扭变为政治的附属物。于是，这成为中国的荣耀，因为它确实使中国具有了其他任何地方都没有的完备、成熟、巩固、强盛的封建制度，也曾在历史上闪现过耀眼的光辉；但同时也成为中国的悲哀，因为文化对于政治的长期从属，也使中国的文化日益走向僵化、繁琐、保守，成为近代中国落后并缺少开拓精神的一个基因。这是封建制度的产物，也是它自身所不能解除的痼疾。

落后的满洲民族由于对中原先进文化的向往与追求，使他们对中国的文化慷而慨之地接纳，竭尽全力地招纳封建士大夫们。但是，不久后他们发现：并不是所有的文化都适合于他们统治的需要，也不是所有的封建士大夫都愿为他们所用。

清王朝入关后，尽管为崇祯帝发丧，口口声声"为尔等复君父仇"，尽力拉拢汉族地主阶级知识分子，但仍有不少的汉族地主官僚士大夫和广大人民群众站在一起，进行着不同程度的抵抗。乃至于在清朝统治已在中原站稳脚跟后，仍然有不少汉族地主士大夫在思想上坚持反清立场，继续对清政权采取不合作的态度。正如《清史稿》中所说那样：

> 天命既定，遗臣逸士，犹不惜九死一生，以图再造。及事不成，虽浮海入山，而回天之志，终不少衰，……呼号奔走，逐坠日以终其身，至老死不变，何其壮欤！

顾炎武，这位明末清初的著名思想家，在明朝时参加江南士大夫们组成的"复社"，同宦官权贵进行过斗争。但他始终是大明王朝的忠实子民。清军南下时，他又与同乡文学家归庄在故乡江苏昆山起兵抗清。失败后，又参加南明唐王政权在兵部任职。然而，历史的车轮是无法阻止的。不久之后，他不得不策马游遍中原，一边四处考察民俗风情，一边混迹天涯。清政府慕于他的文名，多次延请他助修《明史》，他拒绝了，宁效伯夷叔齐，采薇山中终身不仕。晚年定居陕西华阴，笃志经史，终了一生。著有《日知录》等书。他的思想极为进步，反对君主专制，主张限制君权，实行"众治"，更提出"天下兴亡，匹夫有责"。然而，在他看来，天下只能是汉家朱明的天下，少数民族是没有资格问津的。但历史与他相背了。于是在之后他也没有为"天下"尽到匹夫之责，倒将"反清复明"的种子撒播下来。

王夫之，一位与顾炎武同样著名的思想家，也与顾炎武有着几乎一样的经历。年轻时，他曾在岳麓书院组织"行社""匡社"，在阉党充斥的明末初期"匡时救国"。张献忠在攻陷他的故乡湖南衡阳时邀他参加起义军，他拒绝了。李自成攻入北京，他悲痛不已，作《悲愤诗》哀悼。清军入关后，王夫之起兵衡阳，阻清兵南下，兵败后投入南明桂王政权之中，由于与桂王政权中的实权人物王化澄产生矛盾被迫投奔抗清将领瞿式耜。在瞿式耜殉节之后，他决意屏迹幽居，对清廷的剃发令拒不执行，变更姓名，浪迹于荒山野岭之中。直到南明灭亡，他那复明的最后一丝希望也破灭了，但他复明的思想从未停息过。

黄宗羲，明末清初最著名的思想家、史学家。他的父亲黄尊素是东林党人，被魏忠贤害死于狱中。十九岁的他英武善斗，袖长锥入京诉冤，锥杀阉党数人。南明鲁王监国时，他起兵响应，纠集乡里青年，抗击清兵。在清军占领浙江后，他奉母乡居，闭门著述。之后，康熙帝多次征召，他如顾炎武一样拒而不仕。

这就是明末清初最著名的三大思想家。从他们的生平中，我们不难看出他们的共同之处：在明末，都反对阉竖，忧国忧民，但无一例外都是朱明王朝的忠实子民，颇有民族气节却又略带些愚性。对于清朝的入关，他们都无法理解，也无法接受，是坚定而又坚强的抗清战士，有着共同的"反清复明"的思想。于是，以他们为首的一批汉族地主阶级知识分子始终抱着"反清复明"的幻想与清政权展开了斗争。尤其在江南地区，由于东林、复社的流风遗韵的存在与影响，封建士大夫们所引领的抗清斗争，一直持续不断，甚至成为清王朝统一中国的一个最严重的障碍。以至于清朝统治者对归顺的江南士大夫也并不那么信任，这也是在以冯铨为首的北党和以陈名夏为首的南党在清廷展开的党争中北党得以获胜的原因。可见，在清初，广大汉族人民的反清斗争始终是清政府的一个心腹之患，给清政府以极大的压力。即使在局势日渐稳固后，这种反清遗风与复明的思想也深深地困扰着清统治者。

政权的稳固与集中，必须要求文化的同一与正位。因此，清朝统治者一方面汲取儒家文化中可为己用的部分进行文化的正位；另一方面，对于那些反清复明、不为君用的知识分子与思想，则如除"当门之芳兰"一样，坚决地除掉。于是，他们从明朝的历史中取得借鉴并寻求到一种能有效防止思想文化异向的手段——文字狱。中国的历史又开始了一个文化上的悲怆时期。它在清代的开端与执行却源于孝庄文太后。

顺治十七年（1660），顺治帝最宠爱的董鄂妃病重，多情的顺治帝身心焦虑。朝政，早已无心去管了。不久之后，董鄂妃去世，悲痛欲绝的福临只沉浸于对亡妃的哀悼之中，一连数月不朝。就在这一年，却发生了一件对后世颇有影响的事件。

不知是由于什么原因，都御史魏裔介上奏章弹劾刘正宗，说他曾写了一本诗集，由他的密友张缙彦作序，序中有"将明之才"之句，不知何意。而且刘正宗的弟弟刘正学原本是郑成功手下的总兵，归顺后刘正宗竟然嘱咐巡抚耿焞将他跃升为中军官，其意难明。因此请求皇上立断以断祸萌。然而，此时皇上却无心去参管什么朝政了，而且，理政之权实际上已由孝庄皇太后代行。对于刘正宗与吴良辅的结党营私，孝庄太后早已看不顺眼，而现在恰是一个除去祸端的机会。于是，她立即着人追查：一切属实。而且张缙彦还编刻了一本《无声戏》，自称"不死英雄"，其意难解，似有隐含。孝庄太后随即又召诸王大臣廷议，早对刘正宗的跋扈不满却又在顺治帝的压抑下不敢声言的王公大臣们终于在皇太后的主持下议定将两人论斩。但是，一切上谕的颁行都必须得到皇帝的允许。当议处决定摆在顺治帝面前的时候，他无法接受。虽然对刘正宗与吴良辅的劣行他也有所察觉，也正在想办法恰当处置，但突然杀掉一个自己信任多年的大臣，从感情上他是不能接受的，况且罪名也只是凭几句诗句臆测的，毫无根据。然而，在母后与诸王大臣的威压下，他不得不做出让步，采取了一种折中的方式：刘正宗罪本当死，体圣意从宽，夺官籍没家产之半；张缙彦也本当论斩，姑且从宽，籍没家产，流徙宁古塔戍边。

这就是清代历史上第一桩"文字狱"，尽管这其中还包含着许多政治的因素，但这种"臆测"的方式却与朱元璋同出一辙，开了清代文字狱的先河，而且一发不可收。这在孝庄文太后在世的时候曾一连发生了数起。其中影响最大的就是"《明史》案"。

朱国桢，是明末熹宗朝的大学士，著有《明史》一书。顺治年间，朱国桢死后家道中落，他的家人便把他的稿本以千金卖给富商庄廷鑨。不知是为了沽名钓誉，还是被书中的反清思想所吸引，庄廷鑨在将崇祯朝的史实补叙上后，就改用自己的名字出版了。书中在谈到天命、崇德年间的史实时，均不用后金年号；相反在叙及南明故事时，却将唐王、桂王的年号大书特书。更将孔有德、耿精忠等称为"反叛"……不知是有意还是无意。这便导致了灾祸接踵而来。

康熙元年（1662），本已卸任的原浙江归化县知县吴之荣告发庄廷鑨所刻《明史》中对朝廷多有不敬之处。于是，杀戮顿起。对已死的庄廷鑨，剖棺戮尸。他弟弟、为该书作序之人、书商、刻字工人，甚至稍有关系的江楚名士，一律处斩，家属发配黑龙江为奴。

此时，康熙帝年幼，此事不会与他有关系。但辅政四大臣及其核心孝庄太皇太后呢？似乎他们才是这场杀戮的真正主使者。之后，孝庄太后去世前，康熙朝也发生了数次文字狱，但规模都不大，如"黄培逆诗案""沈天甫案"等。但从康熙末年起，文字狱则更加兴盛起来，也更加吹毛求疵，不仅次数多、牵扯面广，而且规模大、处罚严，就连朱元璋在世也会汗颜不已的。

在明朝，文字狱不只是统治阶级内部的勾心斗角、争权夺利，同时也是封建统治阶级用以打击封建知识分子反对派的工具。但满洲作为少数民族而入主中原，除阶级矛盾外不可避免地激起了民族矛盾，从而使它的文字狱与明相比又多了一层民族色彩，成为清统治者用来镇压地主阶级知识分子，杜绝反清思想的一种手段。一定程度上，它成功了，如朱元璋一样巩固了那高度集中的政权。但同时，也将中国的文化逼入了一个更狭小的胡同之中。

自从董仲舒提出"罢黜百家、独尊儒术"并被汉武帝所接受后，中华民族的知识分子便被局限于儒家学派狭小的范围之中。文字狱的兴起，使在这狭小的范围内，对史学、文学以及儒家经典的评论阐扬都受到了不可测的咒语禁制。于是，中国的知识分子只有两条路可走：一条是更埋头于传统的八股文、科举之中，使本已僵愚的文化更加僵愚；另一条则是扎头于故纸堆中，专心一意地从事考据工作，不需要想象力，也不需要理解力，成为一个工匠，而不是思想家。中国古代的思想家也便从此绝迹了。这也成为中国古代的悲剧。然而，这一悲剧又归罪于谁呢？朱元璋还是孝庄文太后？似乎都不那么恰当。尽管他们是始作俑者，又是执行者，难辞其咎，但真正的根源又真的只在于他们身上吗？没有人能回答，只留下那沉痛的思索让中国人自己去研究。

历史的讽喻是：当中国人在文字狱的驱使下战战兢兢，或者沉溺于那"乾嘉考据学派"的辉煌时，西方世界却已开始了一个崭新的理性时代。

当仓颉的在天之灵看到这文字的灾难、文字的血光、文字的悲剧的时候，他是否也会如鬼神般哭泣呢？

第七章

除鳌拜太后再肇丕基
定四方重塑伟岸之君

一、幼主初立四大臣辅政

顺治十八年（1661）正月，顺治皇帝驾崩后，按照先办喜事后办丧事的原则，年仅八岁的玄烨在皇祖母孝庄太皇太后的主持下，即皇帝位，颁诏大赦天下，改明年为康熙元年（1662），这就是历史上著名的康熙大帝，与他父亲即位时相比，他仅年长了两岁，也还是一个诸事不懂的孩子。

康熙帝生母佟妃佟佳氏，是清代开国功臣辽东汉人佟养真之后，其父佟图赖，隶汉军正蓝旗，在太宗、世祖两朝屡立战功，历任多职，晋封为三等子。康熙帝即位后，追赠其为一等公，并诏令母后一旗由佟氏改为佟佳氏，由汉军旗抬入满洲镶黄旗中。佟佳氏入官是在顺治帝与孝庄皇太后为废除皇后正闹得不可开交，斗争日趋白热化的时候。不知是出于缓和满汉矛盾，安抚汉军，还是作为自己对皇帝妥协的表示，孝庄皇太后将她作为一个小小的礼物送给了顺治皇帝。但积郁已久的误解所产生出的逆反心理，使顺治皇帝将对母后的怨恨也迁于佟妃，因此尽管她为他生下了皇子，却依然受到冷遇。乃至佟妃之父乞休、去世时，顺治帝都极为冷淡轻视，仅给予了一般大臣的待遇，并对自己的皇三子玄烨也了无亲情，早早地就以避痘为名让他出官别居。而当"爱妻"董鄂皇贵妃所生的皇四子刚一降生，他便欣喜若狂，毅然向太后、群臣宣布这乃是"朕第一子"，大有立他为嗣之意。老天对这位皇四子并不垂怜，他很快就夭折了。而别居官外的皇三子玄烨却出了痘，具有了终身的免疫力。

据说，顺治十一年（1654）春，佟妃到孝庄皇太后处请安。将出之时，皇太后似乎看到她的"衣裾有光若龙绕"，喜而问之，方知有孕。皇太后对近侍说："我怀皇帝时，实有此祥，今妃也有，生子必膺大福。"果真如此吗？很显然，这只不过是后来那些趋炎附势之辈绞尽脑汁所构画出的人间神话罢了。但也有些人不以为然，以为孝庄皇太后可能说过此话，但不是在佟妃怀孕之时，而是在与顺治帝的嗣君之争中，也并非没有这种可能。鉴于顺治帝的六位博尔济吉特氏蒙古后妃均无所出，孝庄皇太后只好不得已而求其次，在四位皇子中选择自己中意的嗣君。玄烨的母亲佟妃是由自己选送入宫的，一直站在自己一边，他日为太后，也不会威胁到自己的利益，而且这位年幼的孙子从小就与自己的感情很好，也深受自己的喜爱，年仅五岁就杂诸王之列入宫站班，常在自己的扶掖下进退于群臣之间。正是从这位稚童的身上她才体会到了从儿子身上不曾体会到的亲情，享受到了从儿子身上从未享受到的天伦之乐。更为重要的是，在同样年幼的四位皇子中只有他出了痘，因此，她极力维护这位皇三子，并散布有关他的种种"祥兆"。并在与儿子的嗣君之争中推翻儿子立"从兄弟"的决议，坚持立玄烨为君。也正是在她的扶持下，康熙帝才登上了大清皇帝的宝座，成为一代伟岸之君，这其中从拥立到亲政、成熟，无一不是孝庄太皇太后的心血与功绩。康熙帝即位后，孝庄太皇太后一方面紧锣密鼓地操持着儿子的葬礼，另一方面则以皇帝的名义下旨处死了顺治帝出家礼佛的替身——太监吴良辅。孝庄太皇太后此举，不知是出于报复，还是出于抚慰？是为了使顺治帝的亡灵无可寄托，还是为了使他能够安心奔赴西方极乐世界？没有人知道。孝庄太皇太后也不想留下有关皇帝出家这一有辱国体的任何印记，甚至是在表面上。

此时的孝庄太皇太后，历尽沧桑，立国安本，已成为整个清朝封建统治集团中德高望重、一言九鼎的人物。因此，这一年，安徽桐城的秀才周南千里迢迢来到北京，上书朝廷。鉴于皇上年幼，未能理政，建议请孝庄太皇太后"垂帘听政"。垂帘之制，在中国历史上古而有之，宋朝的皇帝年幼即位者，难于亲政，多由母后于殿上垂帘听政，决议大计。但这种做法，倘若垂帘的母后能力不够，难撑大局，极易造成外戚专权，甚至夺权篡位。因为权力的诱惑是无法估量的，尤其在一人独尊的封建社会中。一旦这种诱惑超越了亲情，那么她们的父兄们就会想方设法取而代之，要么执柄天下，要么夺立为君，结果往往都是如此。东汉王莽、隋文帝杨坚不都是外戚夺权吗？但这些危害，对于孝庄太皇太后来说并不存在。因为她不是个平凡的女人，而是一位出色的政治家，她完全有能力担当此重任。而且她是蒙古科尔沁部女子，父母兄弟都远在蒙古草原，朝廷中除了自己多年来在无数政治斗争中所树立起的威信，她没有任何亲人，更谈不上外戚专权了。因此，当此议提出后，朝中大臣也多有赞同者。倘若此时孝庄太皇太后接受此议，前有古制可循，后有众臣相赞，是不难成功的。事实上，她却坚决地拒绝了。因为她不是一个喜好擅权专政的女人，权力对她并没有太大的诱惑力，可以说她是在不知不觉中被历史卷入了政治之中，并且无法自拔。尽管她所做的一切都是为了维持我们现在看来落后而又野蛮的封建制度，但在那时她的所作所为却无疑推动了历史的进步；尽管她制造了许多悲剧，自己也成为悲剧中的角色，但在那个悲剧的年代中我们又何必过于苛求她呢？而且毕竟她是个女人，在那个男尊女卑的封建时代，一个女人无论能力多么强，地位多么尊崇，最终都摆脱不了做女人的命运。女子干政秉权，在那个时代尽管也可找到古制可稽，但并不是名正言顺，合乎封建礼制的。这就使得孝庄太皇太后不愿冒天下之大不韪。同时，对于新帝登基后的政治权力的行使，孝庄太皇太后早已与顺治帝一起做了妥善安排。

　　鉴于康熙帝年幼，自己身为女流不宜干预朝政，至少在表面上不适宜，于是，孝庄皇太后向顺治帝建议实行大臣辅政制度来解决这一矛盾。由皇帝挑选四位忠诚可靠的重臣委以重任，让他们佐理政务。"凡欲奏事，共同启奏"，一切政事都须共同协商，这就使四大臣之间彼此牵制，难以独断专行。商议结果必须经过太皇太后和皇帝的许可后，才可以谕旨的名义发布天下，使最终决策权仍掌握于宫廷之中。而且，鉴于睿王故事，辅政大臣的人选，也没有依照旧制由宗室诸王担任，而是选用上三旗异姓重臣，这就可能避免宗室诸王倚仗辈分权势轻慢幼主导致的多尔衮擅权悲剧的重演。虽然孝庄皇太后与顺治帝在宫闱之争中已势成水火，但在重大政治举措上，顺治帝还是相信母后的能力与眼光。他可以无视母子之情，却绝不能无视社稷之安危，将大清的基业作为与母后赌气的工具。因此最终他还是接受了这一建议，并最终选定索尼、苏克萨哈、遏必隆、鳌拜为四大辅政大臣，将冲龄践祚的幼帝康熙帝托付给了他们。索尼、遏必隆、鳌拜都是两黄旗重臣，在皇太极死后那个危机四伏之夜，他们率兵包围议立新君的崇政殿，佩刀而入，以死争立先帝之子；多尔衮摄政期间，他们未如谭泰那样阿谀奉承，而是"不惜性命，与之抗拒"，多遭多尔衮贬抑。索尼被削夺世职；遏必隆被革职，家产籍没大半；鳌拜先后破大顺军、大西军却以功受罚，特别是平定大西军张献忠归来后，十日内竟两次被论死，险丧性命。顺治帝亲政后，才恢复了他们的职位，给予优待，担当重任，并深受顺治帝与孝庄皇太后的信赖。苏克萨哈虽然隶属正白旗，却不事奉承，不仅未得到多尔衮的信任，反而受到百般压制。在打击多尔衮势力中，他站在了孝庄皇太后与顺治帝一边，最先揭发多尔衮生前的谋逆劣迹，立下首功，也成为太后与皇帝信托之臣。据说，初时顺治帝由于苏克萨哈出身于正白旗，跟随多尔衮多年，对其颇有芥蒂，不欲择他为辅政之臣，但孝庄皇太后却认为苏克萨哈虽隶属正白旗，但从未与多尔衮同流合污，而且他为人生性耿直，不事阿谀，在打击多尔衮势力中又立下大功，从不居功自傲，一直忠心耿耿，是可信用之人。在她的坚持下，顺治帝才将苏克萨哈也列入四大辅政重臣之列并位居第二。后来的事实表明孝庄皇太后用人确有眼光，知人善任，也只有苏克萨哈忠心护主，尽到了辅政之责。

无论是孝庄皇太后还是顺治皇帝，谁都没有看到辅政体制中的弊端。倘若诸辅政大臣均能力相差无几，皆直接听命于太皇太后和皇帝，自然可以达到互相牵制、维护皇权的目的。倘若能力参差不齐，强者也可以如昔日多尔衮排挤掉济尔哈朗一样逐渐专权，造成君臣错位的局面。后来的史实也正证明了这一点。尽管如此，辅政相对于摄政来说，在加强皇帝的专制集权上仍是一种进步，仍是符合了封建社会中的集权趋势的。摄政是代行皇权，辅政是佐理政务，二者有着本质的不同。

清朝初期，处于先进的文化氛围包围之中的辅政大臣，却依然没有摆脱远居关外时的愚昧与落后，他们所要求的是民族征服而不是民族融合，这使他们成为满族统治阶级中落后势力的代表，是野蛮的象征。在"首崇满洲"的宗旨下将"尊满抑汉"政策发挥得淋漓尽致。圈地虽在形式上停止了，投充、逃人所带来的社会问题却愈演愈烈，一些满洲贵族甚至故意唆使奴隶逃跑，将一些殷实之家指为窝主，悉夺其产；为了保证满人在统治机构中的独尊地位，他们竟然停止科举、废除八股取士制度，将中原汉族地主阶级排斥于统治机关之外……表面上好像使满人的地位大为加强，实际上社会内却酝酿着更严重的危机。因此，在四大臣辅政期间，并未能促进清朝社会的发展，反而将它拉向了倒退。尤其在比东方更为先进的西方科技文明面前，他们则显得更为愚昧、野蛮，比起他们的主子顺治皇帝来，却有天壤之别。

对于从欧洲大陆传来的天学知识和基督教文化，多尔衮和顺治帝都有一个共同的特点：取其精华、去其糟粕。就如多尔衮接受了西方新历书，却抛弃了十字架一样，顺治帝没有拜倒在十字架之下，而采用了以西法修订的《时宪历》。这也正是他作为满族统治阶级中进步势力代表的远见卓识。而四大臣辅政期间对此则表现得愚昧无知，"宁使中国无好历法，不可使中国有西洋人"！

康熙三年（1664），钦天监中的保守人物杨光先上书激烈反对西历，要求恢复使用中国的大统历。他说："《时宪历》面敢书'依西洋新法'五字，暗窃正朔之权以尊西洋，明示天下以大清奉西洋正朔，毁灭我国圣教，唯有天主教独尊。"这无疑是危言耸听，却被清朝统治阶级接受了。鳌拜集团悍然下令逮捕了钦天监正德国传教士汤若望及其助手南怀仁、利类思、安文思和赞成西历的李祖白等五名清朝官员。此时京师的上空出现了一颗惨淡的彗星，接着是一场席卷全城的沙暴，这当然是巧合，在中国人的眼里却是不祥之兆。刑部官员想要尽早结案，令南怀仁等（汤若望中风病瘫在狱中）人从牢窗小孔计算下一次日食时间，并令华人、回人以各自不同的方法计算。计算的结果是：中国天学家预告在两点十五分出现日偏食，阿拉伯天学家预告在两点三十出现日偏食，只有耶稣会神父们预告三点将出现日全食，剩下的就是来检验他们的正确与否了。德国人恩斯特·斯托莫在《揭开天文秘密的大师》一书中记下了这激动人心的场面，三点整出现了日全食，大统历和回回历的天算专家们都被击败了。然而"由十二名亲王，十四名内阁官员，十二名尚书侍郎，八名军队将帅和七十二名高级官员"参加的廷议，仍然将汤若望等拟判凌迟、斩首、流徙。多么的野蛮、愚昧，又是多么的悲哀。

当奏章上奏皇帝时，又出现了一次巧合，"天地出面干涉了。天空中出现了一颗彗星，拖着长长的尾巴。地上发生一次大地震，闹了三天。北京城和皇宫晃得像海上的一条船"。天象示警，朝野震惊，以为"狱讼不公"。在那个愚昧的年代，人们可以不相信科学，却无法不崇奉迷信。而且，孝庄太皇太后也出面干涉了，即将被处死的有她的"义父"，也是一个曾多次帮助她的朋友，也可能受到了天象示警的影响，她愤怒地将辅政大臣的原折掷于地上，声言汤若望乃先帝信任之臣，必须立刻释放。于是，传教士幸免于死，但在辅政大臣们的重压之下，李祖白等中国官吏皆被处斩，而且废除新历，复行大统历，由杨光先出任钦天监正。终于，野蛮战胜了文明，也造就了一段历史的悲哀。直到康熙七年（1668）在康熙皇帝的亲自主持裁决之下，才又恢复使用《时宪历》，并任命南怀仁（时汤若望已死）为钦天监正。

尽管在中西文化的冲突与交锋中，孝庄皇太后似乎并不站在耶稣一边，我们不能因为她搭救了汤若望等传教士，就断定她是一个受西学影响极深的人，那多半是出于个人感情和怕遭天谴的迷信思想，相反，她是一个受汉化影响很深的清朝贵族。但辅政大臣们不仅排斥西方文明，同样也排斥与满族文化相比较更为进步的汉文化，这就使他们的所作所为与以孝庄皇太后为首的满族先进势力的治国方针产生了冲突。而且这种冲突也在四位辅政大臣之间的斗争中，随着鳌拜的骄横专权而日益剧烈，并首先表现为争夺最高统治权的斗争。

二、祖孙同心合力除鳌拜

在四大辅政大臣中，索尼居第一位，苏克萨哈第二，遏必隆第三，鳌拜则排第四位。但索尼历任四朝，已老迈不堪且又多病；遏必隆是开国元勋额亦都之子，为人庸懦附和，毫无主见，更无能力；苏克萨哈虽然忠心耿直，也颇有才干，却是正白旗人，深受其他三位出于两黄旗的辅政大臣的排挤与压制。因此，实际上处于末位的鳌拜却乘机抓住权力，在四大辅臣之中居于决断地位。鳌拜，姓瓜尔佳氏，隶属满洲镶黄旗，为人孔武有力，武艺高强，在太宗、世祖两朝时骁勇作战，屡立大功，为清朝入主中原立下了汗马功劳，从护军校累升至内大臣，位至公爵，他性情专横暴躁，"意气凌轹、人多惮之"。可以说，在四位辅政大臣之中，唯有苏克萨哈还可以与鳌拜一搏，尽管他受到其他三位两黄旗大臣的排斥。先帝赋予苏克萨哈的辅政之权对鳌拜来说，依然是个危险，是自己擅政途中的一个重大障碍，因此，苏克萨哈也就成了鳌拜的眼中之钉、肉中之刺，拔之已势在必行。

康熙五年（1666），为了拉拢两黄旗大臣，更为了打击苏克萨哈，鳌拜挑起了"换地事件"，顺治初年实行圈地时，也同样出于打击削弱两黄旗的目的，多尔衮利用权势将本该划归镶黄旗的土地划给了自己的正白旗。虽然已事隔二十余年，两旗军民早已安家立业，而且康熙三年（1664）鉴于圈地之种种弊端和各旗民安居的事实，孝庄太皇太后以皇帝名义谕令民间土地不许再圈、再换。而鳌拜却似乎对此丝毫不知，仍然"立意更换"。户部尚书、正白旗大臣苏纳海见状，急忙上疏陈道："土地分拨已久，且康熙三年（1664）奉有民间土地不许再圈之旨，不便更换，请将八旗移文驳回。"孝庄太皇太后深知倘若再行更换，必将造成新的矛盾，带来社会的动荡与不安。因而，对于苏纳海的疏议，她首肯了。

然而，在权欲、野心的熏陶之下，鳌拜已走进了君臣错位的旋涡之中，不能自拔。对于太皇太后与皇帝的谕旨，充耳不闻，于三月矫旨开始强行勘换地亩，使顺治初年的圈地恶政在平息了二十年后，又重新掀起。也正是在这"错位"之中，他不知不觉地站到了历史潮流的对立面，成为本民族守旧、保守、落后、分权势力的典型代表。

换地之令一出，涉及十个州县、三十一万四千八百余垧耕地的两旗换地被强制推行，灾难奇惨，旗民汹惧，民怨沸腾，田亩荒芜，朝内朝外有识之士均难缄其口。直隶、山东、河南三省总督朱昌祚，直隶巡抚王登联同时上疏，"请罢圈地"。他们痛切指出：

> 京江各州县一闻圈丈，自本年秋收后周遭五百里尽抛弃不耕。民地之待圈者，寸壤未耕，旗地之待圈者，半犁未下。已是荒凉极目。而且因为知道旧业难守，百姓有米者已粜卖干净，无资财者也要远徙他地。但如此寒冬腊月，霜雪填壑，即使远徙他地，而逃人令严，又哪有栖身之处呢？仍相聚集本地，人多地少，难以为生。况且所谓地丁相依，土地被圈占了而丁身还在，即使赋税免除了而徭役依存。百姓糊口尚难，又以何纳赋徭之资，国家的课税就必将减少啊！无论男女老幼，都环泣于臣等马前，无论旗民汉人，都怨声鼎沸，千百士

子，都纷纷上书，请罢圈地。现在京东各州县旗民失业者不下数十万之众。田荒粮竭，何以为生？百姓又怎能不铤而走险呢……

换地之令，倘若果真出自皇帝钦令，臣等又何敢越职陈奏？奈何他人弄权、矫旨颁诏，将圈地之难强加于民，臣等又何敢不言？！

与此同时，户部尚书苏纳海也再次反击，以屯地难于丈量，正白旗不肯指出地界，镶黄旗不肯受地等原因，决定撤回换地官员，"候明旨进止"。

消息传到禁中，就连年仅十三岁的康熙皇帝也大感惊惧，忙借请安之机，禀告了祖母太皇太后。闻言，孝庄太皇太后也大吃一惊。对于圈地所带来的种种弊端，在顺治初年她就早已明了，可那时出于对满洲贵族与旗民利益的考虑，似乎也不为过。但二十年来，不论是旗民还是汉人，已逐渐适应，开始安居乐业，圈地之举也在无形中逐渐消弭无踪，而且为了进一步革除这一恶政，康熙三年（1664）就已谕令停止圈地之举。对于朱昌祚、王登联所奏的圈换土地于民于国所带来的种种苦难与损失，她是不难想象的。"治国之要，莫先安民。"这是孝庄太皇太后从皇太极那儿承继下来并行之有效的治国方针。可以说当时的她是无法站在我们今天的高度来认识她政治生涯中的众多举措的影响及作用，来深刻地剖析它们所产生的根源，只是在这一方针的指导下才与历史的发展相符合，从而推动了中国封建社会历史的发展。

但是，鳌拜的所作所为，与孝庄太皇太后的治国方针是明显相悖的。因此，对于四辅圈地扰民之事，她痛加责斥，并立刻下懿旨中止勘换，立罢圈地，一时间使朝野上下都以为"事将中止"。对于顺治皇帝指派的辅政大臣，竟会做出如此有损大清利益、威胁国家安危的举动，孝庄太皇太后确实大为震惊，但更令她心悸的是鳌拜竟敢矫旨独断，这使她感到了一种难言的不安，她看到了一个投射在皇帝宝座之上的阴影，而且，这种不安很快便被证实是正确的。

群臣的弹劾、太皇太后的反对，使鳌拜感到事情的严重。但在"君臣错位"的旋涡中他已越陷越深。对于像他这样不能自拔的人来说，摆脱危机的唯一方法就是一错到底。因此，鳌拜对于太皇太后的指斥依然充耳不闻，再次矫旨将苏纳海、朱昌祚、王登联三人革职禁守，并以拨地迟误、纷更妄奏、结党抗旨、违背祖制的罪名论死。康熙帝闻讯，深知鳌拜因"苏纳海始终不阿其意，朱昌祚、王登联奏疏旗民不愿圈换地亩，坚守不移，阻挠其意，必欲置之死地"，特召四辅臣赐座询问，企图亲自调停。不料，气急败坏的鳌拜不知是由于感到已步入穷途，还是根本未将康熙帝放在眼里，他厉声咆哮，以至攘臂伸拳，坚奏三人应置重典。由于共同的利益，索尼、遏必隆对鳌拜也随声附和，并为他百般开脱。而势单力孤的苏克萨哈自知无力回天，只愤愤独坐，不发一语，即使反对，也难奏其效。于是，本想调停的康熙帝也在三位顾命辅政大臣的重压下感到力不从心，不得不准其所奏，使三人竟被绞死。这件事也给康熙皇帝以极大的刺激与伤害，使他第一次感受到了皇帝的"屈辱"，并萌生了收权主政的最初念头。直到四十年后提起这件事，他还痛心疾首地说：

> 至于巴图鲁公鳌拜、遏必隆为圈地事杀尚书苏纳海、总督朱昌祚、巡抚王登联，冤抑殊甚。此等事朕所不忍行者。朱昌祚等不但不当杀，并不当治罪也。

对孝庄太皇太后来说，鳌拜的再次矫旨，已不仅仅是是否错杀几个人的问题，而是对皇权的一种威胁、一种挑战。使她与顺治帝所确立的四辅臣协商一致，得到皇帝准许方可行事的原则被打破，造成了鳌拜一人独专的局面，又为一幕如同多尔衮旧事的史剧拉开了序幕。她也想像当初踢掉济尔哈朗那样避免这一悲剧的发生，但似乎已为时太晚。他是先帝的顾命大臣，名正言顺；又受到两黄旗大臣的支持，尤其将索尼、遏必隆也拉到了自己身边，辅臣之中四居其三，权高势众，已非昔日济尔哈朗可比。她也没有一击中的的把握，那样不仅于事无补，反而会将自己逼入绝路，唯一的方法只有等待，寻求新的对策。

在与皇权的碰撞中，取得初次胜利后，鳌拜似乎摆脱了险境，更加专横跋扈，在朝廷内外广植党羽，欲使"文武各官，尽出伊门"，事事凌驾于其他辅政大臣之上，连四朝元老、在四大辅臣中排位第一的索尼也不放在眼里。部臣办事，稍有拂意，则呵斥辱骂，乃至治罪。甚至对于皇帝，他也多有轻慢，动辄"瞋目起立""张以老拳""施威震众"。

鳌拜的飞扬跋扈，不仅引起了康熙皇帝的怨望，也激起了众多大臣、官吏的不满，迫切要求皇帝亲政。康熙七年（1668）三月，由于屡受轻慢，对鳌拜大为不满的辅政重臣之首索尼在百官的劝说、推动下，以"世祖章皇帝（即顺治帝，'世祖'为其庙号，'章'为其死后的谥号）亦十四岁亲政，今上年德相符"为由，奏请亲政。六月，索尼病故。七月初七，在祖母太皇太后的支持下，康熙帝御太和殿举行亲政大典，欲图收回权力，以正国本。然而，亲政仪式虽然举行了，权力却并未收回。鳌拜是不会轻易放弃他的权力的。君臣错位已成定局，而且日益明朗。七月十三日，势单力薄的苏克萨哈上疏请辞辅臣之职。这一方面是由于自己形单影只，在辅臣之中如同虚设，只好以此种方式来抗议鳌拜的专横，另一方面也可以自己归政为缺口，迫使鳌拜、遏必隆相应交权。于是，有人估计苏克萨哈此举是在孝庄太皇太后和康熙帝的授意下进行的。在亲政未能收回权力后，太皇太后又授意苏克萨哈首先辞职归政，作为迫使鳌拜归政的突破口。这种估计也并非没有可能，因为苏克萨哈是孝庄太皇太后一手提拔栽培起来的，并被拉入了辅臣之列，可见太皇太后对他的信任。而苏克萨哈也一直站在孝庄太皇太后一边，尤其在政治权力的争夺上，他始终是"帝党"的忠实追随者，无论是顺治时期，还是康熙时期。但不管这种估计正确与否，此举并未能使太皇太后与康熙帝如愿以偿，反而造成了苏克萨哈一家的悲剧。此时的鳌拜已不是那么轻易就可被扳倒的了。

苏克萨哈的请辞，使鳌拜气急败坏，倒打一耙。他把持议政王大臣会议，以由于皇上亲政而颇生"怨望"、"不愿归政"、"有异志"等二十四款大罪，议将苏克萨哈及其长子内大臣查克旦皆磔死，余子六人，孙一人，兄弟之子两人，无论已成年或未成年，皆斩决籍没。族人白亦赫吐等，亦皆斩决。斩草除根，真可谓残酷、狠毒。对此，康熙帝以核议未当，"坚持不允所请"。鳌拜竟捶胸挥拳，疾言厉声，以不杀苏克萨哈众议难平为借口，气势汹汹地与康熙帝强争累日。最后，仅将苏克萨哈从磔改为绞，仍然没有逃脱死亡的命运，其他依旧维持原判。于是，苏克萨哈被处绞，族诛。没有人敢再提归政之事，四大辅臣之中只剩下鳌拜与遏必隆，而遏必隆早已依附于鳌拜的淫威之下。

自此之后，鳌拜更变本加厉、肆无忌惮。与其弟镶黄旗都统穆里玛，其侄侍卫赛本得、纳莫，大学士班布尔善，侍郎泰壁图，吏部尚书阿思哈，户部尚书马尔赛，兵部尚书噶褚哈，侍郎迈音达，都统济世哈，总督莫洛等结党营私，政出私门。一切政事都于家中私自议定，再呈康熙帝，"逼勒依允"，各部官吏有所奏告，都需先向他关白，与他商酌，甚至于御前拦截奏章，呵斥部院大臣，将康熙帝已发科抄的朱批红本擅自取回改批，而且往往公然抗旨不遵。

这一切，孝庄太皇太后都看在眼里，却一言不发，康熙皇帝也不动声色。但誓除此权逆的决心却在祖孙俩的心中早已下定了。虽然此时的太皇太后已是年过半百的老妇，可为了爱新觉罗家族的基业，她又不得不重踏险地，辅佐自己的孙子再肇丕基。于是，在她的参与谋划下，一场收权正位的活动正在悄然进行着。

出其不意，攻其不备，才能以快制胜。康熙帝欲擒故纵，以各种优厚的赏赐来换取鳌拜的信任，消除他的戒心。康熙六年（1667），加赐鳌拜为一等公，以其子那摩佛袭二等公爵位。康熙七年（1668）又加鳌拜太师，其子那摩佛为太子少师。尤其在这一年侍读熊赐履上疏暗中弹劾鳌拜，以"朝政积习未除，国计隐忧可虑""天下治乱系宰相"指责鳌拜的专横与无能。但为了麻痹鳌拜，康熙帝将此事公之于众，并怒斥其"妄行冒奏，以沽虚名"，使鳌拜更加骄横，也逐渐对皇帝放松了警惕。

同时，对于朝中大臣，康熙帝也不时地点敲他们，使他们认识到自己坚定的立场与深藏的韬略，不至于随意阿附鳌拜。据说有一次，有司误赦一人，大学士李霨认为既已赦，误即误矣。康熙帝则意味深长地说："赦人可听其误，若杀人，亦可听其误吗？！"这其实是暗指鳌拜矫旨杀苏纳海等三人，族诛苏克萨哈全家，他决不会置之不理的。说者有意，听者亦有心。群臣有如振聋发聩，从而有力地分化了鳌拜的势力。而且，为了能彻底击败鳌拜，康熙帝也于朝中暗地里培植了一批亲信大臣，尤其是鳌拜对两白旗的打击，更将两白旗的大臣完全推到了康熙帝一边。

为了瞒过鳌拜党羽耳目，康熙帝又以习布库（即摔跤）为名，挑选绝对可靠的少年侍卫，组成了一支贴身卫队——善扑营。这也是康熙帝铲除鳌拜的核心力量。因为官内官外的护卫兵丁早已被鳌拜换成了他自己的人，要想擒拿鳌拜必须依靠自己的势力，出奇制胜。于是，不知从何时起，肃穆的大内中来了一群虎头虎脑的小伙子。他们一色的摔跤服，练把式、竖蜻蜓、跳跤步、冲拳踢腿……热闹非凡。大家都知道这是奉旨从侍卫和拜唐阿（执事人）中选出陪皇帝"作扑击之戏"的布库少年，谁也没想到这却是一支擒拿鳌拜的生力军。这件事自然也有人禀告给了鳌拜，他却并不以为意，皇上虽然是皇上，但到底还是个乳臭未干的孩子，还摆脱不了好玩的天性。

此时鳌拜的野心似乎并不满足于擅政了，很可能从君臣错位走上了君臣换位之路。据说他竟然身着黄袍，俨然皇帝。康熙八年（1669）的一天，有人云鳌拜病重，不能上朝，要皇帝亲去探视。康熙帝亲临其府第，随行侍卫忽见鳌拜神色有异，忽行上前，猛然掀开鳌拜所卧处床席，一把寒光闪闪的匕首立刻呈现于眼前。一时间，空气仿佛凝结，众人屏住了呼吸，鳌拜头上也渗出了点点冷汗。良久，他才连忙笑着掩饰说："刀不离身乃我满洲故俗，不足异也。"康熙帝不动声色，好言相慰，内心里却如火焚，看来自己不得不先下手了。不久之后，康熙帝将已任吏部右侍郎的亲信近臣索额图调回内廷复为一等护卫；又以各种名义将鳌拜的党羽纷纷差遣出京。这年五月十六日，他又亲临善扑营，齐集布库勇士问道："你们都是朕的亲信之人，腹心之人。既然如此，你们是害怕朕，还是害怕鳌拜呢？"众人齐答："独畏皇上！"内廷之中，这些股肱耆旧与皇上同盟共誓，焚香歃血，誓去权逆，一个擒拿鳌拜的计划也已完全形成。

一天，鳌拜如往常一样上朝议事。谁知等了良久也不见皇上露面，心中诧异，忽听内侍臣宣道："皇上有要事相商，召辅政大臣鳌拜入内廷议事。"他不由一惊，轻声问道："何事竟使皇上不能出朝相议？"内侍臣小声说道："皇上正在练布库，方在兴头上。"真是乳臭未干的孩子，鳌拜不由从鼻子里哼了一声，看看宫门两边的侍卫，那都是自己的人。他放心大胆地跟着内侍臣独自步入了宫门。

内廷之中，康熙帝盘坐在地面之上，观看众小童的布库之戏，不时发出清脆的笑声。内侍臣紧走几步，跪下奏道："启奏皇上，鳌拜到了。"康熙帝连忙起身相迎，鳌拜则粗声问道："不知皇上相召，有何要事相商？"

康熙帝微微一笑，说道："其实也没有什么要事。听说你是国内第一勇士，擅长布库。这些小子不知天高地厚，想要跟你较量较量。"

话音刚落，一布库小童已站在了鳌拜的面前。鳌拜轻蔑地看了他一眼，轻轻掖好衣角，只两下就将那小童高高举起，重重地扔了出去；又是两个小童跳了起来，依然是同样的命运。

忽然一声呼哨，十数个小童扭转身形，如猛虎下山般同时扑向鳌拜。只手难敌众拳，鳌拜被众小童摔倒在地，压在身下，七手八脚地捆了起来。他用力挣扎着，厉声叫骂。可一触到康熙轻蔑、锐利、嘲笑的目光，他一下子全明白了，无力地瘫倒在地上。

整个过程中，孝庄太皇太后始终知情，并起着举足轻重的作用，事情的成功也离不开她的参与与谋划，离不开她提供的政治斗争经验与方式。当康熙帝率领众布库少年擒拿鳌拜的时候，孝庄太皇太后则手握利刃始终独坐于慈宁宫中静候消息。她知道，成败在此一举，倘若成功了，那是他们祖孙莫大的幸事；倘若失败，那也是他们祖孙莫大的悲哀。不仅孙子，就是自己也难保其身，也只好一死了之。当兴高采烈的康熙皇帝闯入宫中报告喜讯的时候，她竟然惊呆了，手中的匕首不觉地滑落到地上，祖孙二人紧紧地相拥在一起。

翌日，康熙帝向议政王大臣宣布了鳌拜的罪状，并谕令议政王大臣立刻严勘鳌拜及其同党之罪。经审实后，公布鳌拜三十款大罪，议将鳌拜革职立斩，其亲子兄弟亦斩，妻并孙为奴，家产籍没。族人有官职及在护军者，均应革退，各鞭一百，披甲当差。其侄赛本得凌迟处死，其同党大学士班布尔善、尚书阿思哈以下数十人革职立斩，妻子为奴，家产籍没。之后，康熙帝复召鳌拜，他无言以对，不知是惭愧还是惋惜，只默默地解衣袒露出自己当初为救太宗皇帝所留下的一身伤痕。康熙帝为之动容，而太皇太后也动了恻隐之心。或许是出于政治上的考虑吧，她告诫自己的孙子不要株连过广，在形势允许的情况下应宽容优抚，以免在此权力更迭的时候再激起事端。于是，五月二十五日，康熙帝颁布谕旨，因鳌拜累朝效力年久，立有战功，不忍加诛，免死革职，籍没拘禁。遏必隆免其重罪，削其太师及公爵之位。鳌拜死党，除七人已杀外，仅将罪大恶极者九人处绞，其余人等一律免死从轻治罪。至于内外各官畏其权势或苟图幸进而依附者及嘱托行贿者，俱从宽不咎。

同时，康熙帝还下令为苏克萨哈以下为鳌拜所处死、革职、降级者一一据实平反昭雪；废除辅政大臣，正式亲政；收回批红大权；整顿议政王大臣会议制度，重振朝纲……仅十天，一位年仅十六岁的皇帝就完成了君臣正位的壮举，开始了清朝历史上一个新的时期。这固然与康熙皇帝的沉稳、果敢、机敏的个人品质分不开，但孝庄太皇太后所起的作用也是不可轻视的，倘若没有她在背后的辅佐与支持，康熙帝真的能成功吗？那就很难说了。至少以她的身份地位和在朝中的威信，对众多的官吏与臣僚也是一种巨大的号召力。因此，对于康熙帝的亲政，她是功不可没的。

三、安定四方康熙建伟业

刚沉浸于亲政的喜悦之中的康熙帝，却又不得不将得意与兴奋暂时压制住。为了帝位的稳固和基业的长存，他又将目光移向了第二个视点：藩镇分权，中央与地方的错位。

孝庄太皇太后所继承的多尔衮"以汉制汉"的方针，为清初的统一确实起到了极其重要的作用。但在统一过程中，随着汉官汉将战功的增多，地位的提高，他们的权势也日重，逐渐形成了尾大不掉之势。尤其平西王吴三桂、平南王尚可喜（后其子尚之信袭爵）、靖南王耿精忠割据南方数省，号称三藩，他们拥兵自重，借口"边疆未靖"要挟军需，致使"天下财赋半耗于三藩"；而且还在滇黔闽粤等三藩控制区内铸钱煮盐，贩洋开矿，横征暴敛，借以扩充经济实力；在政治上他们虽名义上仍隶属于大清朝廷，实际上却各自为政，强烈排斥中央势力，成为一块刀插不入、水泼不进的铁板。其中平西王吴三桂，引清军入关，东征西讨，又举兵南进缅甸，捉拿南明永历皇帝并在昆明将永历帝以弓弦绞杀于市，功绩显赫，加封亲王，其子又娶公主为妻，与皇室结亲，更加位高权重，成为三藩之中势力最大的一支。他于云南、广西一带挟制督抚、招收人才、结党营私。官员任命，甚至向全国选派文官武将，吏、兵二部不得不受其掣肘，称为"西选"，以至于"西选之官几遍天下"。严重地影响了中央权力机关正常职能的运行。

错位之势业已形成，"三藩"已成为康熙皇帝的腹心之患，书之于宫柱之上，"夙夜摩念"。看来，撤藩之举势在必行，否则终会重蹈历史的覆辙。

康熙十二年（1673）三月，平南王尚可喜以年老上疏请归还辽东。康熙帝就势应允，但并不许其子尚之信袭职，而是下令撤藩。一时间，使吴三桂、耿精忠大为震动，一为掩饰，二为试探，他们也分别上疏请求撤藩。

北京城里却为此事议论汹汹。朝臣之中，有力主撤藩，永绝后患者；也有以为万不可为，以免激起兵变者……但最终的裁决权集中于康熙帝的手中。对于此事，孝庄太皇太后是力主撤藩的，三藩之患，早晚都要解决，倘若再纵容，必将养痈成患。于是，康熙帝当机立断，以"吴逆蓄谋已久，不早图之，养痈成患，何以善后？况且势已成，撤亦反，不撤亦反，不若先发制之"，顺势准其所请，并下手诏予吴三桂：

> 自古以来帝王平定天下，皆依赖武臣之力。到四海宁谧之时，必然振旅班师、休息士卒。对于封疆重臣，也都颐养天年，恩延万世，宠幸永固，这才是莫大的恩典呀！……现在考虑到王爷您年事已高，军疲旅劳，久驻蛮荒之地，恋乡情切，而地方业已安定，所以允云所请，搬移安插……一切事宜都由有关部门详细安排了。王爷您到之日，就会有华丽安逸的府宅，不必挂念！

这其实只不过是一道撤藩令罢了。

同年十二月二十一日，两匹快马奔驰入京。兵部郎中党务礼、户部员外郎萨穆哈疾驰十一昼夜至京，下马喘息，抱柱良久不能言，及苏则告吴三桂已反。不久，耿精忠、尚之信随叛的消息也传来，各地报警的告急疏报如雪片般急递入京。举朝震惧，人心惶惶。在嘈杂的廷议中，一向沉默无言的索额图突然上前道："前议三藩当迁者，皆宜正以国法。"

一时间空气凝结，充斥着一股杀气，多数人表示赞同，少数人则惊悸不已，宛如昔日汉景帝诛晁错以谢藩邦的情景。然而他们忘记了，首言撤藩的就是皇帝，支持撤藩的有太皇太后，而且康熙帝也不是汉景帝。停顿片刻之后，康熙帝朗声道："朕自少时即以三藩势焰日炽，不可不撤。岂因吴三桂反叛，遂诿过于人耶？此出朕意，他人何罪！"并当即公布吴三桂罪状，削其官爵，囚其子额驸吴应熊及家属，下令发兵进剿。

此时的八旗劲旅已非初入关时那样锐不可当，多年的逸乐生活早已将他们的锐气磨钝了。前线战场上，清军不利，云贵川湘鄂闽六省尽失，数月之间吴三桂就已占据半壁江山，也如昔日汉"七国之乱"时的吴王刘濞有恃无恐，于康熙十三年（1674）四月，竟还扣押了朝廷使臣，并让他传递"词语乖戾，妄行乞请"的奏章。对于康熙帝来说，战事一开，就绝无妥协之可能，要么不战，战必到底，他也无所顾忌，毅然下令将吴应熊及其子吴世霖就地正法，以"寒老贼之胆""绝群奸之望""激励三军之心"。同时，果断起用已被顺治帝整顿一新的"绿营兵"，作为平叛的主力，并实行"剿抚并用"之策，分化瓦解叛军，下令"停撤平南、靖南二藩"，招降了耿精忠、尚之信、王辅臣、孙延龄等，对投降的叛军"即以保全，恩养安插""悉赦以往，不复究治"，彻底孤立了吴三桂，开始了战事的转机。

康熙十四年（1675），吴三桂又嘱托西藏达赖喇嘛为之游说，要求裂土罢兵，划江而治。但康熙帝严词拒绝了，凛然道：

> 吴三桂乃明末一弁卒，背主之贰臣，摇尾乞怜，世祖章皇帝才优
> 擢封王，其子尚公主，朕又亲加亲王之爵，所受恩典不但超越群臣，
> 也是古今所罕见。但他却辜负此殊恩，构衅残民，天人共愤。朕乃天
> 下人民之主，岂容裂土罢兵？倘若他果真能悔罪归来，倒可免其不
> 死！

然而，就在康熙帝意气风发，恢复大业的时候，又发生了布尔尼叛乱之
事。

与此同年，内蒙古察哈尔部的首领布尔尼乘三藩作乱，清军无法北顾之
机，兴兵作乱，劫民掠城，妄图能重振林丹汗时的声威，成为草原之主。察哈
尔毗邻京畿，兵锋所向，指日之遥，而此时京中诸旅又都被派往南方平定三藩
之乱，察哈尔的复叛，对于京师的安危，无疑是一个巨大的威胁，就连一向沉
静、果断的康熙帝也不由手足无措，不知如何应付。闻讯后，孝庄太皇太后也
感到了事情的严重，这并不在于察哈尔能有多大的力量，而在于其恰恰选择了
这样一个时机反叛，倘若形成南北夹击之势，兵锋直指京师，对清廷是极严重
的威胁。但慌乱不能解决任何问题，只会加剧混乱，尤其为帝者，更只能消弭
自身的士气。于是，她一方面要康熙皇帝沉着应战，左右兼顾，火速派使前往
察哈尔招抚，并观其虚实，以图对策；另一方面则向康熙帝推荐大学士图海，
让他领兵前去镇压，认为他"才略出众，可当其责"。康熙皇帝应允了，立召
图海授予兵符。但此时京中禁旅皆南征，宿卫尽出，将虽得，兵从何出？图海

上奏请求从京城八旗贵族家中选送健壮的家奴为兵，组成一支数万人的军队，开赴察哈尔镇压布尔尼叛乱。图海乘其不备，"夜围其穹庐"，发动突袭，布尔尼不及防备，仓促御敌，大败而逃。不久，布尔尼被杀，叛乱平息。后顾之忧已除，康熙帝终于可以全心南顾，将一切精力放于平定三藩之乱上了。可以说，在平叛过程中，孝庄太皇太后的沉着、冷静、果断而有心计，对战争的胜利有着极大的影响，尤其她的知人善任，甚至可以说是平叛胜利的决定性因素。对于孙子的统一大业，她做出了不可磨灭的贡献。

在清军的反击之下，势单力薄的吴三桂已疲于奔命了，无论在中路的湖广主战场，还是在东线的江西、浙江，西线的陕西、甘肃、四川，都开始失利，逐渐由攻转为守，节节败退。康熙十七年（1678）三月，势穷力竭的吴三桂称帝衡州，满足了自己为帝的欲望，八月忧病而亡。吴军已人心涣散，土崩瓦解之势已为时不远。康熙二十年（1681），清军分三路合围云南。十月，攻克昆明。三藩之乱平息了。

八年，才平息了战祸，走完了正位之路，对于康熙帝来说，这是逐渐走向成熟的八年。每日三四鼓即起身赴乾清门御门听政，亲自听取前线督抚将领的奏报及议政王大臣或九卿会议，亲自研究前线主帅绘制的敌我双方战场形势图，决定作战方略……在战争中锻炼了能力，在战争中得到了治国平天下的经验。当叛酋授首，凯歌高奏时，他却没有了少时那种得意、喜悦、兴奋，拒绝了群臣请上尊号的奏请。"师旅疲于征调，被创者未起；闾阎（即百姓）敝于转输，困苦者未苏。且因军兴不给，裁减官员俸禄及各项钱粮，并增加各项银两仍未复旧。每一轸念，甚歉于怀。""君臣之间，全无战绩可言。""上尊号一事，断不可行。"一代雄君霸主，当他抛开自己，以国家百姓为念的时候，他才真正地开始走向了成熟。尽管这种为国为民的实质就是为了自己，但在封建社会中的君主帝王们能做到这点就已是非常难能可贵的了。对于吴三桂来说，这却是一个悲剧式的八年，不，毋宁说是一个搞笑剧式的八年。三十年前的山海关，一纸泣血求助、借兵助剿的书信，曾一度激励了多少汉族士人的心，他们将此视为申包胥忍辱负重，求秦复楚之举，似乎并未在意吴三桂那新剃的头皮在狂风中泛着青光。三十年后，又是一纸悲愤激亢的檄文，道出了反清伐暴，顺天应人的心声。

本镇独居关外，矢尽兵穷，泪干有血，心痛无声。不得已歃血订盟，许虏藩封，暂借夷兵十万，身为前驱，斩将入关……不意狡虏递天背誓，乘我内虚，雄据燕京，窃我先朝神器，变我中国冠裳，方知拒虎进狼之非，莫挽抱薪救火之误。本镇刺心呕血，追悔靡及……避居穷址，养晦待时，选将练兵，密图兴复。

果真如此吗？姑且不论。这次却是汉族衣冠，全军皆白，誓复明室。然而尽管吴三桂以"共举大明之文物，悉还中夏之乾坤"相号召，天下士人却不以之为意，因为这本身就已染上了浓厚的搞笑剧色彩。正如吴三桂的谋士方光琛所说的那样："出关乞师，力不足也，此可解，至明永历（帝）已窜蛮夷中，必擒而杀之，此不可解矣。"后人有诗云："复楚未能先覆楚，帝秦何必又亡秦？丹心早为红颜改，青史难宽白发人。"于是，就上演了一幕历史的搞笑剧，也是悲剧。

在这八年中，孝庄太皇太后始终关心着战局的发展。康熙帝一有空，就召他询问战况；而康熙帝每有疑难，也多找祖母商议对策，一切国家大计必使之闻。而且，她念及出征驻防兵士劳累，经常发散官中金帛加以犒赏，提倡节俭，以助军需，自己也只穿一些普通的衣物，更无金银之饰。上行下效，她的这些举措对清初的廉俭之风有很大的影响，尤其对康熙帝本人，影响极大。"供御所需，概从节俭"，即使处于康雍乾盛世之时，也从不奢华。法国传教士白晋，曾这样描述康熙帝的生活用度：

> 康熙皇帝本人的生活是简单而朴素的，在帝王中是没有先例的。实际上像康熙皇帝这样闻名天下的皇帝，吃的应该是山珍海味，用的应该是适应中国风俗的金银器皿。可是康熙皇帝满足于最普通的食物，绝不追求特殊的美味；而且他吃得很少，在饮食上从未看到他有丝毫铺张浪费的情况。冬天，他穿的是两三张黑貂皮和普通貂皮缝制的皮袍……此外就是用非常粗糙的丝织品缝制的御衣……阴雨连绵的日子里，他常常穿一件羊毛呢绒外套，这种外套在中国被认为是一般的服装。在夏季，有时看到他穿着用苎麻布做的上衣，苎麻布也是老百姓家中常用的东西。除了举行仪式的日子外，从他的装束上能够看到的唯一奢华的东西，就是在夏天他的帽檐上镶着一颗大珍珠。这是满族人的生活习惯。

可以说，孝庄太皇太后不仅对康熙帝的除逆正位、统一大业做出了积极的贡献，而且身体力行，廉洁恭俭，不事奢华，影响数朝，成为清初盛世的一个重要内容，更影响和造就了一代伟岸之君的优秀品质。

三藩之乱刚平，康熙帝又将矛头指向了海外孤岛——台湾。初定天下时，对于明朝遗将郑成功，以孝庄皇太后为首的清朝统治集团曾采用围困之策辅以招抚，将其围于福建金门一带。在东南沿海人民的支持下，郑成功曾一度连克江南诸重镇，大有再造明室之势，以至顺治皇帝都惊慌失措，不知何处。还是孝庄皇太后用计巧劝，借助汤若望才平息圣怒，取消亲征之举，设兵布防，派将征讨，不久就将郑军再度驱回金门。但此事后郑成功已深知金门不可久据，难保几日，开始寻求新的根据地。康熙元年（1662），郑成功举兵驱逐荷兰人而进驻台湾，招徕流民，垦地开荒，建立政权，仍奉大明为正朔。不久，郑成功死后，其子郑经继立。三藩之乱时，吴三桂、耿精忠遣使入台勾结郑经，郑经立即响应，共图大举，"猖獗海上"，一度占据潮州、漳州、泉州、惠州等地，"杀掠所至，十室九匮""亿万户渔盐耕织成失业"。

康熙初年，由于鳌拜、三藩内患未除，清军战舰不多，不习海战，因而对于台湾问题，孝庄太皇太后也极力赞成"循于招抚，不事轻剿"的方针。清廷也多次派人与郑经磋商，谈谈停停，相持十余年，做出了极大的让步。最后不但同意郑氏世守台湾，岁时纳贡，通商贸易，甚至认可郑氏不剃发不易服，只要"与世无争，与人无患，沿海生灵，永息涂炭"则足矣。但是在台湾的归属上康熙帝从不让步，早在康熙八年（1669）康熙帝亲政之初，就明确指出："朝鲜系从来所有之外国。郑经乃中国之人，若因居住台湾不行剃发，则归顺悃诚以何为据？"而且台湾"皆闽人，不得与琉球、高丽比"。既为封疆，寸土不让。这种进取精神是那种以台湾乃"海外一弹丸之地"，无足轻重，不宜轻启边衅的天朝大国观点无法相比的，这也正是孝庄太皇太后不如未及弱冠的康熙帝之处。但在清廷守旧势力的压制下，康熙帝也作出了让步。尽管如此，他仍然坚决反对将台湾与朝鲜、琉球同列，"听田横壮士，逍遥其间"。以孝庄太皇太后为首的清朝统治阶级的招抚政策，虽然在实际执行中掺杂了"泱泱天朝大国"的愚昧、保守的老迈之龙的观点，多有丧失原则之处，但在康熙初年的政治、军事斗争中还是起到了不可小视的作用，此政策无疑还是正确的。

康熙二十年（1681）之后，形势发生了变化，鳌拜已除、三藩亦定。而台湾在郑经病故之后，统治集团内部也为争权夺位杀得不可开交。机不可失，时不再来。康熙帝毅然以"海氛一日不靖，民生一日不宁"为由力排众议，决定进军台湾，彻底将对台方针扭转过来。

七月，他又起用了原南明郑芝龙降将汉人内大臣施琅为福建水师提督，承担"进剿海逆之责"。在初战受挫后，康熙帝不仅未加责怪，反以"两人同往则未免彼此掣肘，不便于行事"为由，将指挥权完全交给了他，而令福建总督姚启圣负责粮饷。

康熙二十二年（1683）六月十四日，施琅再次率舰队劈波斩浪，乘台风之机，攻其不备，与郑军展开血战，虽然施琅左目为火器击伤，但经过数日苦战，终于攻占澎湖列岛，台湾岛屏障全失，主力尽失，已无力再战。走投无路的郑氏集团被迫请降。此时的康熙帝欣喜若狂，一方面即刻派使宣慰官员，另一方面忙下招抚旨意，体现了其博大的胸怀。八月十八日，郑氏剃发易服，正式归顺了大清。但在对台湾这块地方的处理上，清政权内部又发生了激烈的争论，部分大臣以为台湾"海外丸泥，不足加广"，主张"迁其人，弃其地"，将台湾居民迁回内陆，仅留澎湖作为东南屏障。就连原来力主平台的大学士李光地也认为"重洋之险，守则必设重戍"，一方面加重了人民的负担，另一方面守将远居海外，也易形成如郑氏般的割据之势，坚决反对戍守台湾。但施琅及大学士李蔚、王熙等则坚决反对放弃台湾。施琅上疏慷慨陈词，历述台湾之富饶及战略地位的重要性，"无台湾，则澎湖亦不能守"，以为万不可弃。王熙、李蔚等也上奏说："台湾有地千里，人民十万，弃其地，恐为外国所据；迁其人，恐奸宄生心，应如琅议。"康熙帝毕竟是康熙帝，他早已抛弃了老迈之龙的观点，开始了自己新的思维。康熙二十三年（1684）四月十四日，康熙帝正式批准在台湾设置地方军政机构的疏请。在台湾设府——台湾府，设三县——凤山、诸罗、台湾，隶属福建省；设总兵一员、副将两员，驻兵八千，分水陆八营，所有军政机构一如内地。自此，台湾又回到了祖国的怀抱。虽然这一举措，在当时或许并不为更多的人所理解，但时至今日，站在今天的高度上，我们不难看出台湾在政治、军事上的重要战略地位，也不得不佩服数百年前康熙大帝的远见卓识，那才是真正东方之龙的进取精神。

四、贤太后造就英明圣主

据《清圣祖圣训》记载，康熙皇帝曾说过："回想起来，还在少时，父母便双双辞世，我只能在祖母膝下生活三十余年，恩育教诲，才有所成就。假如没有祖母太皇太后，我绝不会有今日之成功。"不难想象，孝庄太皇太后对康熙初年的文治武功乃至后来的丰功伟绩，都有极大的影响。这位贤能的祖母，对康熙帝成为我国封建社会颇有作为的皇帝起了重要的作用。

康熙帝即位之初，孝庄太皇太后就拒绝了安徽桐城秀才周南的"垂帘之请"，全力辅佐康熙皇帝主政，在辅臣之制下，太皇太后虽不干预朝政，但朝廷有黜陟，康熙帝也多向太皇太后请示后方行，因此，许多重要政务的处理与她的意旨是分不开的。康熙帝十岁时生母慈和皇太后（即顺治帝之佟妃）病逝，此后康熙帝就由祖母太皇太后教养，祖孙二人感情十分深厚，康熙帝几乎每天上朝之前，或下朝之后都要到祖母房中请示问安，有时一日三次。孝庄太皇太后经常面授机宜，培养康熙帝处理政务的能力，辅佐他治理大清天下，甚至康熙帝亲政之后也是如此。因此，孝庄太皇太后的一些思想及举措也深为康熙帝所吸收，对他成就盛世，再创基业有着重大影响。

康熙帝亲政之初，她就曾劝导说："祖宗骑射开基，武备不可弛，用人行政，务敬以承天，虚公裁决。"难道这仅仅是出于对祖先崇拜而言吗？似乎并不那么简单。其实这就是治国安邦的要略呀！倘若武备不修，战事不守，康熙帝何以数十万大军平定三藩，进取台湾，又何以抗御沙俄，通过两次雅克萨保卫战签订了平等的《中俄尼布楚条约》？康熙三十四年（1695）康熙帝率军亲征，击败蒙古准噶尔部噶尔丹的叛乱，底定了西藏，柔抚蒙、回、维吾尔各族，开创统一大业……这些无一不是以雄厚的武力为后盾的。任人用事，康熙帝也遵循了她"敬以承天，虚公裁决"的原则。收复台湾时，他大胆起用施琅，不因他是郑氏旧臣而有丝毫之嫌介；康熙十六年（1677）治理黄河时，不以河工浩大，所费甚多，江南百姓多有不满而轻撤靳辅，反而实地勘察，曲意安慰，为之昭雪；对于汉族士人，也不因其未有事新朝之志而大加杀戮，如朱元璋一样除当门之芳兰，而是优容抚慰，礼贤下士，招揽贤达……固然，沧海之水未必都归之于河，但哪些归之于河，哪些降之于天，谁又分得清呢？孝庄太皇太后的劝诫对康熙帝的影响究竟有多大，没有人能说清，因为这种影响是潜移默化、不易为人知的。但历史证明康熙帝的所作所为与孝庄太皇太后的训诚是相符合的，这其中固然有康熙帝个人的资质，但太皇太后的潜移默化的影响也是不容忽视的。

入关之初，孝庄皇太后曾劝诫年幼的顺治帝要善待明朝皇室成员，并在多尔衮的主持下为崇祯帝发丧，哀悼三天。康熙二十三年（1684）十一月初二日，康熙帝第一次南巡归来过金陵，亲谒明太祖朱元璋孝陵，亲率内大臣、侍卫、部院官员皆于门外下马，自甬道边行，在孝陵殿前行三跪九叩之礼，然后于宝城前三奠酒。时隔四十年，却又出现了如此相似的场景，虽然所祭之人物、内容方式不同，目的却只有一个：拉拢汉族地主阶级，成就鼎立中原之霸业。

顺治时期，孝庄皇太后承继了"以汉治汉"的方针，无非是因为汉人难治，积极选拔拉拢汉族地主阶级知识分子以为己用，采取各种措施以疏缓夷夏之防。几十年后，康熙帝也曾感叹道："汉人难治。""汉人人心不齐，如满洲、蒙古数千万人皆一心。朕临御多年，每以汉人为难治，及其不能一心之故。国家承平日久，务须安不忘危。"汉人难治，不能一心的原因无非民族之间的隔阂与矛盾，而解决的方法也只有疏缓夷夏之防，吸收汉族先进文化、促进民族间的融合与同化。康熙十六年（1677），康熙帝特意下旨令内阁会同翰林院选送汉员张英、高士奇等入值内廷南书房，这就是后世中枢机构军机处的前身。众多才德兼备之汉官就是由此而进身高位、参与军机要务的。康熙十七年（1678），正值三藩平叛，戎马倥偬之际，康熙却下诏开"博学鸿儒科"选拔人才。康熙十八年（1679）三月初一日，于体仁阁赐宴之后，钦试博学鸿儒，亲取彭孙遹、严绳孙、毛奇龄等人加以录用……

何其的相似，难道都是巧合？似乎未必。顺治初，鉴于统治汉族地区的需要，孝庄皇太后一方面积极拉拢汉族地主阶级，另一方面则鼓励顺治帝大胆起用汉官，以各种方式来缓和民族矛盾，达到长治久安的目的。在此过程中她也逐渐汉化，吸取了汉族先进文化中的精华之处取代满蒙贵族落后的统治方式，虽然在名义上仍是"首崇满洲"，但实际上已是满蒙汉地主阶级的联合专政了。从而有效地缓和了民族间的矛盾，有利于稳定清初的政局，在顺治帝后期使中国封建统治再一次步入正轨之中，奠定了清朝定鼎中原近三百年的基业。康熙帝即位后，鳌拜集团的倒行逆施，不仅使社会生产力遭到破坏，并再度激化了各种社会矛盾，尤其本已逐渐缓和的民族矛盾也再次日趋激化，满汉官僚之争、夷夏之防，也再次威胁大清的统治。这无疑是历史的倒退，也是以孝庄太皇太后为首的满洲贵族中的进步势力所不能接受的。因此他们积极反对鳌拜集团的种种倒行逆施，要求恢复科举、平息圈地。在此种环境下成长起来的康熙皇帝也从祖母太皇太后的身上吸取到了这种先进的因素，并在这种先进的文化氛围中更趋于彻底的汉化，更适应了历史潮流的发展。孝庄太皇太后的"用人行政，务敬以承天、虚公裁决"的劝诫，也可以从更深层次将其看作劝导康熙帝打破夷夏之防，大胆任用汉官的一种鼓励。因为在"首崇满洲"的宗旨下，尤其鳌拜专政时对汉族官僚的排挤，使充斥统治机构的多是骁勇善战却无治国之能的满洲权贵。要改变这种情况，只有大胆起用汉官，大力吸收汉族的先进文化。但在"首崇满洲"的原则下，又不能太过于有损满洲贵族的利益与尊严，至少在名义上不能，因此她只能劝康熙帝"虚公裁决"，量才而用。实践后来证明，才能卓越者多是先进汉文化的承载者——汉族地主阶级知识分子。而且，孝庄太皇太后本身就是一个汉化程度很深的人，史载康熙帝曾命儒臣译《大学衍义》以进太皇太后，孝庄太皇太后大为称赞，对编译者赏赐有加。她自身的汉化也在潜移默化中有意无意地影响了康熙皇帝，更促使他更进一步地汉化。康熙八年（1669）四月，未擒鳌拜之前，他就亲莅太学祀孔，并以皇帝名义下令恢复八股取士。亲政后，他立即着手举行经筵日讲，由内阁大学士等任经筵讲官，翰林院择日讲官，进讲儒学，自己更勤学不辍，常常读书至三更。以至后来他回忆道："及至十七八，更笃于学。诸日未理事前，五更即起诵读。日暮理事稍暇，复讲论琢磨，竟至过劳，痰中带血，亦未少辍。"康熙九年（1670），康熙帝便向全国颁布了以儒学治国的"圣谕十六条"——敦孝弟，以重人伦；笃宗族，以昭雍睦；和乡党，以皇争讼；重农桑，以足衣食；尚节俭，以惜财用；隆学校，以端士习；黜异端，以崇正学；讲法律，以儆愚顽；明礼让，以厚风俗；务本业，以定民志；息诬告，以全良善；训子弟，以禁非为；诫逃亡，以免株连；完钱粮，以免催科；联保甲，以弭盗贼；解仇忿，以重身命。之后，更优擢汉官、选拔士人，这一切无形中随着历史的潮流逐渐冲蚀着夷夏之防的坚固堤防……而这一切，又都是与孝庄太皇太后的鼓励与影响分不开的。到康熙十八年（1679）时，大批汉族士子纷纷出仕，以致有人作诗讥讽道：

圣朝特旨试贤良，结队夷齐下首阳。

家里安排新顶帽，腹中打点旧文章。

当年深悔抛周粟，近日翻思吃满粮。

非是一朝偏改节，西山薇蕨已精光。

不管怎样，遗民自此不再世袭，已无大明大清之别。至少大多数的汉族人已适应了自己已是大清子民的这一事实。这可以说是清统治史上的一件大事。从夷夏之防的桎梏中挣脱出来，汇入民族融合的长河之中，这是康熙帝亲政后统治政策的一个重大调整，其意义是深远的。

除了辅弼幼主，培养他处理政务的能力外，对于康熙帝个人为君品质的培养，孝庄太皇太后也十分注意。可以说，康熙帝个人的品质也是他成就盛世的一方面原因。康熙帝亲政之后，孝庄太皇太后曾亲自作书告诫他：

> 古人都说作为君主很难。芸芸众生，只有天子可身临其上，百姓的生存、子民的抚育，都依赖他而行。只有多加考虑治国安邦的道理，使四海之民均康泰富饶、安居乐业，帝业永固，万世无疆，那才可以呀！你待民还算宽厚仁慈、温良恭敬。但也必须时刻注意你为帝之威仪，出语要三思，更要精勤政务、不怠于政，以继承祖先遗志，那么，我也就无愧于心了。

或许正是在祖母太皇太后的劝诫及所肩负的帝王历史使命的激励下，慢慢形成了康熙帝成为一代伟大帝王的优秀品质。在康熙帝六十一年的为政生涯中，他最突出的特点就是"精勤政务"。康熙六年（1667）他亲政以后，将御门听政变成常朝制度。每日天未明即起，辩色视朝。在乾清门外正中放置本章的桌案后开座，听部院各衙门官员面奏政事，与大学士等集议处理折本。除生病、大典之外，从不间断。"早夜孜孜，有如一日。"即便巡行在外，部院各衙门奏章也按规定每三日自驿递驰送行在，而且"本章一至，即行送入，午夜披览，未尝少辍"。据说他第一次南巡时，有一天晚上本章未能按时送到，他就坐于书案边，秉烛以待，直至奏章送到批阅完毕后才就寝。这与明朝中后期的帝王相比，无异于天壤之别。成化帝在位二十三年，只召见过大学士万安等三人一次，仅数言便退朝；弘治帝在位十八年，亦只召见过大学士徐溥等一次，各赐茶一杯；正德帝在位十六年，荒淫至极，建造"豹房"东游西荡，从未曾正式视过一次朝；嘉靖帝后期，热衷于道教，只在蒙古俺答汗毁边墙而入，围逼京师之时，在群臣固请面奏军情之下，才被迫视朝一次，却一言未发；万历帝在位四十八年，也只召见大臣数次，"深宫静摄，付万事于不理"；天启帝在位七年，未曾召见一次大臣；崇祯帝虽勤于政务，奈何生不逢时、大运已崩，一切都于事无补，倒落得了一个亡国之君的名声。从此处我们不难看出明朝败亡的原因及其必然性。

在孝庄太皇太后的劝诫与影响下，宽仁爱民也成为康熙帝为政生涯中的一个特色。正如我们前面所说的那样，孝庄太皇太后的节俭使康熙帝形成了不事奢华的品格，她的"宽仁待下"、赈济灾民也造就了康熙帝仁政爱民的思想。

康熙帝亲政之初，鉴于鳌拜圈地给社会所带来的经济颓废、民不聊生、小农经济遭到摧残的恶果，在太皇太后的支持下，就曾轻徭薄赋、减轻人民负担；奖励垦荒，致力于发展经济；尤其是藩产更名，将旧明藩王故去的荒芜土地划归耕其地的农民所有，更极大地刺激了劳动人民的生产积极性。即使在经济恢复、发展起来之后，也仍以"治国之要，首先安民""民以食为天"为宗旨，普遍蠲免赋税钱粮，作为轻徭薄赋的主要措施。康熙二十四年（1685）三月，康熙帝谕令大学士："今国帑充足，朕欲蠲免直隶各省明岁钱粮，以纾民困。尔等会同户部，预行酌议。"于是，三年之中，直隶、河南、湖北、湖南、四川等九省轮免一周。此后年年都有大规模的蠲免。"有一年蠲及数省，有一省连蠲数年者。"其中康熙四十九年（1710）十月到康熙五十一年（1712）十月两年间，蠲免钱粮所涉及的省区就有十九个，共免地丁银及历年拖欠三千二百零六万四千余两，近乎全国一年的收入，终康熙帝一世，全国共有二十余省区获免税粮、丁银、逋赋五百四十五次，总数不下一亿四千万两。大规模的普蠲轮蠲，不仅有效地防止了官吏的舞弊中饱，而且确切地落实了轻徭薄赋、发展生产的重要措施。正如当时人所说的那样："惟蠲免钱粮，率土均沾实惠。"太皇太后的赈济与康熙帝的蠲免，确有异曲同工之处。只不过前者规模太小，范围太窄，只能作为一种辅佐措施，而不能作为根治弊政之根本，其实际效果与影响远不及后者，但"以一人治天下，不以天下奉一人"却是两者尚俭爱民的共同信条。

……

茫茫禹迹，引来凤凰朝仪。数十年的文治武功，使康熙帝第一次真正实现并巩固了多民族国家的统一，揭开了封建社会中极为辉煌的康乾盛世的序幕，使本已走向衰败的封建社会奇迹般地复苏、回光返照般地腾飞起来。幸乎？哀乎？似乎两者都有，没有人能够真正说得清楚。尽管如此，处于十七世纪世界风云变化跌宕之际的康熙帝仍不失为一代英主。因为中国的悲剧是由历史所造成的，而不能归咎于某一个人。后人曾由衷地赞美他道：

若汉之武帝，唐之文皇，宋之仁宗，元之世祖，其时皆异材勃起，俊彦云屯……然考其风流所被，都不过数十年而止，唯周文王及我圣祖仁皇帝（即康熙帝），阅数百年而风流未沫。……我朝六祖一宗，集大成于康熙，而雍乾以后，英贤辈出，皆沐圣祖之教。

备道德之崇广、集皇王之大成，经纶宇宙，彪炳帝纪，巍巍乎，

荡荡乎，自羲轩至今，未有如我皇考圣祖仁皇帝之盛者也。

就连许多西方传教士也称他为"统治天下的帝王当中最圣明的君主"，是"连做梦也未曾见过的伟大人物"。虽然有些夸大其词，但那出于人们心中由衷的赞誉，似乎也并不为过。

倘若康熙帝的伟大在于他创建了一个强大的政权，开辟了数代的盛世基业，也如封建社会上开国时期创业垂统的贤帝雄主一样在历史的长河中永远闪耀着异彩。那么孝庄太皇太后的伟大之处，就在于她能够在潜移默化之中，在很大程度上精雕细琢地造就了这样一位伟岸之君。

第八章

惜国本玄烨重整朝纲

和乾坤太后为孙选媳

一、贪污受贿千古难杜绝

中国古代的著名思想家荀况认为"人之初，性本恶"。他这一对人性的揭示，在中国古代的封建社会中，却始终被那些满嘴仁义道德、礼义廉耻的封建士大夫贬得一文不值，大加唾弃。然而，有趣的是，当我们打开"二十四史"的时候，却往往被中国古代社会那触目惊心的贪污行为惊得目瞪口呆，而所有这类事件中的主角，却正是那嘴上将"礼义廉耻"奉为生命的封建士大夫们。我们并不以为荀况对人性的概括就是对人性合理的揭示，但"权之所在，利亦随之"，在官位崇拜已渗入民族心理的中国古代封建社会，似乎以权谋私早已成为封建社会生活中的金科玉律，一个谁也不愿承认，却又不得不承认的事实。于是，在中国封建社会中，贪官现象竟是如此司空见惯，甚至有人认为没有贪官也就没有所谓的中国封建社会了。为什么在中国古代会有如此多的贪官，有如此巨大的贪贿数额？又为什么贪官污吏杀了一茬却又会再生一茬？从古至今，不知有多少人曾对此作过研究、分析，却所获甚微。没有人认为贪污行为对社会会有什么好处，却找不出症结所在；更没有人能阻止贪贿行为的发生，只能哀叹为何会有如此多"杀不尽的贪官"。

贪官现象在中国源远流长。《左传》载有春秋时贪官们的行贿受贿之事；《韩非子》描绘过战国贪官们的举止行状；《史记》中记有汉代贪官的贪鄙行径。其后各代，贪官污吏不绝于史，即使一次次农民战争的洗涤也从未将它根除过。我们的教科书中总是拿这样一个故事来作为封建官僚贵族集团骄奢淫逸、贪污腐化的证明：

西晋初，在京城洛阳有三个著名的富豪：一个是掌握禁卫军的中护军羊绣，一个是晋武帝的舅父、后将军王恺，还有一个则是散骑常侍石崇。他们为了显示阔气，竞相比富。当石崇听说王恺家洗锅用饴糖水时，竟命令自己的厨房用蜡烛当火烧。王恺立刻在家门前用紫竹丝编成夹道四十里的屏障，而石崇却马上用彩缎铺路五十里，将王恺比了下去。

然而，王恺并未服输，他跑到外甥晋武帝那里求助，可笑的是糊涂的晋武帝竟然觉得这种比赛万分的有趣，就将官中收藏的一株两尺多高的珊瑚树送给他，助他一臂之力。于是，王恺趾高气扬地把石崇和众多的公侯官卿请到自己家中，然后端出这株枝条匀称、色泽粉红的御赐珊瑚，自我夸耀起来。谁知石崇看了以后，一言不发，随手抓起案头一柄铁如意，"当"的一声将这株珊瑚树敲得粉碎。就在人们大惊失色之时，却见石崇的一批家仆抬上来十几株珊瑚树，其中三四尺高的竟有六七株之多。将珊瑚树放下后，石崇转向王恺，说道："阁下看哪株最大最好，就随便拿去吧！"自此，王恺才知石崇之富比他不知多多少倍，只好低头认输了。

当我们为封建权贵们无谓的争奇斗富而感慨万千的时候，却又不得不问石崇为何会如此富有。他所拥有的财富仅凭薪俸是无法拥有的。这里固然有他出身世家大族的因素，更多的却来自于他的贪贿与搜刮。在他当荆州刺史时，除利用权力贪污受贿外，更竭力搜刮民脂民膏。每逢外国使臣或商人经过荆州地界时，石崇都要派人敲诈勒索，有时甚至公开杀人越货。于是，就这样，贪官、强盗与富豪之间便画上了等号。

到隋唐时实行科举取士。这固然在一定程度上废除了世家门阀的特权利益而使更多更优秀的封建知识分子得以跻身于仕途之中，促进了中国封建社会的发展与日益完善。但同时，官本位的思想意识也更强烈地渗透到人们的心理意识中，"权之所在，利亦随之"，有权则有利。先当官后发财，而且只有当大官才可发大财。于是，贪官污吏们的巧取豪夺，更如水银泻地般无孔不入了，而且愈演愈烈。

以黄袍加身而得坐龙廷的宋太祖赵匡胤，由于自身的经历，使他更注重对武将兵权的控制与削夺，对官吏的贪污却不以为意，甚至公然说道："一百个儒官贪污造成的危害，不如一个武将拥兵自大。"然而，当蔡京、朱勔、王黼、李彦及宦官童贯、梁师成等一批食官豪吏横行于北宋政治舞台上，成为宋徽宗手下人人切齿痛恨的"六贼"的时候，北宋王朝的命运走向了终结，这是那位不惩贪污的宋太祖所不曾预料到的。

当成吉思汗的子孙们以剽悍无比的蒙古铁骑毁边墙而入，问鼎中原后，很快也与腐朽的政治制度与官本位意识融合在一起，使其官吏的腐败酷虐也同样是那么的令人触目惊心。与往昔相较，有过之而无不及。《元典章》中曾这样记载：

> 滥官污吏们四处借机侵渔夺利，巧取豪夺。征收赋税时必加重科赋，向上输纳时却暗取折耗，以至于滥刑虐政如虎，暴敛急征似风，使农民百姓根本无法安心于田里生产。

正如元末民谣所传的那样："官法滥，刑法重""人吃人，钞买钞""贼作官，官作贼"。于是，当"天高皇帝远，民少相公多。一日三遍打，不反待如何"的民众愤怒呼声再度在中原大地上回响的时候，元朝的命运也走向了终结。

每当我们谈论起贪官的时候，都不可避免地会想到那位"雁过拔毛"的明代最大贪官——嘉靖朝首辅严嵩。

严嵩，江西袁州人。进士出身，任翰林院编修。曾因病两度归隐钤山，在家休养数年。在这几年中，他不仅避过了明朝历史上几次险恶的政治风波，同时由于他潜心于赋诗填词，出过一本《钤山堂集》，从而博得了文名。待他病愈出山时，适逢嘉靖皇帝朱厚熜登基。嘉靖帝素喜舞文弄墨，早就听说严嵩大名，遂提拔严嵩为国子监祭酒，后又放任礼部侍郎，主管国家的大典和皇家祭祀工作。嘉靖帝也常将严嵩叫到官中谈诗论文。

明嘉靖七年（1528），朱厚熜派新任礼部侍郎严嵩去为他生身父母的墓换上兴献皇帝的新墓碑。原来，世宗朱厚熜是武宗朱厚照的堂弟，由于明武帝朱厚照无子嗣，他死后皇冠就意外地落到了朱厚熜的头上。继位后，嘉靖帝一心想立自己的生身父亲为皇考。然而，这与中国古代的封建宗法制度是不相吻合的，从而激起了朝中大臣们的强烈反对，认为必须尊武宗的父亲朱祐樘为皇考，生身之父只能追为皇叔父，否则有违礼法。此事争论了三年之久，嘉靖帝在一批投机钻营的新贵的支持下，坚持皇命，当群臣哭谏力止时，竟下令廷杖，杖死十余人，下狱一百多人，强行更换墓碑，以强硬手段取得了胜利。这就是明代历史上著名的"大礼议之争"。正是在这场政治斗争中，严嵩对嘉靖帝的谄媚表现，才为他后来跻身于高层统治阶层奠定了基础。

中国的皇帝，不管自己政绩如何，却似乎都有一种强烈的历史感。总记挂着他死后别人会怎么看他，似乎并不在意以自己的劣迹败行是否有脸面去见九泉之下的祖先，因为那太遥远也太虚无缥缈了，他们更重视的是当世人的赞颂与后来人从这些赞颂中所得出的评价。掌握了封建帝王的如此心理后，严嵩将他的拍马屁功夫发挥得淋漓尽致。他不断地写诗作赋，凭空颂扬嘉靖皇帝的"功德"，甚至细心地将嘉靖皇帝设计钦定的一些礼仪和谕旨等集录成书，作为国家正式典章，以便让嘉靖皇帝能够流芳百世。然而，真正让嘉靖帝感到舒心，使严嵩得以跻身于内阁大学士之列的，却是"青词"。

青词是用朱笔写在青藤纸上的斋醮天神的奏章表文，一般要用骈俪文体。嘉靖皇帝嗜好女色，纵欲过度，弄得身体一天不如一天，只好求助于道教，每日斋醮，以求长生不老。当时斋醮需要献上青词，于是那些削尖脑袋以求升官的人便投皇帝所好，竞相呈献青词，其中不少人因此而升官。严嵩就是其中的一位。他的青词写得极好，文辞华丽，藻饰非凡，而且，在颂扬上天的同时，也在颂扬嘉靖皇帝，博得了皇帝的欢心。严嵩见嘉靖帝笃信道教，遂自己也装成信奉道教，在家中设立道教堂室，供奉玄像，还把皇帝赐给自己的香叶冠笼上轻纱，显得更加虔诚。嘉靖帝得知甚喜，立即下令提升严嵩为武英殿大学士，进入内阁辅政。嘉靖二十三年（1544），又升任谨身殿大学士，兼任吏部尚书，成为阁臣中的"首揆"。

当严嵩成为内阁首辅之后，中国古代那条亘古不变的"因官而富"的定律再次发挥出它巨大的作用并以鲜明的事实向人们、向历史证明着它无比的准确性。

严嵩在取得大权之后，一方面继续对嘉靖帝大尽谄媚之能事；另一方面，也跟历史上其他贪官污吏一样，将目光移向了令人神魂颠倒的金钱之上。

明太祖朱元璋为了保证官僚队伍的质量，制定了一系列考核考绩制度，隔三四年便进行一次全面考查，政绩突出、百姓称颂的官员立即擢升；劣迹昭彰、众口叱骂的一律降职、撤职或查办。然而，就是如此一个旨在"洁官廉政"的制度，到了严嵩的手里，便成了聚金敛财的工具。每到考核年头，便是严嵩的"丰收之年"。只要多少送些，便可坐稳交椅。但倘若自以为干得不错，不愿"拔毛"，十之八九便要被以"浮躁""才力不及""老病"等借口降职甚至罢官了。据史书上载：文武百官为求得个平安无事，每年都按例选些金银到严府，自称"问安"。尤其到考核之年，每天到严府送金银财货的人络绎不绝，相望于道，甚至到了严府，还须排队等候。以至于时人讥讽道："哪怕是京城飞过一只大雁，严嵩也会拔下几根毛来的。"

想升官得给钱，想当官则更须以金钱铺路。严嵩自任首辅以来，权重一时，官员们的荣辱沉浮俱系他一人之手。而他更乘机敲诈索贿，使为求官向他进贡者络绎不绝。后来，为了省去讨价还价的麻烦，严嵩甚至干脆按官位品级高低订了一份价目表：文官州判（副州长）银三百两，通判（副知府）银五百两，武官指挥三百两，都指挥七百两。吏部号称六部之首，所以售价极高，吏部郎中、主事三千两，后来由于行情看涨，又将价格调整至银一万三千两。即使如此，求任郎中、主事之职的人仍然络绎不绝。一些书中曾记载着这样一个故事：当时有个乡村教书先生考上了举人，却总也轮不上他当官，后来他探知这一玄秘后，连忙送了两千二百两银子给严嵩，这才把山东临靖知州的美差弄到手。不几年工夫，便也暴富无比。

严嵩权势之大，连皇亲国戚都须买三分账，否则也依然寸步难行。嘉靖皇帝的第三子朱载垕，即后来的隆庆皇帝，有一次眼见王府的日常开支都快消耗尽了，而亲王的禄米俸银却始终发不下来。找底下当差的一问，才知道问题出在严嵩身上。万般无奈，这位亲王只好将府中仅剩的一千五百两银子封了，派人送进严府，这才领到户部发给王府的俸禄。伊王朱典楧因事犯了大罪，为了保命，不惜家财，赶紧送了十万两白银给严嵩。甚至严嵩的儿子，人称为"小丞相"的工部侍郎严世蕃竟在工部大堂上不无得意地说："天子的儿子都得给我家送金送银，还有谁敢不送呢？！"

严嵩的财路很宽，家中金银成堆。严府的一个侍卫曾说："我从偏屋看过去，正堂之内金、银、玉器狼藉一地，房中放不下了，就又挖了一个几丈见方的大地窖，里面也堆满了金银珠宝。"严世蕃自己也曾夸耀他严家是"天下首富"，似乎"王家之富丽"也不在他的眼中。

……

严嵩贪污手法之多，胆子之大，绝非寥寥几笔便可勾画出来的。而他聚敛财富之多，却更加令人瞠目结舌。

由于严嵩过分的跋扈，引起群臣怨愤，也逐渐引起了皇帝的不满，使严嵩的权势如拉得太满的弓一样，终于断裂了。嘉靖四十一年（1562），严嵩被皇帝致仕（强迫退休），他的儿子严世蕃也被捕入狱。不久又抄家。尽管严嵩事先已将部分财产转移，但抄家时仍抄出黄金三万两、白银二百万两；土地、田产难以计数，仅北京附近就有田庄一百五十余所。南京、扬州有良田美宅数十所，而他原籍江西袁州一府四县的土地，竟有十分之七都是他的。此外，还有他到处勒索来的大批价值昂贵的珍宝、文物，有些就连宫廷之内也不曾藏有，难怪严世蕃居然敢宣称他严家才是"天下首富"。

"因官而富，因富而官"，这就是中国古代封建社会难解的千年困惑。从此我们似乎多少也可以窥视到一些中国封建社会腐朽没落，长期停滞不前的原因。无独有偶，当今天的我们面对史海中浩浩如烟的贪官污吏扼腕叹息的时候，中国历史上的众多有为之君也曾为之焦心伤神，也曾立下那"杀尽贪官"的豪壮誓言。

唐太宗李世民鉴于隋亡之教训，时刻不忘澄清吏治、惩治贪官。他把人民比作水，把统治者比作船，告诫自己的儿子和百官："载舟之水，可以覆舟。"要他们清廉自律，不可忘乎所以。而惩贪最坚决、最果断、最不手软的却是明太祖朱元璋。

在朱元璋登上皇帝宝座之后，并未被胜利冲昏头脑。在他耳边，无时无刻不回响着那首元末盛行一时的《醉太平》小令：

堂堂大元，奸佞当权，开河变钞祸根源，惹红巾万千。官法滥、刑法重、黎民怨。人吃人，钞买钞，何曾见？贼作官，官作贼，混贤愚，哀哉可怜！

而他自身的经历，使他更了解吏治腐败、贪贿横行给百姓、给社会、给封建统治所带来的巨大伤害。于是，他发出了"天下之弊，莫过于贪墨"的感慨；又于是，他立下了"杀尽贪官"的豪壮誓言，发布了"凡官吏贪赃满六十两者，一律处死，决不宽贷"的谕令。

明洪武十五年（1382），发生了轰动一时的"空印案"。按明制，每年全国各省布政使司和府、县都须派官员到中央户部报告地方财政收支情况的详细账目，由户部将各级官府的报表审查清楚，符合规定的，准许报销，办理结案手续。如果报表有差错，就要驳回重新造报，这当然要煞费周折。更要命的是报表上必须有申报衙门的印信才算合法有效，而跑回去盖上这印，往往需要个把月时间。于是，为了方便，一些地方官员事先带好已经盖了印的空白报表，如果原报表不准报销被驳回，马上另外填造。这种做法不合规章，却相沿成习，而一些户部官员便乘机勾结地方派来的官吏，虚报支出数额，营私肥己。朱元璋发现这一情况后，立即果断下令将各地方衙门掌印长官全部处死，佐贰官打一百军棍充边，以儆贪墨。

明洪武十八年（1385），一位御史又揭发户部侍郎郭桓有贪赃行为。朱元璋立即下令调查，而结果却是那样的令他吃惊：户部侍郎郭桓与户部各司郎中、员外郎结伙贪污，勾结各省派到中央交纳课税的官员，多收少纳、捏报侵欺，一共贪污国库物资折合粮食达二千四百万石。盛怒之下，朱元璋再一次掀起了杀戮之风，立即将户部侍郎郭桓以下所有贪官全部处死，凡牵涉到的各省、府、县官，统统处死，前后共杀一万余人。

杀，似乎也并未能解除朱元璋心头的怒气。于是，他又下令凡那些被判死刑的贪官，都拉到各府、州、县的"皮场庙"去剥皮。皮剥下后，填上稻草、石灰，悬挂在他原任衙门的公座旁边，使后任官员整日相看，有所警戒。这就是他首创的"剥皮实草"之刑。

"有教无类"，刑杀的同时，朱元璋依然没有忘记对官员们思想上的教育与劝诫。他经常给各级官员训话，讲治国安邦的重要，并说："朕行先教而后诛，不是不教而诛，你等若是不听话，硬是要贪，那就只有死路一条。"对于那些廉洁奉公的清明之吏，朱元璋大加褒奖。明朝出使高丽的使臣符宝郎偰斯，任内不收该国馈赠，朱元璋亲笔题词"不辱使命，廉洁可风"，并以兹勉励，对他进行嘉奖、提拔。同时，他又命人花了近两年的时间编成了《大诰》一书，记录他亲自审讯和判决的一些贪污案例及他对贪官的态度、办案方法、惩治手段，并颁行全国。每户一册，还叫人节选抄录，贴在路旁的凉亭内，供人阅读。甚至直到临死时，还在他的遗嘱中写道："……朕死之后，内外文武百官皆要竭忠尽智，扶佐新君、安抚百姓，切不可再蹈覆辙，干那贪赃枉法害民又害己的事……"

……

每当看至此，往往令人拍案叫绝，崇敬之情顿生。然而，历史往往并不是如此。贪污，就如人身上无法根除的毒瘤一样，早已成为封建社会中的痼疾，一个难于清除的痼疾。朱元璋惩贪的决心不可谓不坚决，惩贪的措施不可谓不完备，惩贪的手段不可谓不狠毒，然而，贪官污吏仍如割而复生的青草一般，层出不穷。以至于连朱元璋本人都感慨不已，不知何以会有如此多的贪官，何以又有如此冥顽不化的臣民。在他死了之后，正如"人存政举，人亡政息"一样，更强大的贪污集团在他那资质日益鲁钝的子孙统治时期再度复兴、膨胀。

其实，中国封建社会贪官污吏层出不穷的根本原因，就在于封建制度本身和大一统的社会结构。在中国封建大一统的社会结构中包含着经济、政治、意识形态三个子系统，这就是地主经济、官僚政治、儒家正统意识形态。其中后两者是高度同构、互相耦合的。这两个耦合的子系统又对另一个子系统——经济结构进行调节，保持着地主经济的稳定，因为地主经济才是封建大一统的真正经济基础。三个子系统互为因果，互相调节，在相互作用中保持了中国大一统的格局与其他相应的特点，这就是人们所说的"宗法一体化结构"。这种一体化结构是一种强控制系统，三个子系统的状况只要稍稍偏离平衡状态，控制中枢（朝廷）就能作出灵活而及时的反应，迅速予以调节与控制。但这种一体化结构同样也存在着自身的矛盾与弱点。首先，它赖以维持大一统格局的经济基础是地主经济，这就决定封建社会的上层建筑对地主经济的种种弱点，如贪婪、残酷等只能起到抑制作用，绝不可能彻底根除。其次，在这种"宗法一体化结构"中，官僚机构正是一体化的调节器，但任何调节器本身都有一种自身无序化的趋势，因为任何调节器都存在着调节者不能完全控制的盲区，这些盲区，会产生破坏调节器功能的毒素，而调节器盲区还会随着调节的进行不断扩大。比如说，中国封建社会如不实行一体化调节，人身依附就会不断加强，豪强的土地兼并就会日益加剧，封建割据势力就会膨胀，产生分裂因素，破坏大一统的社会格局；但一旦实行一体化调节，又不能不依靠封建地主阶级知识分子，而他们本身就是封建的兼并势力与腐败滋生的集团。他们一方面实行对社会的调节，另一方面又使调节器本身日益丧失功能，步入腐败的旋涡。这种自身的矛盾就是中国封建社会诸多弊端产生的根源，也是贪官污吏层出不穷，屡禁不止的重要原因。可见，在中国封建专制社会中，想要"杀尽贪官"是根本不可能的，因为贪官产生的根源就是封建制度自身，这也是朱元璋最终失败的根本原因。后世曾有一位也想定国安邦的将军，将朱元璋"杀尽贪官"的话刻在一块石碑上，作为自己的政治理想。但这只能是一个良好的愿望罢了，在封建社会中，这一理想又怎能实现呢？

尽管如此，我们同时也应该看到在封建社会想根除贪污是根本不可能的，但任由贪污膨胀，同样也会对一体化结构产生巨大的破坏作用，阻止封建统治机制的正常运行，破坏封建社会的正常统治秩序。这就如长在大脑中的一个毒瘤一样：彻底根除会有生命危险，因为可能会伤及大脑；任其成长，也同样会危及生命；只有采取保守疗法，控制它的成长与膨胀。因此，在封建社会中，从皇权对一体化结构的调节功能来看，惩贪是必要的，也是皇帝通过行使最高权力，对破坏一体化的力量进行遏制的重要努力。尽管它不可能存在着长期的社会效应，在短期内却是有效的，是促进封建社会完善与发展的积极举措。这也正是我们对历代明君贤相们整饬吏治、惩治贪污举措大加肯定的原因所在。

千古轮回的梦魇，或许它的症结就在于此吧！

二、振朝纲康熙严惩贪腐

当历史的车轮将孝庄太皇太后与康熙帝纳入那辙迹的时候，也将他们拉入了这千年梦魇之中。

早在顺治年间，清朝的统治者鉴于吏治腐败是明王朝覆亡的原因之一，因此，为了巩固自己的统治，对整顿吏治确实下了些功夫。顺治皇帝就曾亲口说过：

> 明季诸臣，窃名誉，食货利，树党羽，肆排挤，以欺罔为固然，以奸佞为得计。……用人行政，颠倒混淆，以致寇起民离……深为可戒。

然而，清朝入关后，基本上沿袭了明代的政治制度，而且为了统治的需要，在各机构中也留用了大量的汉族降官，而这些官吏却正是在明末腐败的官场中贪污受贿成习，导致明朝灭亡的重要因素。再加上初入关的满洲权贵面对向往已久的中原财富、金珠宝玉，早已跌入了富贵梦中，滋生出了腐化的契机。于是，汉族降官与满洲贵胄很快勾结起来并成为顺治初年贪官污吏的主流。当清政权的经济尚未稳固，战争尚在进行的时候，这种贪污贿赂之风便已盛行了。在中国最富庶的江南地区，从顺治八年（1651）至顺治十三年（1656）五年间钱粮积欠竟达白银四百余万两，而当时全国每年钱粮才两千多万两。而且顺治十三年（1656）仅兵额就缺额四百四十余万两，直接影响了清王朝对南方的作战。钱在何处？当时的江西总督郎廷佐的一席话霍然间解开了这个谜团："未必尽欠在民，……或官吏侵渔、或解役分享，新旧牵混，上下朦胧。"面对"有司贪婪成习"，而"疮痍未平、胲削弥工"的局面，孝庄皇太后与顺治帝不得不将整顿吏治摆在了重要的地位。顺治十年（1653），在孝庄太后的支持下，顺治帝下令"大计天下"，考核官吏，查处一批贪官污吏；顺治十四年（1657），丁酉科场案发，又严惩两位主考，进行重试……经过一系列的整顿，暂时抑制了官员的贪污腐化，确保清朝在一系列的南征北战中节节胜利，终于在中原站稳了脚跟。

但贪贿之风是永远也不能根除的，当康熙初年鳌拜当权时，它再一次在清政权内部兴起。

康熙元年（1662），为了整肃吏治，孝庄太皇太后就曾通过四辅臣发布上谕：

> 以后官员贪酷昭著，及不能称职者，在外督抚不时参劾，在内各衙门堂官及科道纠察。其京察大计应行停止。内外官员俱著三年考满。考满之时，在外责成该督抚，在内责成各衙门堂官。矢公矢慎，

开注事迹考语，移送部院，严加考察，分别去留，以昭劝惩。

其核心意思就是对于贪酷官吏责成部院大臣和督抚随时纠参，不必等到三年才算账。三年考满，则以考核官员的才能和功绩为主，决定升迁去留。这一旨在整饬吏治的制度，在鳌拜逐渐掌握大权后，便成为他排除异己、结党营私、贪污纳贿的有力工具。一方面，他强行"换地""圈地"，倒行逆施，以维护自身的利益，另一方面，他也如明代严嵩一样，力尽贪污纳贿之能事，结党营私，而他身边的党羽也以同样的手法对待地方官吏。于是，在清王朝的统治机构内便形成了一个以金钱、权力为纽带，具有强大社会关系的复杂的贪污网，对清初社会产生了极大的消极影响，致使"文武官员，多有虚糜廪禄，怠玩因循，事务废弛。行伍虚冒，船只任其朽坏，器械全不整理，且有无多寡，茫然不知"。以至于当时人曾大声慨叹道："今百姓大害，莫甚于贪官蠹吏。"于是，鳌拜秉政，一方面形成了对康熙帝帝位的威胁，另一方面，也对社会、政治、经济生活造成了极大的消极影响。尤其生活在贪官污吏统治之下的广大人民的生活，就更变得举步维艰了。

于是，整饬吏治，已势在必行。

擒拿鳌拜之后，康熙十年（1671），皇帝亲政不久，就下令"大计"，全面考核文武百官。圣旨一下，一时间朝野哗然，一些贤臣竞相上书给皇帝，反映中央大员中存在的不廉情况，并申述民间疾苦起于知府知县，而府县不廉常由督抚贪酷引起，督抚贪酷的根源又在中央部院大臣。京官无法直接向老百姓勒索，就玩弄手中之权，向地方官员勒索，外官攀结京官，唯恐巴结不上，于是借口生日佳节送厚礼，甚至夏天送"冰敬"，冬天送"炭敬"，几乎无事不

"敬"。王鸿绪曾向康熙帝密奏道：

> 臣查各省地丁税课各项钱粮，在本地支销兵饷、驿站、俸工、漕
>
> 项等件，每年约共用银二千余万两，皆系督抚具本奏销，此定例也。

可见，整饬吏治的关键是那些部院"堂官"与封疆大吏，源不清则流是不会洁的。于是，他安排日程分别召见中央各部院衙门的"堂官"（包括尚书与侍郎），又命外省督抚轮番进京觐见，当面训饬。皇帝训饬的主要内容是希望大臣们体贴圣心，廉洁自爱，为国效力。告谕他们今后交往要检点，不能因事营求而行贿受贿，如再发现，决不宽恕。

然而，贪鄙的积习，绝非皇帝一次训话就可解决的。上有政策，下有对策，一切都如从前一样按部就班地进行着，封疆大吏们依然在银子堆里打转，仿佛不流血就无以警醒，无以为戒。于是，康熙帝决心处理一批胆大妄为的部院大臣、封疆大吏，当他如此决定的时候，便注定一批贪官污吏的头已放在了刀口之下。

当时，最令康熙皇帝百思不得其解的是：黄河下游连年决堤，国家每年用于治河的钱粮数量之大，不可胜数，可黄河却总也不见治好，甚至没有丝毫的起色。原因何在？他不得而知，但直觉告诉他根源似乎在主管全国水利工程的工部。"出师必捷，方可镇视群雄。"于是，他亲自坐镇，组织人马对工部进行大清查。在皇帝的亲自监督下，善于相互包庇的部院大臣们终不敢公然蒙蔽圣聪，真相很快大白于世：整个工部，自尚书、侍郎到各司郎中、员外郎竟无一例外地组成了一个大贪污团伙，每年治理黄河的银子都流进了他们的腰包。当

黄河下游的百姓们连年为水患所害，流离失所，呼天喊地，无以为生的时候，这些贪官污吏竟无视累累的白骨，将大把大把的银子装进了自己的口袋。龙颜大怒，康熙帝忍无可忍，下令将所有有关官吏均撤职严办，籍没家产，按律治罪，这也是他向贪官污吏们发动进攻的信号。

与工部一案同时，康熙帝又收到了一份密报：山西巡抚穆尔赛贪酷无比，民怨很大。终于，他找到了向封疆大吏们开刀的机会。

穆尔赛正是一位在入关后便过早地跌入了富贵乡中的满洲贵族人物。自他出任山西巡抚，坐镇太原以来，所有的注意力都被吸引到金钱之上。或许他以为多年鞍马劳顿，现在也该歇一歇了，也该享受一下了。然而，致命的是他并未像普通人那样，顶多少管政事、多事休逸，却一头扎入了钱堆之中，再也拔不出来了。在他任内，断案不分是非，只论金银；考核不论贤否，只认珠玉；贪污公家粮饷，搜刮百姓膏粱，整个山西早已民怨沸腾，怨声载道，而他却依然稳居高位，纹丝不动，没有人能搬得动他，也没有人去搬他，因为他也早已谙熟官场中的奥秘，一车车无事不"敬"的财物源源不断地送入了京城。他觉得高枕无忧了，依旧沉醉于歌舞亭榭、酣歌畅饮之中，却不知厄运正一步步向他走来。

接到密报后，康熙帝立刻派人前往山西查证，并且严密封锁消息，不让任何人知晓，以免走漏风声，打草惊蛇。不久，一份折报便放在了康熙帝的案头。这是一份有关穆尔赛贪赃枉法、欺压百姓、结党营私等各种罪状的密报。

轻轻打开，刚看了数行，康熙帝的眉头便拧在了一起。片刻之后，他终于忍无可忍，密报中的种种罪状已使他不愿再看下去。他猛地拍案而起，就要发作，恨不得立刻将穆尔赛拘捕至京。然而，数年前熊赐履那份"万言疏"中的话却回响在他的耳边：

民生困苦已极，官吏私人的加派多于官家所征，各种杂税已超过了正额。一到水旱频仍的时候，皇上往往下令蠲免，而实际上却有名无实，民生依旧多艰，得到好处的只不过是那帮贪官污吏罢了……究其原因，这也并非仅仅是地方长官的过错，其上有监司、监司之上有督抚……所以督抚廉则监司廉，地方官吏也不得不廉；督抚贪则监司贪，地方官吏也不得不贪了。

上梁不正下梁歪，康熙帝是深明此理的。"督抚贪则监司贪"，上行下效，那么督抚之上的部院大臣们又是否也是如此呢？当这样反问的时候，康熙帝也知道答案一定是肯定的。"源清"则"流洁"，除了封疆大吏，也更需要整顿一下中央各部的大臣们了。于是，他忍住不发。再一次密派心腹去查寻穆尔赛与朝廷中哪位官员关系最为密切，来往最多。当密报再次送上来的时候，写着内阁大学士兼吏部尚书勒德洪的名字。

第二天早朝，康熙帝似乎漫不经心地向勒德洪问了一句："山西抚臣穆尔赛为人居官如何？"

勒德洪与穆尔赛不仅是老交情，而且穆尔赛每年都向他馈赠大量的礼品。而穆尔赛之所以敢于胆大妄为，他最主要的靠山也正是这位内阁大学士兼吏部尚书。于是，勒德洪不加多想，便朗声答道："穆尔赛为人谨严，官声颇好。"

康熙帝微微向前倾了倾身子，再次问道："果真如此吗？"

听着皇上那略带愠怒的声音，勒德洪似乎预感到事情不妙。他偷偷地向上瞅了一眼，恰好与康熙帝那威严而略带嘲弄的目光相遇。刹那间，他似乎明白了许多，低下头，再也不敢吱声了。

顿了顿，康熙帝从袖中抽出密折摔在了大殿之上。勒德洪慌忙捡起，打开一看，顿时目瞪口呆，一切竟是如此的详细，甚至比他所知道的还要多。他无奈地低下头，趴伏在地，除了磕头请罪之外，再也不想别的了。

不久之后，穆尔赛被逮捕至京，交由"九卿"（六部尚书、左都御史、通政使、大理寺卿）公开审理，各省督抚也被召回京师旁听。在皇帝的亲自干预下，一切事实很快水落石出。杀一方可儆百，盛怒之下，康熙帝下令立斩穆尔赛，对于勒德洪，念及其过去劳苦功高，予以降二级处分，以为警戒。

然而，简单的杀戮并不是解决问题的最佳方式，只有"先教"而"后杀"。况且，康熙帝的目的也并不仅仅在于杀死几个贪赃枉法的大臣，而是要官吏们以此为戒，有所警惧。于是，事情并未因穆尔赛的死而结束。

乾清门外，康熙帝高坐龙案后，前来京师听审的各省督抚战战兢兢地跪伏在阶下，不知又有什么事情发生。于乾清门外听政，是康熙帝在平定三藩之乱中养成的习惯，而今天，他却要在此训政了。

望着跪伏在脚下的大臣们，康熙帝微微清了清嗓音，说道："朕年前南巡江南，途经济南，出观趵突泉，书'源清流洁'四字，左右不解，源清流洁乃是水自然的道理，朕思国家吏治，无不如此。百姓安泰系于知县，知县贤否赖于督抚，封疆大吏行得正，系民知县自然成为清廉之官。朕查吏先查大吏，尔等小心！小心！"

阶下的封疆大吏们长长地舒了一口气，连连叩首称是。他们真的理解皇上的苦心，吏治真的能就此而澄清吗？似乎未必。但"杀而教之"比起宋太祖赵匡胤的"不杀不教"毕竟要好得多，至少在短期内是如此。

对于康熙帝的惩贪除暴，孝庄太皇太后是大力支持的。尽管史书上对此并无明确的记载，但也并不能因此而否认这一事实的存在。

孝庄太后一生不饰金银，不穿华服，极为俭朴，只在重大庆典时才偶尔为之。而且孝庄终其一生不曾修造一处园林，她要避暑，都由孙儿玄烨伴随去古北口外喀喇城一带小住，清初所建园林，如畅春园、圆明园以及热河避暑山庄等，都是在她死后修建的。一直到死，她都住在慈宁宫的五间宫殿中，从未另行修造。甚至她还多次将宫中的节省银数万两拿出犒军赈灾。这与一百多年后慈禧太后的奢华生活相比真是大相径庭。在顺治帝的遗诏中就有两款涉及生活浪费："国用浩繁，兵饷不足。而金花钱粮尽给宫中之费，未曾节省发施""经营殿宇，造作器具，备极精工。无益之地，靡费甚多"。众所周知，顺治帝遗诏实出孝庄太后旨意。她既责备顺治帝，也声明自己必不会如此。一个倡议节俭的人是不会支持与容忍腐化贪贿的，而且早在顺治年间就一直在惩治贪酷，整顿吏治。康熙帝极为崇敬祖母，"朝廷有黜陟，上多告而后行"。可见，康熙帝惩治贪污、整饬吏治必定是得到孝庄太皇太后的首肯与支持的，甚至就是出于她的本意。因此，尽管惩贪的真正执行者是康熙皇帝，但孝庄太皇太后在其中的作用，仍然是功不可没的。

穆尔赛被处死及对工部一案的惩戒，确使康熙年间的吏治曾一度略有起色，至少封疆大吏们已不似从前那样放肆妄为。然而，正如我们所知的那样，贪污是封建社会不可根除的痼疾。孝庄太皇太后与康熙帝一样也坠入了这千古轮回的事实之中。早在孝庄太皇太后还在世的时候，它就如一股汹涌奔腾的潜流一样早已在悄然孕育着，只不过直到她死后才最终喷涌而出。

尽管康熙皇帝"源清流洁""先杀大吏"的训谕使得那些封疆大吏毕恭毕敬，连连称是；穆尔赛的血也曾使一些人胆战心惊，但金钱的诱惑与不可根除的劣根性使这些封疆大吏在离开京城后依然我行我素，只不过方式更加隐秘，伪装更加巧妙，当口中高唱廉洁的时候手中却依然接下了不少的红包。仅凭杀个把人、一次训谕就可使贪贿绝迹，康熙帝也知道这是不可能的。但那些封疆大吏、部院大臣身居显位，一般人很难掌握到他们贪污确凿的证据，即使知道他们发了外财也毫无办法。因此，康熙帝又想起了"风闻言事"的旧例来。

"风闻言事"是中国封建政治的古老传统，它是指国家专门监察机关的官员可根据"风闻"，即还没有确凿证据的传闻向皇帝举报，请皇帝定夺。监察官员拥有风闻奏事的权力，是对文武百官的一种有效威慑。然而，这样一种制度在明朝后期却成为官场上党派斗争的工具，不同派别拉拢几个御史，造谣中伤，攻讦政敌，把明朝廷搞得乌烟瘴气，最终亡国。清朝立国后以明亡为鉴，禁止监察官员风闻言事。

然而，禁止之后，皇帝顿觉言路闭塞。自己听到外面的情况少了，反让大奸大贪之人少了几分担心。康熙帝左思右想，终于觉得"风闻言事"只要能正确诱导，就能做到利大于弊，于是决定重开"风闻言事"之例，"惟监察官员须一秉至公，不得挟私举报，如有此等之徒，应如律反坐"。

此令一出，果然大奏其效，言路大为开阔，众多被掩盖的弊政又重新被挖掘出来。都察院山西道御史陈紫芝一马当先，上奏弹劾湖广巡抚张汧贪赃受贿，并且和中央内阁大学士明珠来往甚密。接着，御史郭琇竟直接上奏章弹劾明珠：

风闻京师盛传"天要平，杀老明"的民谚，这个"老明"就是曾经帮助皇上平定三藩之乱的大功臣明珠。明珠自恃功高，和大学士余国柱等结成拜把兄弟，纳贿营私。各省有督抚、布政使、按察使官位空缺，他就许这人又许那人，谁孝敬得好他就奏请由谁来补缺出任。各省学政（主管一省学校的官员）在上任之前，都要到明珠府中问价钱，学政上任后多方贪污受赃，致使文教口风气大坏。种种不法，难能枚举，伏祈皇上圣裁！

明珠，姓叶赫纳拉，满洲正黄旗人，是叶赫贝勒金台吉的孙子。在努尔哈赤平叶赫的时候归顺了后金。康熙年间逐渐受到重视，升任兵部尚书，并因练兵有方而屡受嘉奖。三藩之乱时，明珠力主撤藩。三藩反后，索额图等要求效汉景帝诛杀晁错故事诛杀力主撤藩者，以平三藩之怒，康熙帝却道："此出自朕意，他人何罪？"从此，明珠深受康熙帝信任，不久调任吏部尚书，又授武英殿大学士，累加太子太师。到三藩之乱平定时，明珠更受康熙帝信任，以至皇帝竟在朝堂之内说道："三藩乱起之时，有人请求诛杀明珠等力主撤藩者。朕若是真听他们的了，今天我们就都已含冤九泉矣！"正是这样一位深受康熙帝倚重，颇有政治谋略，劳苦功高的功臣，在掌握了权力这根魔杖之后，也逐渐地跌入了"权钱"的旋涡之中。

当接到郭琇的奏折之后，康熙帝无论如何也不相信他最信任的明珠竟会贪贿无比、结党营私。在他的思想意识中宁愿将此仅仅当作"风闻奏事"罢了，但作为帝王的责任感终于促使他立即派人前去调查，调查的结果表明，事实比郭琇奏折中所说的更为严重。

明珠在掌握大权之后，在余国柱等人的包围诱导下，日渐腐败。卖官鬻爵，侵吞民产，勒索金银，不应者"必倾之"。更为严重的是，为了与朝中与他同样位高权重的索额图争权夺利，他竟与余国柱、科尔坤、佛伦、勒德洪等结成死党，党同伐异，与索额图互相攻讦。"党祸"在中国古代历史中也是屡见不鲜的，甚至不少朝代如汉、唐、明等在一定程度上都是亡于党争的。因此，清代的统治者对于"党同伐异""结党营私"是深恶痛绝的。顺治帝就曾严惩过结党营私的官吏。康熙帝也不例外，当他得知明珠贪赃枉法时，或许出于对他的宠爱会将此事大事化小，略作申斥罢了；但当知道他竟结党营私时，高度的警觉性使康熙帝不得不有所行动了。因此，明珠之败与其说是因在"营私"，不如说更重在"结党"。这一切在康熙帝发给吏部的上谕中即可反映出来：

> 国家建官分职，一定要同心协力，遵纪守法。而现在朝中诸臣，自大学士以下，只知道互相援引，徇私倾陷。凡到开会时，一二人倡议于前，众人附和于后。廷议都是如此，国家大事又依靠谁呢？……故罢大学士明珠，交领保卫内大臣酌用。

于是，不久之后，明珠被撤职，他的同伙大学士余国柱、李之芳，吏部尚书科尔坤，户部尚书佛伦，工部尚书熊一潇都被卸任。更为可笑的是屡教不改的大学士勒德洪在穆尔赛一案中仅受降职二级的处分，而这次却被彻底踢出了官僚队伍之中，永远失去了贪贿的机会。而两案前后相隔仅数年。由此可见，封建官僚的劣根性与贪污这一痼疾的顽固性。这一年是康熙二十七年（1688），距孝庄太皇太后病逝尚不足一年，当九泉之下的孝庄太皇太后听到这个消息的时候，又作何感想呢？

在揭去了明珠这把保护伞后，张汧贪污案很快就水落石出。张汧任湖广巡抚仅一年，就凭借明珠这把保护伞，玩弄权势，勒索盐商和府县九万多两白银。单此一项，就已够判张汧极刑。保举张汧升任巡抚的户部侍郎王遵训也为此丢了乌纱。于是，又一颗封疆大吏的头颅被摆上了整饬贪墨的祭坛。

面对百杀不尽的贪官，康熙帝再一次发布上谕痛切告诫官员：

> 文武百官不要有了一些功劳，就自以为可以自由贪占黎民膏血，有此心者明珠是鉴。从今以后，务须洗涤肺肠，痛改陋习，洁己奉公，勉尽职守，方是人臣本分。

并对为自己挖出身边大贪官的郭琇大加褒奖，亲笔题词：

> 风霜之任，以惩奸慝。
>
> 搏击之威，以儆贪墨。

然而，理想毕竟只是理想，或者说那只是一个豪壮而又美好的幻想。当贪墨的潜流在这次爆发之后，便再也难以弹压了。之后，无论是康熙帝，还是雍正帝、乾隆帝，都以"杀尽贪官"为己任，然而贪官却越杀越多，越杀越烈，一个和珅就足以将所有的惩贪功绩抹杀殆尽。"三年清知府，十万雪花银"，无论是清初，还是清末，这都是清代贪贿的一个真实写照。

"杀尽贪官"与"杀不尽的贪官"，理想与现实的脱节，成为历代明君圣主们的困惑所在。甚至直至今日，也仍旧困扰着人们。无论是康熙帝还是孝庄太皇太后也都没能摆脱这一困惑。千年梦魇，一个难解的谜！

三、压制外戚太后奠国基

> 红藕香残玉簟秋。轻解罗裳，独上兰舟，云中谁寄锦书来？雁字回时，月满西楼。
>
> 花自飘零水自流。一种相思，两处闲愁。此情无计可消除，才下眉头，却上心头。
>
> ——李清照《一剪梅》

爱情，在人类历史上是一个永恒的主题。多少文人骚客、才子佳人曾将那脉脉温情谱写成那一曲曲流芳百世的绝唱。一曲《一剪梅》勾勒出人们对这一炙热真情的向往与思恋，那是一种甜蜜。

然而，不知从何时起，人们开始卷入权力的厮杀而为之疲于奔命的时候，政治也便同样成为一个关系人们切身利益的永恒主题，带着浓烈血腥味的残酷。似乎谁也没有想到将这截然不同的两种事物结合起来，因为那同样是残酷的，而历史却在无形中，在政治利益的驱使下将两者联结在一起，甚至二者是那么牢不可破。

第一桩政治婚姻始于何时，没有人去查证，也根本无法去查证。似乎数千年前尧将他的两个女儿娥皇、女英嫁给舜，便成为我们迄今所知的最早的政治婚姻了，并由于它无可比拟的政治效果而经久不衰。周朝的天子们就是靠政治婚姻来维系他们的统治，同姓诸侯称"叔"，异姓诸侯则称"舅"。春秋战国的君主们也更是以此作为联结攻伐的纽带。汉代的皇帝们则靠它抵御外虏的入侵。晋、唐、宋的帝王们也依旧靠它来稳固自身的统治……

当历史的无限延续性下沿几千年后，这一政策也不可避免地被清代统治者所接纳了，而且更为成熟地运用起来。

早在统一女真之初，后金就利用这一政策来拉拢各部落，党同伐异，以为己用。在发现蒙古的战略重要性之后，更以联姻方式将科尔沁诸部紧密地联结起来，并将其绑在了自己的战车之上，孝庄文太后就是此时政治婚姻中的一个牺牲品。然而，特殊的历史地位与环境，却使她又将这一政策继承下来，运用到了自己儿子的身上，以巩固爱新觉罗家族的基业。所有这些联姻的唯一前提，只有一个，那就是政治利益。

康熙帝继承帝位的时候，还是一个冲龄稚童。然而，随着岁月的流逝，他已开始渐渐长大成人。于是，又一个令人头痛的问题摆在了孝庄太皇太后的面前。当一个人成为皇帝的时候，由于其特殊的社会政治地位便使他同时也必须失去很多，当然包括自己的爱情与婚姻，因为它已作为一种商品在政治斗争的市场上被卖来卖去。在中国封建社会，皇帝的大婚历来是一件极其重大的事情，甚至与国运的昌盛与否有着直接而密切的关系。历代的封建帝王们要么用它来怀柔远夷，要么以它来拉拢权贵，以使自己的王位永固。因此，对于康熙皇帝的婚姻，孝庄太皇太后不得不认真加以考虑，而被提到大清王朝的政治日程上来。

由于在统一女真各部时和后金立国之初，蒙古的地位与作用显得尤其的重要，因而无论是努尔哈赤，还是皇太极都将争取、笼络蒙古作为重要的战略方针，以稳固自己的后方，而其中最重要的手段就是千古不变的政治联姻。努尔哈赤自己就娶了不少蒙古王公贵族的女子为妻，也命自己的儿子娶蒙古女子为妻，并将爱新觉罗家族的宗室之女下嫁给蒙古王公及其子嗣；皇太极将这一政策继承下来，自己的五宫后妃竟都是蒙古博尔济吉特氏家族的女儿，而且几乎全部都是出于政治上的需要。于是，爱新觉罗家族以它那彪悍而又旺盛的生命力征服了东北，也征服了中原，这与政治婚姻的作用是有直接关联的。但同时，它也造成这样一个事实，即蒙古贵妇开始在后宫站稳脚跟，并确立了她们稳固的统治。正如东晋年间人们所说的"王与马共天下"一样，大清王朝也已成为满蒙联姻的共同产物了。

清军入关，定鼎中原之后，由于四境尚未平定，满洲统治者虽有长住中原的决心，却并无必胜的把握，所以蒙古的地位依然显得十分重要，那是他们龙兴之地能否得以安定的重要因素与力量。而且，从一定程度上来说，顺治帝福临能被拥戴为帝，也与蒙古科尔沁等部的支持有一定的关系。再者，孝庄太后在掌握宫廷大权后，由于血缘上的近亲关系，更希望能在大清的后宫之中确立蒙古贵妇的永久统治、世代成为帝后之姻，就如辽代的耶律氏世代必娶萧氏女子为后一样，亘古相奏龙凤交鸣之曲，使科尔沁成为那永久的凤兴之族。正因为如此，她先为顺治帝福临选娶了自己的亲侄女为妻，在亲侄女因为感情冷淡被废之后，又将自己侄子的两个女儿同时接进宫中，择一册封为后。当颇具叛逆性格的顺治帝以宠爱董鄂妃作为反击，并准备再度废后，以打击蒙古贵妇在后官中地位的时候，她竟不择手段最终将董鄂妃逼死，也将自己的儿子逼上了绝路，导演了一场凄惨的宫廷悲剧。

然而，当婚姻成为政治的附属物的时候，它只能以政治利益作为存在的前提条件，而不是血缘与亲情。于是，时过境迁，到康熙皇帝之时，形势已并不如顺治帝时那样了，情况早已发生了变化，婚姻政策似乎也应该随之发生变化了。这也正是孝庄太皇太后苦苦思索，却又左右为难之处。

康熙初，经过十余年的征讨安抚，清政权已开始在中原站稳了脚跟，大规模的流贼、明逆已基本上被肃清，并开始步入封建统治的正轨。此时，远在朔北的蒙古各部的重要性已大不如前，已成为一个替清王朝戍守边疆的附庸罢了，无论怎么折腾，已不可能再对清王朝的统治构成威胁了。此时清朝统治者最迫切的政治任务是寻求自身的巩固与发展，这不是靠外部力量的作用便可完成的。而此时的康熙帝正值冲龄践祚，使这一任务显得更为迫切与重要。此时，孝庄太皇太后不得不审时度势，将视线从外部移向了内部，监督四大臣辅弼幼主之重任就落在了她的肩上。

顺治帝临死之前，确立了以孝庄太后为核心的四大臣辅政之制。虽然是以孝庄太后为核心，但作为女人在封建社会是不宜直接干预朝政的，而且长年身居后官之中，也难以与外部世界取得更广泛更直接的联系，因此，她最主要的责任就是监督四大辅臣，看他们的所作所为是否有违制僭越、扰民乱国之处，起到一种权力制衡的作用。稳固内部，确保大清帝统，主要依靠的还是四大辅政大臣：索尼、遏必隆、苏克萨哈、鳌拜。是否能将他们更紧密地联结到皇室的周围，使他们尽心尽力，为皇帝所用，在很大程度上关系到政权内部是否稳定，年幼君主是否能够顺利地完成这一政权的承接。而这种联结最佳的方式就是联姻。以联姻的方式将他们有效地纳入到皇族系统中来，用血缘亲情上的关系和政治上的荣耀使他们能够更有效地屈服于皇权之下。

康熙十三岁这年，孝庄太皇太后下令天下选秀女入宫，以备皇上大婚。在选中的秀女中就有辅政大臣索尼之子侍卫内大臣噶布喇之女，也就是索尼的孙女赫舍里氏；还有遏必隆的女儿钮祜禄氏。是偶然，还是巧合？似乎更应该是一种必然。

于是，康熙四年（1665）七月，北京城里举行了盛大的皇帝大婚仪式。索尼的孙女赫舍里氏被册封为皇后，遏必隆的女儿钮祜禄氏及康熙帝舅舅佟国维的女儿佟佳氏等被封为妃嫔。一个完整的后宫就此组成，一种新的政治婚姻也就此缔结了。

在四大辅政大臣之中，索尼名列第一，遏必隆名列第三。二人都出身于上三旗，大权在握、颇具实力，而且又都忠心耿耿。孝庄太皇太后以为只要拉拢住他们两人，就等于控制了四大辅臣的一半，就可放心了。但是她费尽心机所作出的努力，却因一个鳌拜而几乎付之东流了。

尽管索尼、遏必隆资深权重，但索尼业已老迈，已无力掌管政事。权力掌握在一个无法使用它的人手中，同样也如同虚设。而遏必隆为人怯懦，做任何事只会随声附和却从不出头，他又与鳌拜同是镶黄旗人，在鳌拜的"圈地""换地"之中为了自身的政治、经济利益而附和赞同。苏克萨哈虽然忠心耿耿，但在鳌拜和遏必隆的排挤打击下已不可能有所作为了。于是，辅政之制出现了漏洞，鳌拜借机专权，并逐渐走上了君臣错位之路。虽然最终孝庄太皇太后还是将其镇压下去，但对她来说，这无疑是一桩失败的政治婚姻，因为它没有起到它所应该起的政治作用。

康熙十三年（1674）五月，康熙帝皇后赫舍里氏在生下皇二子允礽后，即于是日死去，谥号"仁孝皇后"，葬于孝东陵之东，称为景陵。皇后位置出现了空缺。在封建社会中，皇后之位虽不比皇帝那样尊贵，甚至它本身就是帝位的附属物，但后位同样也如皇室与宫廷的脸面一样，不可久虚，而且也同样需要慎重。

在当时，最有可能继承后位的有两人：一个是遏必隆之女钮祜禄氏，一个是佟国维之女佟佳氏。从康熙帝的感情来说他似乎更钟情于后者。

在中国历史上，宦官、外戚、宗藩，无休止的干政、专权、作乱，如"杀不尽的贪官"一样一直成为一个困扰历代君主的谜。尤其外戚的专权更被封建统治者视作洪水猛兽却同样不可根除。

外戚与宦官不同，他们代表了以皇后和皇太后为首的大地主大豪强集团，有着庞大的宗族势力和经济地位。又可凭借着掖庭之宠而打开通向最高权力的大门，甚至直接威胁着帝位。王莽、隋文帝都以外戚身份入居九鼎。因此，封建君主们将外戚之祸看得比宦祸更为严重，想尽办法予以阻止。这就使中国历史上外戚专权的频率不如宦官专权那么高，但作为君权的伴生物，只要君权存在，外戚专权依然是屡禁而难止的。

最早的外戚专权始于西汉。当刘邦与他的子侄们杀白马而盟，"非刘氏而王，天下共击之"的誓言还在天空中回荡的时候，他的妻子吕雉就已将吕氏的子侄遍封天下，一步步逼近了刘氏的皇位。但命运还没有赐给她合适的机遇，死神便夺走了她的生命，因她而旺的外戚体系也便随之土崩瓦解。

汉武帝虽是一代英明之主，却也未能改变命运的安排，临终前，将年仅八岁的汉昭帝托付给了身为大司马的大将军霍光。霍光本身就已是武帝皇后的亲眷，不久后又成为昭帝皇后的外祖父。于是，本已显赫的权势更加显赫。"一人飞升，仙及鸡犬"，霍氏一门大小均位列朝堂。然而欲壑难填，尊盛日久，渐滋骄横，霍光的夫人为了使自己的小女儿可以当上汉宣帝的皇后，竟公然派人入宫去毒死了原立的天下之母许皇后……

更重要的是，霍氏秉权开了外戚辅政的先例。

于是，当汉元帝的皇后王政君历汉朝四世为后宫之首，秉国六十余年的时候，王氏家族便成了最大的外戚集团。而王政君更违背刘邦"无功不侯"的旧约，大封王氏子孙……终于有一天，她的侄子王莽从她手中夺去了"既寿永昌"的玉玺。

东汉顺帝死，冲帝立，梁太后便伙同其兄把持了朝政。不久，冲帝死，质帝立。一次，梁冀朝见，年幼聪敏的质帝以目送之，称其"跋扈将军"。几天后，汉质帝便被毒死于宫中。

西晋武帝先后娶名门士族华阴杨氏两女为妻，并重用皇后杨芷之父杨骏，更将年少而又愚呆的晋惠帝托付给汝南王司马亮与外戚杨骏，以实现其皇族与士族夹辅皇室的夙愿。但膨胀的野心使杨骏篡改了遗诏，而成为唯一的顾命大臣。此举激怒了另一个外戚集团——以惠帝皇后贾南风为首的贾氏一族。291年，在贾南风的精心策划下，楚王司马玮奉惠帝密诏赶回京城洛阳，杀死杨骏，诛杨氏亲族。不久又杀汝南王司马亮及老臣卫瓘，而司马玮也被贾南风除去……然而，就在贾南风毒死太子司马遹之后，司马氏的宗室们已不能容忍，从而拉开了"八王之乱"的序幕。

唐玄宗李隆基在诛杀姑姑太平公主之后，以安定社稷之功承继了帝位。初登龙御的玄宗尚知励精图治，锐意改革。然而，当他登上了开元盛世顶峰之后，却急剧地跌落下来。738 年玄宗所宠爱的武惠妃死去，忧伤的玄宗整日郁郁寡欢，后宫美女充盈，却无一中意者。当驸马杨泗为他引荐了一位绝色美人——寿王妃杨玉环后则如获至宝，愁怀顿开。他顾不得李瑁（即寿王）是他的儿子，便将儿媳杨玉环接入了宫中，封为贵妃。"后宫佳丽三千人，三千宠爱在一身。"于是，杨氏大盛。杨玉环的两位哥哥杨铦和杨锜分别列官为殿中少监和驸马都尉，她的远房堂兄杨国忠则由御史大夫迁居宰相，兼领四十多个使职，权倾天下。为了争权夺势，杨国忠又与节度使安禄山积恶成仇，杨国忠百般陷害安禄山，而身兼三镇节度使、手握重兵的安禄山则兵戎相见，以诛杨国忠为名，举兵反唐，一场"安史之乱"将李氏王朝的百年基业拉下了死亡的深渊。

……

历史是现实的剖切面，是足以为戒的。孝庄太后自蒙古远嫁后金，只身一人、形单影只，所有外戚都远在千里之外。因此，当她秉政时，没有也不会出现外戚专权。然而，康熙帝的情景与她却不尽相同。

康熙帝的亲生母亲孝康章皇后，姓佟佳，是固山额真佟图赖之女，也是孝庄太皇太后选入宫的。在康熙帝即位后，尊为皇太后，康熙二年（1663）病逝。

佟氏，本是辽东望族，努尔哈赤时归附后金。以佟养真、佟养性为首替后金厮杀疆场，立下赫赫战功。之后，佟养性子佟图占、佟养真子佟图赖接掌父叔之兵柄，继续为后金开疆拓土。尤其佟图赖更功勋卓著，入关后，更率其佟家炮兵南征北战，攻城略地，曾出任礼部侍郎，因功授定南将军，后又晋封为三等子爵，加太子太保衔。其二子佟国维、佟国纲及族侄佟国瑶也战功卓著，为平定三藩之乱立下了大功。同时，在佟氏家族中，佟养甲任两广总督；佟国鼎、佟国器先后共三次出任福建巡抚；佟岱任浙江、福建总督；佟养量任宣大总督；佟延年任甘肃巡抚；佟凤彩任四川巡抚……康熙八年（1669），康熙帝又将其外祖父佟图赖所管佐领抬入满洲镶黄旗中，其地位更加显赫。康熙帝也曾赋诗称赞佟氏："领袖高门称退让，英华雅望冠椒房。谦和不恃勋臣贵，谨恪能承宠眷长。"以至于有人将清初称为"佟半朝"。

这是一个以军功起家的大族，尤其在康熙帝即位，孝惠章皇后成为皇太后之后，其权势更加膨胀。因此，倘若再立佟国维之女为皇后，一门连出两后，极可能会造成外戚势力的发展。而且，所有的外戚都近在咫尺。于是，孝庄太皇太后对于这样一个有可能威胁到皇权统治的盛门大族虽无力铲除，但也不能鼓励它的发展。

遏必隆在铲除鳌拜后曾一度被免职夺爵。但后来念及他是开国功臣额亦都之后，又功勋卓著，深受先皇信托，虽未尽到辅政之职，但仍赐还原爵。他依旧位高却已不再权重。况且，在地位与声望上，钮祜禄氏仍然高过佟佳氏。因此，册立遏必隆之女为后既不会招致大臣们的反对，同时也可遏制佟氏势力的膨胀。

康熙十六年（1677），康熙帝发布上谕："恭奉圣祖母太皇太后慈谕，册立一等公遏必隆之女为皇后。"或许这也是出于一种补偿与安抚吧，同时也加封佟国维之女佟佳氏为贵妃，四年之后，又加封为皇贵妃。

对于外戚之族，孝庄太皇太后力主压制，以防止对皇权的破坏与僭越，甚至对皇权造成威胁。清代一朝并未出现过如汉唐般外戚干政祸国的局面，这一方面是由于清朝的历代皇帝都能力极强，使外戚专权这个皇权的伴生物没有干政的机遇；另一方面，也是由于清朝历代统治者都对外戚盛门进行严格的控制与压制，用时拉，不用时打，使其势力不能如汉唐那样在君权的庇护下迅速膨胀。而奠定此基的正是孝庄文太后。

或许从二十四姓的"家史"中，你无法查阅到一个女人那举足轻重的一言一行。然而，其风其言其行，谁又敢说对她的孝子贤孙们不会有丝毫的影响呢？

第九章

迟暮之年又到清凉境
昌瑞山中留下千古谜

一、迟暮之年孝庄祭先帝

自从康熙帝亲政之后，孝庄太皇太后就已很少过问政事。尽管"朝廷每有黜陟，上多告而后行"，但除了一些极其重大及危急的事情外，她都多听圣衷，不予干涉。一方面她不是一个喜好擅权专政的人，似乎她之所以被卷入政治旋涡都是为了儿孙的万世基业；另一方面则由于她也日渐老迈，步入半百之年，无论精力还是体力，都已不如从前。看到孙子日渐成熟，处理政务日渐老练，除了时常劝诫他要勤政爱民、永垂帝统外，也愿意将一切都托付给他，因为天下毕竟是他的，而且他的成熟也使孝庄太皇太后能够放手，过几天清静的日子，安享晚年。

不知为什么，似乎人到老年之后，感情都异常的丰富。据一些现代医学家证明：人进入老年之后，虽然生理、肌体机能明显卜降，日渐衰败，但精神感情生活却未必减弱，反而更加成熟、沉稳，不再激荡不已却依旧丰富，有对逝去年华的留恋之情，有对风雨同舟的终身伴侣的爱恋，也有对年少儿孙的舐犊之情。步入暮年的孝庄太皇太后，似乎也不例外，清闲之余，她也时时地回顾、留恋、反思着逝去的岁月。她怀念着绿草茵茵的莽莽草原，怀念着天真稚趣的童年时光，也怀念着与皇太极的生死同舟、相爱共济，尤其对早逝的儿子顺治皇帝的思念随着年岁的增加而日益加剧，虽然他们都曾将彼此视作仇人，在顺治帝生时谁也没有相让，谁也没有意识到他们有相同的血缘，为了各自的利益，母子相争，最终的结果是母亲逼死了儿子。尽管顺治帝死于天花，但即使不出天花，他于世的日子也不会太久了。年少时的顺治帝固执孤僻，心态并不十分正常，而且过早纵欲，已损害了身体。成年后随着汉化程度的加深与日渐成熟，在感情生活上他逐渐从"欲"走向了"情"，选择自己理想的伴侣。先选择了孔四贞，后又选择了弟媳董鄂妃，不顾伦常舆论将董鄂妃强娶入宫，为此他与母后展开了争斗，承受着巨大的心理压力，努力维护着自己这株稚嫩的爱情幼芽。再加上繁重的日常政务，他时常批阅奏章直至深夜，呕心沥血，已经未老先衰了。在母后逼死董鄂皇贵妃后，顺治帝的精神支柱崩溃，日渐颓废，厌倦人生，意欲遁入空门寻求解脱，这实际上是他心理负担更进一步加重的表现。他是得不到真正解脱的，除非死去，远离这烦恼人世。在这种沉重的心理负担下，他已很难承受，身体更遭损害，曾多次吐血。

董鄂妃火葬之后，顺治帝曾请茆溪森和尚来收"灵骨"（即骨灰）。茆溪森和尚的弟子白椎和尚突然冒出一句："上来也请师接？"茆溪森和尚大吃一惊，此语甚为唐突冒失，等于在问："将来皇帝死了也由你茆和尚来超度吗？"岂料一语成谶，仅四个月后顺治帝即步爱妃后尘而去，果然也是茆溪森为其主持丧仪，秉烛火化。但在当时，茆和尚却吓得面如土色，忙斥道："莫鲁莽！"白椎和尚方知不妙，忙改口道："皇后光明在何处？"

茆和尚答道："无踪迹处不藏身。"说罢竖起手中的玉如意，高唱一偈："左金乌（太阳），右玉兔（月亮），皇后光明深且固。铁眼铜睛不敢窥，百万人天常守护。"俗谚道"说得出的不是禅"，这几句偈语之意为何？很难理解，但一定是好话。倒是这几句法事中的套话才在皇帝及百官面前将这危险的一幕掩饰了过去。其实，白椎和尚的插语也并非偶然，和尚们为了讨好皇上，经常斡旋于内廷的太监及皇帝的近侍之中，对顺治帝的身体状况了如指掌，已推知他将不久于人世了。白椎和尚只不过太过于冒失，无意中将和尚们私下议论的话贸然说了出来罢了。而给儿子造成如此巨大的心理压力与负担的人正是孝庄皇太后本人，正是她所一手制造的福临与董鄂妃的爱情悲剧，才将儿子逼上了绝路。在德国弗赖堡教会的档案中汤若望曾记载顺治帝生前多次吐血，因而有人推断他死于肺结核，而中国却一直将其死因归于天花。其实，不论是肺结核，还是天花，只不过是一种偶然的契机罢了，肺结核正说明顺治帝的劳累与沉重的心理负担，天花则只不过是一种巧合，即使他不染上天花，大去之期也为时不远了。

只有失去的才是最珍贵的。只有在人死去之后，才能真正体会到他存在时的意义与价值及感情上的依恋。也正是在儿子死后，孝庄皇太后才真正体验到了这种情感，毕竟母子连心，众人"仰见皇太后素黑袍，御乾清门台基上，南面，扶石而立，哭极哀"。尤其在康熙帝亲政之后，已入迟暮之年的孝庄太皇太后这种对儿子的思念与愧疚之情更加浓烈了。

康熙九年（1670），在康熙帝和孝惠章皇后的陪同下，年已五十七岁的孝庄太皇太后不顾年迈体衰，亲自前往河北昌瑞山中的清代东陵凭吊自己的儿子。

清东陵是清代入关后历代帝王后妃的安葬之所，位于河北遵化的昌瑞山中。如今我们登上昌瑞山中间的主峰，可见两侧山峰层层低下，东边是蜿蜒起伏的鹰飞倒仰山，西接层峦叠翠的黄花山，正南天台、烟墩两山对峙，形成一个山口，山口中是四十八平方公里绿茵如盖的平原，十五座高大的寝陵依昌瑞山南麓东西排开，这就是被我国古代风水先生称为"万年龙虎抱"的风水宝地——清东陵。顺治帝福临死后，就埋在其中，正是那十五座陵寝中的孝陵。

在儿子的陵前，孝庄太皇太后伫立良久，默默地焚香祝祷。她在心中默默地诉说了些什么？无人知道。或许是祈祷儿子的英灵早入西方极乐世界，以偿心愿；也或许是带着孙子在儿子的坟前祭拜，告诉他所发生的一切：告诉他孙儿业已长大成人，已撑起了大清的基业，以告慰儿子的亡灵；或许是对自己的所作所为进行忏悔……更或许几者均有。

康熙十年（1671），孝庄太皇太后、世祖孝惠章皇后和康熙帝又前往盛京谒陵，祭拜努尔哈赤及皇太极。对于孝庄太皇太后来说，此行的目的并不仅仅在于谒陵。从顺治元年（1644）入关到现在二十七年，她还从未回来过，这次她坚持前往盛京谒陵，也是出于思恋之情，故地重游，在脑海中再现那逝去的年华。这里有自己的青春，自己的亲人，还有自己的丈夫。初嫁时那年轻美貌的蒙古少女，此时已变成了一位年近花甲的老妇，这怎能不让她感慨万千呢？二十七年前，她领着自己的儿子入关登基，问鼎中原，二十七年后的今天，自己尚在，而儿子却已逝去，只能带着儿子的儿子回归故里，祭天拜祖。对祖先这是一种告慰，而对孝庄太皇太后自己，还有一丝悲哀与忧伤。

顺治帝死后，一种传言不胫而走：顺治帝没死，而是遁入五台山，落发为僧了。于是，顺治帝出家，也成为清初四大疑案之一。

顺治帝出家的佐证，除了文人雅士根据顺治帝的意愿，附以自己的想象，在诗文中所做的种种暗示，如吴伟业在《清凉山赞佛诗》中屡点"董"字，似乎在暗示董鄂妃之死与清凉山佛的关系；诗中并有"回首长安城，缟素惨不欢，房星竟未动，天降白玉棺"之句，前两句是说顺治帝游幸清凉山不返，削发披缁，皈依净土之后，回首帝京往事，凄恻惨然，而后两句则明指朝中虽以大丧诏告天下，然"帝实未崩也"。此外，最重要的佐证就是康熙二十二年（1683）秋，孝庄太皇太后竟不顾七十一岁高龄，前往五台山游幸，康熙帝曾经遵祖母之命四上五台山，每次都要屏退左右，独登高峰，并在最后一次临谒五台山时，留下了这样的诗句：

> 又到清凉境，巉岩卷复垂。劳心愧自省，瘦骨久鸣悲。膏雨随春令，寒霜惜大时。文殊色相在，惟愿鬼神知。

何其悲凉怅惘，何其迷茫难解。于是，有人推测，顺治帝出家后，康熙帝曾数次前去探望，就在这次去时，顺治帝业已死去，于是留下这首诗，而且从此不再临幸五台山。

然而有人考证，顺治帝确实死于天花。顺治十八年（1661）正月初二，顺治帝亲临悯忠寺观看替身吴良辅祝发，归后抱病不起；初四，未上朝；初五，宫中各殿楹联门神尽撤；初七晚，朝中下令不散，并传谕民间"毋炒豆、毋燃灯、毋泼水"。这正是当时迷信"痘疹娘娘"，民间或宫廷家中有人出天花，以求天佑的习俗。

顺治帝近臣王熙在其《自撰年谱》中也记载了他奉召入养心殿，顺治帝亲口对他说："朕患痘，势将不起。"在《五灯全书·茆溪传》中也记载了顺治帝之丧，确系茆溪森禅师举火焚化入葬……德国教会汤若望的档案中也记载顺治帝之死，并认为其死于肺结核。但不论死于什么病，顺治帝终究是死了，而未出家。

那么，孝庄太皇太后何以要亲临五台山，康熙帝又何以奉祖母命四幸五台呢？这确实与顺治帝有着很大关系。

董鄂妃死后，顺治帝万念俱灰，耳边时常萦绕着她临终前那哀怨凄婉的声音：

一口气不来，向何处安身立命？

这不知是出自哪里的佛门偈语，董鄂妃至死也未能参究明白。爱妃死后，顺治帝也一直参究着这句爱妃至死难解的偈语，并向茚溪森和尚求教，却了无结果。忽然有一天，他似乎醍醐灌顶般地顿悟了，爱妃所苦苦寻求的安身立命之所不正是莲台宝刹，青灯伴佛吗？于是，他发出了"我本西方一衲子，为何生在帝王家"的感慨。又于是，他落了发，决定效法如来、达摩弃国出家。但著名禅师玉林通琇以佛门"世法""出世法"的论辩，暂时说服他放弃了出家的念头。

为了制止他再次萌发出家之念，玉林通琇除了安排吴良辅作为顺治帝出家的替身外，还安排顺治帝前往五台山进香朝佛。

五台山位于山西省东北部，其最高峰北台叶斗峰海拔 3058 米。山上云雾缭绕，宝刹林立，在中国佛教徒的心目中这正是释迦牟尼居住说法的灵鹫山，因而也便成为中国佛界重地。玉林通琇安排顺治帝前往五台山进香，其用意大概是想让皇帝体验一下超凡入圣的感觉，免得再生邪念，以安圣心。然而，就在五台山之行指日可待时，顺治帝却撒手人寰。

其魂归何处？母亲最知道儿子的心，那就是五台山，也只有五台山才是儿子最好的归宿。出于对儿子的思念与愧疚，年已七十一岁高龄的孝庄太皇太后在康熙帝的陪同下，于康熙二十二年（1683）秋季，亲自临幸五台山，寻觅儿子的魂魄所在，祭慰他的在天之灵，表现了一个垂暮之年老妇的心态。

在登山的头一天，他们一行驻足于山下龙泉关中。为了确保太皇太后安全，康熙帝命人前去探路，在险峻的长城岭上抬辇而行，但都失败了。于是，他不得已面奏祖母，请求她不要上山。然而，孝庄太皇太后断然拒绝了，她知道这或许是自己一生中最后一次吊祭儿子的机会了。在她的坚持下，第二天，仍旧乘辇登山，康熙帝亲自下马扶辇而行。但山岭险峻，九曲回肠，"路数折不可上"，太皇太后业已年迈，又不能弃辇步行。百般无奈之下，孝庄太皇太后只好回龙泉关，仍命康熙帝登山代礼诸寺，自己只好遥望儿子魂牵梦绕的佛家圣山默默地祈祷了。就让孙儿肩荷着一颗滴着血泪的母亲的心，来了却她的心愿吧！

这种舐犊之情，在顺治帝死后，孝庄太皇太后才真正地意识到，也在她步入暮年之后才真正体验到。在无形中，她将这份感情更多地施于孙子康熙帝的身上。康熙帝早在幼年时就成为了宫廷斗争的牺牲品，小小年纪，完全不谙世事，就被摒出宫门，失去了父爱母爱，在感情淡薄的环境中日渐成长起来，直至晚年，康熙帝回忆起来还有凄恻唏嘘之感，说道："世祖章皇帝因朕幼年时未曾出痘，令保姆护视于紫禁城外。父母膝下，未得一日承欢，此朕六十年来抱歉之处。"似乎只在祖母那儿他才享受到一丝人间亲情。在登上帝位不久，他的生母佟妃又去世了，他就由祖母孝庄太皇太后教育抚养。两个都缺乏亲情至爱的人在一段艰险的历程中患难与共、同舟共济，结下了深厚的感情。孝庄太皇太后不仅拥立康熙帝登上了帝位，还辅弼他除鳌拜、平三藩、再肇丕基，而且她的言传身教造就了这样一位伟岸之君。康熙帝与他父亲相比，能够从自己所处的地位出发来看待一切，因而对于祖母所做的一切他都深深地理解与同情，并由此衍生出由衷的景仰、敬爱之深情，使他能与祖母协调一致。二人感情十分融洽，已远非一般亲情、孝心可比。

每次太皇太后出行，康熙帝都要陪同前往，侍奉身旁，这在历代皇帝中都是极为少见的。康熙九年（1670）谒孝陵；康熙十年（1671），去盛京拜谒福陵、昭陵；康熙十一年（1672）和二十年（1681）两次临幸赤城汤泉；康熙二十二年（1683）夏，出古北口避暑及秋季临幸五台山都是如此，可见他们祖孙之间感情的深厚。尤其康熙十一年（1672），太皇太后第一次临幸赤城汤泉，途经长安岭。这里道路崎岖不平，起伏跌宕，车轿颠簸不已，康熙帝见状，慌忙下马，亲自扶着太皇太后的车辇，护于车旁，一直到平坦大道，才上马而行。回来时，又经此岭，而且天公不作美，突降大雨，康熙帝竟全然不顾，再次下马如来时那样扶辇而行，孝庄太皇太后屡次劝他上马，免受风雨之苦，都被拒绝了，直至下岭之后，才上马傍辇缓行。随从众人见状，莫不感慨，赞服不已。

即使是康熙帝独自离宫，不论是亲征、谒陵、临幸五台山、避暑塞外等，都时刻挂念着祖母太皇太后。每次出行都要屡屡派人回京问安、探视。康熙二十一年（1682），虽然三藩乱平、台湾收复、四海归一，但东北边疆的沙皇俄国却不断侵扰索伦、赫哲、费雅喀等各族居民，劫掠人质，强征贡税，肆意蹂躏，将侵略的目光投向了这片满洲的"龙兴之地"上。因此，这年三月，康熙帝再次亲往盛京谒陵，一方面祭奠祖宗，奏报自己文治武功的威德；另一方面则是为了抚绥边民，实地考察边防情况，为反击沙俄的侵略做必要的准备。在这次谒陵途中，康熙帝多次派人回京向太皇太后问安、进献方物，并亲笔书奏道：

儿臣初到盛京，亲手网得了鲑、鳇等鱼，用羊肠浸泡保鲜。又有山中野味、林中榛果、山核桃及朝鲜国所贡奉的柿饼、松果、栗子、银杏等，一并派使带回，敬献祖母品尝。只希望能博得祖母一笑，儿臣也就万分荣幸了。

"设无祖母无以成立""设无祖母无以至今日"，这是康熙帝亲口所云。康熙帝对孝庄太皇太后的感情极其深厚，这不仅在于他自己幼时得助于孝庄太皇太后的慈抚严教，也不仅在于他因孝庄太皇太后的力量而登上了皇帝的宝座，更重要的是，他能从自己所处的地位出发，设身处地地来看待祖母的所作所为，使他深深意识到了祖母人格的伟大：为了自己的子孙和大清的基业，她做出了多大牺牲、忍受了多大痛苦、承担了多大压力呀！在康熙帝的眼里，孝庄太皇太后有着一副慈母、慈祖母的柔肠，这是他父亲顺治帝福临从未发现，也始终无法体验到的。因为他把自己放错了位置，忽略了自己万民至尊的皇帝地位，而无所顾忌地去追求不受封建政治枷锁束缚的普通人的至爱真情。然而，在封建政治的天平上，他与董鄂妃的爱情砝码显得太无足轻重、太苍白无力了，根本无法撼动天平的另一端——封建政治，只能悲哀地结束这段人间爱情。

对太皇太后，康熙帝始终礼敬有加，备尽孝道；孝庄太皇太后对康熙帝也备加呵护、鼓励，勤加劝勉，这里既有祖母对孙儿的舐犊之情，也有长辈对晚辈的期望与爱护。他们祖孙之间这种深厚的感情在岁月的流逝中得以锤炼，也随着岁月的流逝而日益浓郁、真切。

二、孝庄逝世奉安昌瑞山

斗转星移，日月如梭，寒暑相易，春秋几度。不知不觉中，孝庄太皇太后的两鬓不知何时已染上了秋霜，脸上那岁月的皱纹也日益明显，人总是恋旧的，尤其是老人。她也常常回忆起那早已逝去的点点滴滴，将它们从脑海的记忆中撷取出来细细地回味品尝，有自豪，有感叹，也有惋惜与愧疚。在她的心中，自己一生中最大的失败与错误都在亲生儿子的身上，可以说她没有尽到一个母亲的责任，至少在义务上她不是一位好母亲，而且在一定程度上是她逼死了自己的亲生儿子。每次想到这些，她都感到莫大的悲哀与不安。想到儿子生前种种失常之举，不都与自己有着很大的关系吗？尽管她不知道自己错在哪里，在她的眼里儿子是那样的忤逆不孝。但无论谁对谁错，死去的毕竟是自己唯一的儿子，是与自己血脉相通的骨肉。于是，一种愧疚与思恋的感情一直萦绕在她的心头，不能自拔。有时梦见儿子含着泪站在自己面前，使她分不清那是恨，还是爱，醒来时却踪迹杳然。尤其随着时光的推移，死亡的威胁也开始笼罩她的心头，使这种愧疚与思念之情也变得日益强烈。于是，她寻找一切机会来弥补自己的过失，告慰儿子的亡灵，以安抚自己那颗愧疚的心。对于儿子，她亏欠得太多了。此时，她最大的愿望就是希望能够得到儿子在天之灵的谅解。无论谁对谁错，倘若真有阴世阳世，那么阳世时他们母子势如仇敌，在阴世，她希望能够抛开一切恩怨，重新开始。因此，她前去孝陵拜祭了福临，又于康熙二十二年（1683）秋临幸五台山，凭吊儿子魂牵梦萦的地方，去圆儿子那未曾实现的梦。或许她以为只有这样才会得到儿子的谅解。此次因山势险峻被阻，只好由康熙帝代礼诸寺，而自己只好遥祭青天于山下了。

五台山之行后，不知是由于完成了心愿，还是心灵得到了一丝慰藉，她强撑着的精神骤然松弛下来，孝庄太皇太后的身体状况明显下降，每况愈下，日渐消瘦，精力大不如前。康熙二十四年（1685）夏，孝庄太皇太后突然病倒。

这一消息使正避暑塞外驻足于博洛和屯行宫的康熙帝大惊，立刻带人快马疾驰，马不停蹄地赶回宫中。此时太皇太后的病已好了，康熙帝这才长长地松了一口气。似乎这只是一场虚惊，却没想到这是人到垂暮之年的征兆。其实，康熙帝对此是明了于心的。对于祖母的健康状况他了如指掌。年逾古稀，于世的岁月不会太久了。正因为如此，在接到太皇太后病倒的奏报后，他马不停蹄地赶了回来，以为祖母大去之期不远，希望能再见祖母最后一面，不料却只是一场虚惊。尽管如此，他还是感受到了死亡之神的脚步正一步步向祖母挪近。因此，当文武百官纷纷奏贺太皇太后康复时，他并不显得过分的乐观。他知道，生老病死，是人世间的规律，非人力所能阻止，也非他所能改变。他唯一所能做的就是尽心尽力，备尽孝道，使祖母能够安享这最后的时光。

康熙帝所担心的日子并不太远。两年之后，也就是康熙二十六年（1687）九月，孝庄太皇太后再度病倒，仍是与上次一样的病症。紫禁城中再度忙乱起来，对于太皇太后的病情，太医除了稳定病情，拖延时日外，也束手无策了。因为这是衰老所致，人体各种器官的机能已衰退，并非一两服针剂就可奏效，唯一可以期待的只有奇迹的出现，但那是微乎其微的。在此期间，康熙帝将太皇太后病危的消息传诸内阁，并传谕："非紧要事，勿得奏闻。"自己则昼夜不离祖母榻前，亲尝汤药，精心侍奉，"三十五昼夜衣不解带，目不交睫"，有时太皇太后昏睡过去，他便"隔幔静候，席地危坐，一闻太皇太后声息，即趋至榻前，凡有所需手奉以进"……一个多月过去了，太皇太后的病情在日益加重。这年十二月一个寒风凛冽的日子，一队车仗在御林军的护送下冒着严寒霜冻向北京城南的天坛缓缓行进。这是康熙皇帝亲率诸王前往天坛为太皇太后祈祷的车仗。

天坛中，一切都已准备妥当，香烛、牺牲、贡品都被一一地摆放在香案上。四周肃穆庄严，只有干枯的树枝在寒风中瑟瑟地用颤抖的嗓音唱着一支呜咽的哀歌。在这歌声中，康熙帝一步步地走上天坛，焚香燃烛，跪拜于天地之间。于是，四周回响起了他悲痛呜咽的读祝声，字字伤心，句句动人，泣不成声，他宁愿减己寿以益太皇太后。陪祝的诸王大臣们也深为此情此景所感动，业已潸然泪下，呜咽难语……这是康熙帝在百般无奈的情况下，唯一还能做的。既然静等没有奇迹出现，那就祈求上苍的恩赐吧。然而，这动人的场面和康熙帝的挚爱真情，感动了众人却并未感动上苍。有生即有死，人世的规律是无法改变的。一切如旧，没有丝毫的改变，奇迹没有发生，而且永远也不会发生。

就在康熙帝向天祈祝的时候，孝庄太皇太后早已预感到离去的日子不会太远了。死亡，是她步入暮年之后就早已意料到的事，尽管如此，可每次一想到"它"仍然有着一丝惊悸与莫名的害怕。现在，在她明了自己已被死神操纵于股掌之中，只有残喘待命，心境反而平静了下来。这些日子里，她将自己生命中所能记得的所有人、所有事都细细地回顾了一番，如一位天真的少女摘取一片树叶夹于书中一样，点点滴滴，尽珍藏于心中。个中滋味，只有自己才说得清。同时，她也为自己的身后事做了详尽的考虑与安排，但仍有一些事情使她挂念伤神，不知如何处理才最为妥当。对于孙子，他早已长大成人，颇有一代帝王的风范，无论各方面都足以使她放心而去，唯一希望的就是他帝业有成，将爱新觉罗家族的创业精神发扬光大，使世世永垂帝统。对于儿子，她愧疚之处太多，但她将他的儿子抚育成人，保住了大清的基业，时时为他祷告，毕竟自己是他的母亲，她相信儿子会谅解她。即使没有，一切也只有到阴间再去述说吧。最令她难过，也最令她难以面对的却是自己死去了四十年的丈夫皇太极，因为她曾下嫁睿亲王多尔衮，无论对自己，还是对丈夫皇太极都是有辱名节的事情。按照清代帝后丧葬制度，孝庄太皇太后死后应祔葬于盛京昭陵的风水墙之内。但是孝庄虽然在名义上仍是太皇太后，是太宗皇太极的妻子，实际上她下嫁多尔衮后已与皇太极脱离了关系，更确切地应称之为睿王妃了。尽管她下嫁有不得已的苦衷，完全是为了儿子的社稷江山，而且此举在当时还是能为满洲贵族所接受的，但她毕竟曾下嫁，而且随着汉化程度的日益加深，时至今日此举不仅受到汉族伦理道德的谴责，就是在日益汉化的满洲贵族中也难以接受。倘若自己死后再祔葬于丈夫皇太极的陵寝之内，一定会遭到反对、诋毁与猜疑。即使被接受了，也是那么勉强，只能给后世的子孙带来难言的尴尬。自从病倒以后，这件事就一直萦绕在孝庄太皇太后的心头。思虑良久，她始终拿不出一个既照顾到自己又无损于皇族尊严的万全之策。但时间已不允许她再犹豫不决了，两害相权取其轻，于是，她又一次牺牲了自己，而选择了皇室的荣誉与尊严。

十二月二十五日，太皇太后病情突然加重，她预感到自己已经不行了，大去之期可能就在今日。她屏退左右，只留下孙子康熙帝一人，望着泪流满面的皇上，自己也情不自禁地流下了眼泪，心中似乎有万语千言，却不知从何说起。时间一分一秒地过去了。她似乎看到死神在向她招手。于是，她鼓足全身最后一丝力气，握着孙子的手，作出了她一生中最后一个决定："太宗文皇帝（即皇太极）安葬已久，不能因我而再打开他的陵墓，况且我也很想念你们父子二人，不想远离，所以希望在孝陵（顺治帝陵寝）附近择地安葬，这样我就安心了。"

不久，官中传讯：太皇太后驾崩，享年七十五岁。一时间守候于官外的诸王大臣、后宫妃嫔扑地痛哭，哀声四起。此时的康熙帝哀恸已极，"擗踊哀号，呼天抢地，哭无停声，饮食不入口"。他向群臣昭告了太皇太后遗言，并声如泣血地说道：

朕八岁时先父世祖章皇帝就去世了，十一岁时太后又舍我而去。很早就双亲亡故，未能久依膝下，父母的音容笑貌只能仿佛记得。全靠圣祖母太皇太后抚育教训，三十多年才有今日之成。因此朕竭心尽力，备尽孝道，朝夕侍奉不敢稍有懈怠。前些时候赶上太皇太后身体欠安，朕向天虔诚祈祷，亲自捧奉汤药，三十多天不离祖母左右，只希望太皇太后可得以痊愈，永享遐福。不料朕的一片心意竟被上苍捐弃，使朕五内俱焚。回想太皇太后对朕的恩育教养，难以回报。即使再悲痛哀号，也难以表达朕的感情呀！

第二天，举国哀悼。康熙帝令大学士拟太皇太后谥号，后经雍正帝、乾隆帝累次加谥，最后定曰：孝庄仁宣诚宪恭懿至德纯徽翊天启圣文皇后，简称为孝庄文皇后。

孝庄文皇后的一生无时无刻不在为大清的社稷江山着想。就在最后时刻，她还是牺牲自己而顾全皇室的尊严，请求康熙帝不要将她祔葬昭陵（即皇太极陵寝）。在她的遗言中包含着三层含义：一是守候在孙子近旁，希望他帝业昌盛；二是对儿子顺治帝的早死颇怀内疚，葬于孝陵附近，也可算是对死者和自己心灵上的一点安慰；三是因为她曾下嫁睿亲王多尔衮，再与前夫合葬，有悖情理，不仅使康熙帝难堪，也使后世子孙汗颜。可以说其中难言之隐甚多，她也有不得已的苦衷。她本以为如此，也算解决了自己心头的一桩难事，既顾全了皇室威严又不使康熙帝为难。但她没有想到，即便如此，却仍使康熙帝左右为难。可以说孝庄太皇太后又将一桩难事留给了康熙皇帝。

对于祖母的遗言，康熙帝是完全了解其中的难言之隐的。但多年来与祖母的深厚感情，又使他难以按照祖母的吩咐，做出如此有损于她声誉的事，尤其是让他亲手来做。一边是皇室的威严，一边是祖母的荣辱，他感到自己在这架天平上永远难以寻求到平衡，无论倾向于哪一边都是他所不愿意看到的。最好的解脱方法就是拖延，什么也不做，任由后人去评说吧。于是，孝庄太皇太后刚去世不久，康熙帝就下令要在宫中持服守孝二十七个月，而常制仅是二十七天，其实这正是康熙帝在左右为难、进退维谷的情况下的拖延之策，希望能随着时间的推移而找到一个万全之策。然而，他的苦衷别人又怎能体验到呢？对于皇上此举，群臣惊惧。皇上固然对太皇太后感情至深，却也不可弃朝政而不顾呀！诸王大臣三番五次上疏，请求皇上遵照太皇太后遗诏而行，以日易月，改持服二十七月为二十七日，才不负太皇太后在天之灵。

众情难辞，百般无奈下，康熙帝只好准其所奏，但对太皇太后的下葬仍深感为难，最后只好选择了一个折中的方案，来缓解这种尴尬的局面。

持服二十七日后，康熙帝下令将孝庄太皇太后生前凤喜居住的五间宫殿撤下移建于昌瑞山清东陵的孝陵附近，称之为"暂安奉殿"，停放孝庄太皇太后的梓宫。而且一放就是三十多年，年年都来拜祭，但终其有生之年，也未将孝庄太皇太后下葬。他这样做，一方面遵照祖母太皇太后的遗言，不祔葬昭陵，而停棺于孝陵近地，以"不忍离"为借口，顾全了皇室的尊严；另一方面拖延时日，不予下葬，不安葬就谈不上是否违制，可免除群臣的非议、反驳，也可维护孝庄太皇太后的名誉。这里固然有难以割舍之情，然而更重要的是，他不知如何才能消除世人对孝庄太皇太后的诋毁、猜疑、误解、伤害。他不愿孝庄太皇太后高尚圣洁的灵魂哪怕受到一丝一毫的亵渎与玷污，这是孝庄太皇太后所未预料到的。

每年，康熙帝都要亲来祭拜，风雨无阻。三十余年，始终如一。每次面对着祖母的梓宫，他都感慨万千，为自己，更为祖母。他伫立灵前，默默地祈祷祝福，有思念，有感激，也有无奈。

……

康熙六十一年（1722）十一月十三日，康熙帝病逝于畅春园内。由四子胤禛继立，改元雍正，这就是历史上的雍正皇帝。

对于自己这位去世多年的太祖母，雍正帝并不像康熙帝那样对其有着深刻的理解与感情。在他看来，历来并没有再嫁之人可祔葬帝陵的先例，也没有停灵不葬三十余年之久的先例。而且康熙帝此举，历经多年，也引起了大臣们的猜疑与非议。于是，雍正二年（1724），雍正帝下令在"暂安奉殿"处即地起陵，将孝庄太皇太后安葬其中，因其在皇太极昭陵以西，又与东去千里的昭陵陵园为一个体系，故称昭西陵。

康熙帝没有安葬他的祖母，也没有看到他祖母的葬地。对他来说是喜是忧？雍正帝这样处理是否也了却了他的一桩心事呢？

登上河北遵化昌瑞山的主峰，就可一览整个清东陵的全貌。在清东陵逶迤四十里的陵墙之外，大红门以东，则另有一座独立的陵园，这就是昭西陵，它孤悬于东陵之外，却与远距千里的皇太极昭陵同为一个体系，这本身就是一个难解的谜。对于这样的谜团，民间百姓很少有人去探究其中的缘故，倒更愿意以自己的方式，用美丽的传说来解释一切，以抒发自己的爱恨情仇。

在民间，一直流传着这样一个故事。孝庄太皇太后死后，关于她应归葬何处，在朝臣中引起了不小的争议。有人认为太皇太后是太宗皇太极的庄妃，又辅弼两朝幼主，奠基了大清基业，德高望重，应祔葬于盛京太宗皇帝之昭陵；也有人以为太皇太后虽然功勋卓著、彪炳天下，但毕竟曾下嫁睿亲王多尔衮，严格说来已不是太宗后妃，而是睿亲王妃了，绝不可祔葬昭陵辱没祖宗。对此康熙皇帝也左右为难。归葬盛京，有违祖制；不归葬，又可谓不孝。从情理上说，他应选择后者，但从情感上说，他更倾向于前者。于是，最后感情战胜了一切，康熙帝下令护送太皇太后梓宫东归盛京。

当一行人来至遵化昌瑞山的时候，又饥又渴，就将孝庄太皇太后的梓宫放下歇息，吃点东西。当杠夫们养足精神，准备再上路的时候，太皇太后的梓宫却宛如生了根一样再也抬不起来了。于是他们慌忙派人回京禀报太皇太后的梓宫于昌瑞山东陵附近落地生根了。康熙帝忙召群臣商议，却了无良策。最后还是一位大臣奏告不如就地安葬吧，而且昌瑞山风水极好，不仅不辱没太皇太后，也无损于大清龙脉，康熙帝只好应允了。人们都说这是孝庄太皇太后在天之灵不愿使孙子过于为难，才在昌瑞山落地生根，既为自己选择了一块风水宝地，又了却了孙子的一件难心之事。于是，孝庄太皇太后的梓宫就在这前不着村、后不着店的昌瑞山安葬了。既远距昭陵千里之遥，又在东陵的陵墙边上，倒像一位守护神似的孤悬于陵门之外。也有人说，正是由于孝庄太皇太后守住了这片大清的风水宝地，才保住了大清近三百年的基业。但传说毕竟只是传说，不可当真。然而它却向人们展现了孝庄太皇太后的善良与慈爱，表达了人民对她的敬仰之情。

三百多年过去了，传说依旧。那重檐琉璃的楼殿门和环绕四周的两重红墙已变得斑驳陆离，倒更显得古老、肃穆、庄严。每至晨昏，钟磬清远，诵祝微闻，古碑荒冢，淡鸦残照，徒增一种寂寞惆怅的色彩。孝庄太皇太后就静静地长眠于这里。

对于这位传奇式女人的一生，多少年来，无论从哪个方面都各有评说。有的将她刻画成一位多情的风流皇后；也有的把她描绘成为一个恶毒残酷，不懂人间情爱的满洲贵妇；还有的把她看作一位封建社会中出色的女政治家……甚至在不同人的眼中她都给人一种不同的感觉。皇太极把她看作一位聪明颖慧、贤达有为的贤内助；顺治帝福临则将她看作恶毒残忍、了无亲情的仇人，而不是母亲；在康熙帝的眼中，她又是一位慈爱稳重、用情至深，又颇有政治才能的老祖母；而在她的政治对手看来，她却是一位颇有心计，不可战胜的出色女政治家……

有人说："人的性格就是一个形状复杂的几何多面体，很难捉摸。"其实，人本身也是一个矛盾的统一体，不能仅从某一方面就断定其好坏，是该肯定还是否定。对于历史上的人物，要想正确评价，就必须站在尊重历史的角度上，将"历史主义与伦理价值观有机结合"进行历史的评价，这才是正确的方法。

雍正皇帝对他的太祖母的一生曾这样高度概括，"统两朝之养孝，极三世之尊亲"。虽然精练，却过于笼统。

历史地评价孝庄文皇后，她无疑是中国封建社会历史上一位出色的女政治家。皇太极时期，她佐助夫君，开基创业，"赞助内政，越既有年，摄佐太宗皇帝肇造丕基"。多尔衮摄政时，她保护着自己的儿子巧妙地斡旋于各种政治势力之中，并以牺牲自己为代价有效地阻止了多尔衮的夺立。顺治帝亲政后，她挫败了济尔哈朗擅权的阴谋，辅佐年幼的顺治帝治理朝政，继承了多尔衮"以汉制汉""清因明制"等多种有效措施，并积极拉拢汉族地主阶级及知识分子，疏缓"夷夏之防"。并赈济灾民，发展经济，经过数年励精图治，使清朝终于在中原站稳了脚跟，奠定了问鼎中原二百余年的基业。康熙帝即位后，她又佐助康熙帝铲除鳌拜，避免了一幕睿亲王悲剧的再现。辅弼幼主总理朝纲，一定程度上奠定了清初盛世的基础。她又协助康熙帝平三藩，征察哈尔，进行统一大业。并于潜移默化中，以自己的高尚品格与政治才能、经验造就了一代帝王巨星……孝庄文皇后一生经历三朝政局变幻，辅佐顺治帝、康熙帝两位幼主皇帝，晚年又协助康熙帝进行统一大业，是清朝一位举足轻重的政治家和功绩赫赫的开国元勋。她是在中国封建社会濒临死亡，却又在满洲的入侵下重新崛起的时候登上了历史舞台，并发挥了重大的作用。倘若从横向来看，与同时期的欧洲大陆相比，这无疑是一种落后，一种悲哀。正如一些书中所评说的那样："走向生的时候，并同时走向死。"正是如此才造成了当时中国的落后。但倘若从中国社会发展的纵向来看，这样一个新的封建政权替代一个旧的封建政权，却又促进了中国历史的进步与发展，适应了中国历史本身发展的规律。中国历来是一个以农业文明为主的国家，长期以来形成的小农经济形态、意识占据着重要地位，并成为一种顽固难摧的壁垒，这就为中国封建社会的存在提供了坚实的经济基础，这也是中国封建社会长期存在的一个重要原因。尽管在明朝中叶中国就出现了资本主义萌芽及新的生产关系，但毕竟太弱小，在极大程度上还屈从于封建经济之下，根本不可能形成一种可取代旧的生产关系的强大的新的生产关系。因此，在十七世纪明王朝衰落时，取代它的只能是一个新的封建王朝，而不可能是一种新的社会制度，那时的中国还不具备这种条件。那些企盼在明清更替之际由一种新的社会制度来代替旧的社会制度的想法，确实有些好高骛远了。

那时的中国封建社会虽已开始步入了它的衰落时期，却并没走入覆灭的末期。因此，只有封建社会内部自身的更替，才符合当时中国实际的历史潮流。所以，从中国历史发展的纵向来看，孝庄文皇后在这种封建政权的更替与发展中，确实做出了不可磨灭的贡献，顺应了中国社会的发展潮流。对中国历史和封建社会的发展，是功不可没的，也如皇太极、多尔衮、康熙帝等一样在中国封建社会的历史上放射出熠熠的光辉。

关于一个女人风流韵事的传言，往往与她的声名事业成正比。孝庄文皇后也不例外，其中最令人瞩目的可能就是"太后下嫁"吧。按照封建社会的伦理价值观来说，"一女不嫁二夫"，此举无疑是有违礼教，应当受到谴责的。就连康熙帝对此也无可奈何。然而，这并不仅仅是一个是否符合道德伦理规范那么简单的问题。太后下嫁有着它深刻的历史背景与目的。入关后，多尔衮的野心日益膨胀，大有废除顺治帝自立为君之势，而且这也是完全可能的。在这种情形下，孝庄文皇后自请下嫁给权势炙手可热的仇人，以此来抑制他的野心，阻止他的夺立，可以说，这确实是一步高招。但为此，孝庄文皇后也付出了重大的代价，不仅承受着生理与心理两方面的蹂躏，也造成了与儿子的隔阂，并为自己留下了终生难以洗刷的耻辱。最终，她阻止了多尔衮的夺立，保住了儿子的皇位，但也给自己造成了伤害。这难道不是一种可贵的情操吗？不论她是为了什么，至少这种牺牲精神也是值得我们称道的。况且，按照我们今天的伦理观来看，即使没有如此深刻的历史背景，只要两情相悦，也是无可非议的。因此，对于"太后下嫁"，我们不能囿于封建史学家的局限而去鞭挞，更不能如文人墨客一样将它看作风流韵事，而应深刻理解它的时代背景及其所蕴含的真正含义，作出正确的评价。应该看到，这其中不仅有着一个女人的悲哀，还有着一位政治家的谋略，更有一位母亲的伟大。

而且，就个人品格来说，孝庄文皇后也是值得称道的。她虽贵为太后，统率后宫，却不事奢华，极为节俭，甚至将宫中节省下来的银两赈济灾民，抚恤百姓，这确实是难能可贵，在封建社会的后妃中也是少见的。对于权力，她也没有特殊的欲望，她并不是一个喜欢擅权弄政的人。她多次放弃专权之机，拒绝垂帘之请，这固然有受封建礼教重男轻女思想束缚的一面，但也与她个人的素质有着极大的关系。正如后人所说的那样："有武后之能，却无武后之心。"

但在与儿子的宫闱之争中，孝庄文皇后确实扮演了一个不光彩的角色，成为悲剧的制造者。为了自身的利益和蒙古贵妇于后宫的独尊地位，更确切地说，是为了蒙古王公贵族的利益，她不惜借助一切力量，采用一切手段，迫害董鄂妃，打击儿子，制造了一幕又一幕的宫廷悲剧，这也暴露了她狭隘的一面。对此，她具有不可推卸的责任。但造成这样悲剧最直接的根源是她所竭力维护的封建制度。正因为如此，在制造悲剧的同时她自己也成为悲剧的牺牲品，也成为悲剧式的人物。尽管如此，作为悲剧的直接制造者，她还是应受到鞭挞、谴责的。

人非圣贤，孰能无过。我们不能因为孝庄文皇后的过失而掩盖她的历史功绩，也不能因为她的功绩而抹杀她的过失。功就是功，过就是过，不能以任何一方来掩盖另一方。只能将功大于过还是过大于功，是否适应了历史的潮流作为评价人物的基本准绳。无论是从历史主义出发，还是从伦理价值观来看，孝庄文皇后都是一位应基本肯定的历史人物。尽管她也有其狭隘、错误的一面，但她所拥有的许多东西即使是今天的我们也难以做到。

三、再肇丕基功过身后评

"统两朝之养孝，极三世之尊亲"在中国古代史书上，对于一个女人来说，确实是一个极高的评价。然而，当雍正皇帝如此评价他这位曾祖母的时候，果真是出于他对这位曾祖母开基辅政、奠定大清基业的政治功绩的赞叹，还是出于血缘上的一种尊崇呢？我想，更多的似乎还是后者。因为在"男尊女卑"的中国封建社会，无论一个女人做出多么巨大的政治贡献，也难以得到封建统治者和封建社会真正的承认与认可。政治，是男人的，对一个女人在政治上的赞颂，是对男人的一种侮辱。而且，雍正皇帝并不像他的父亲康熙帝那样对孝庄太皇太后有一种深深的眷恋之情，反而因为她的下嫁而对她颇有芥蒂。因此，在雍正二年（1724），他将曾祖母的梓宫就地安葬的时候，竟然没有出席祭奠仪式，只派人代烧了两炷香便草草了事。

于是，随着岁月的流逝，仿佛一切又回归于沉寂。人们似乎早已忘记了有一位女人曾做出过卓越的功绩，对于女人的话题，则更多地转移到了风流韵事、女祸乱国的猎奇之中。又于是，百年之后，当另一位女性在中国政治舞台上骤然间崛起的时候，人们才再次惊愕地发现女性与男性具有同等的政治能力与经验，但同时也更坚信"女祸乱国"的论断，这个女人就是"兰贵人"，即慈禧太后（孝钦太后）。又是一百多年过去了，当今天的史学工作者们再次将目光投向清代历史的时候，也不禁为前后这两位女性相似却又迥然相异的一切所震撼。有比较才有印证，有比较才有鉴别。正是在这比较中，才使历史由沉寂走向喧嚣，也正是在这比较之中，才再度使孝庄文皇后的一切又在人们的心中复活了，在此，我们有必要简述一下慈禧太后的生平事迹。

慈禧太后（1835—1908），满族，叶赫那拉氏，出身旗籍职官人家，父亲惠征，做安徽道台。咸丰年间以秀女身份选入宫中，受封为"兰贵人"，成为清文宗奕詝（即咸丰帝）的嫔妃。初入宫的她，在妃子当中的品级却是极低的，根本没有机会得见皇帝的真容，更不要说博取皇帝的欢心与宠爱了。于是，不甘心的她想尽一切方法，抓住任何机会以求能够得见皇帝。一些影视作品、小说中曾精心设计了这一场面：为了得见皇帝，兰贵人用金钱买通咸丰帝身边的太监，让他们将皇帝引入后宫的御花园中。当咸丰帝被太监们以游园为名诱入御花园后，藏在远处的兰贵人便唱起了《艳阳天》。当那甜美的歌声在御花园上空轻轻回响的时候，咸丰帝也不禁被深深地吸引了。顺着那歌声寻去，意外地见到了一位娇艳却并不妖媚的满洲女子。从此之后，咸丰帝与兰贵人便如胶似漆，再也难以分开了。这只不过是影视作品、小说中的巧妙安排罢了。实际生活中的兰贵人是如何与咸丰帝联系在一起的没有留下任何记载，只有一些美艳的传说。然而，有一点是可以肯定的，即使兰贵人是用歌声将咸丰帝拉入了自己的怀抱，那她所唱的也绝不会是《艳阳天》。因为在中国古代封建社会里，音乐也同样是有等级的，不是任何一种音乐都可以在皇宫内院中传唱，只有那些经过严格筛选，符合帝王威仪的才允许流入宫中，如《迎帝神·始平》《皇帝升座·元平之章》。那么，民间乐曲会不会悄悄流入宫中呢？我们不敢断然否定它的存在，但也只能是在私下传唱，绝不会如兰贵人那样在御花园中当众轻歌。而且，据一些史家考证，《艳阳天》是当时在京城妓女中普遍流传的一首歌，如果兰贵人敢于当着皇帝的面唱此歌，无疑是将皇帝置于嫖客的地位，是大不敬，仅此一条，就足够满门抄斩了。因此，兰贵人绝不会以唱情歌的方式博得咸丰帝的欢心。那么，咸丰帝又是如何与兰贵人相见、相亲呢？这并不重要。重要的是从此之后她便开始了平步青云的宫廷生涯，很快被封为兰贵人。

咸丰帝生性风流，没有子嗣，因此，当兰贵人怀孕之时，他曾许诺倘若她生下一个儿子，就立刻晋兰贵人为懿贵妃。争气的兰贵人果真为咸丰帝生下了一个，也是唯一的儿子，自己也成为仅居孝贞皇后（即"东太后"慈安太后）之下的懿贵妃。

咸丰帝死后，她的儿子同治帝即位，尊奉她为太后，与孝贞皇后并称为东西二宫太后。在铲除咸丰帝所委派的八大顾命大臣后，她才真正地开始掌握清朝的大权，成为生杀予夺的人物。光绪帝时，她继续秉政，成为中国实际上的太上皇。1908 年，光绪帝死去不久，慈禧太后也随之故去，但在临死前她又为中国立了一个年幼的皇帝——这就是末代皇帝溥仪。

综观两位太后的一生，她们的经历、资格、寿命竟是如此的相近。都非正后，而由侧妃起家；都是十分长寿的；都历经三朝，辅弼两代幼主；而且两人都曾在实际上掌握朝政几十年，直到老死，所不同者是一个不公开一个公开而已。然而，两人的政治表现和生活作风却又是如此的大相径庭。

中国历史上女性临朝听政，开始于汉代吕后，司马迁就曾专为她写了《本纪》。之后，历后汉、晋、唐、宋、明均有过类似这样的人物。关于垂帘之称，最先见于《旧唐书·高宗本纪》："上每视朝，天后（武则天）垂帘于御座后，政事大小皆预闻之。"从此垂帘便成为女性执政的代名词。

　　孝庄皇后与孝钦皇后都参加过政治上激烈复杂的斗争，并都取得胜利，而且都有机会实行垂帘听政。可是，孝庄不愿意垂帘，而孝钦则力争垂帘。

　　崇德八年（1643），一个危机四伏的夜晚，孝庄太后的儿子福临意外地登上了皇帝的宝座，她的地位也随之提高。在多尔衮死后，她在实际上已掌握了清政府的大权，她若真是个野心家，想行垂帘不是不可能。顺治帝死后，虽然指派了四位辅政大臣，而核心却是孝庄皇太后。江南桐城秀才周南也曾千里迢迢赶赴京师请求孝庄太后垂帘听政，我们姑且不论周南此举的目的是为了大清基业，还是投机取巧、企图博得一官半职，已大权在握的孝庄太后若真有垂帘之心，需要的只不过是一个借口，一个从别人嘴里说出的借口罢了，现在前有古例，后有他人的拥戴，顺水推舟的事，她又何乐而不为呢？但她坚持拒绝了。可见自始至终，孝庄太后都没有垂帘的意图，她只愿连辅两代幼主，却不愿公开临朝听政。

　　和孝庄太后相反，孝钦皇后却极力争取垂帘。咸丰十一年（1861），清文宗奕詝病死于热河避暑山庄。他的儿子载淳理所应当地继承了皇位。但载淳只有六岁，同顺治帝福临登基时一样不能亲理政事。因此，咸丰帝临死前特简派肃顺、端华、载垣、景寿、穆荫、匡源、杜翰、焦祐瀛八人为顾命大臣辅佐政务。同时鉴于清初鳌拜专权，又以两宫太后（孝贞、孝钦）赞理，互相牵制。八大臣拟的折子，上面必须有两宫太后的"御赏""同道堂"印记才可颁行天下。然而，孝钦太后的目的并不在于此。她勾结远在北京的咸丰皇帝六弟恭亲王奕䜣，在护送大行皇帝梓宫回京的途中发动"祺祥之变"（"祺祥"是八大臣所拟定的载淳的年号）。处死肃顺、端华、载垣，余者免职，废除了顾命大臣之制。改年号为"同治"，意谓两太后共同治国。早在此之前，她就曾指使御史董元醇上疏要求两太后垂帘听政。此时，她更迫不及待地要求"会议垂帘章程"，于是，在奕䜣逝世一百零三天后，孝钦太后就堂而皇之地坐在了太和殿垂帘之后。光绪帝即位后，同样由于年幼，再度由孝钦太后垂帘听政。"戊戌政变"后，光绪帝被软禁于瀛台，孝钦太后又第三次临朝听政，行垂帘之制。

同时，我们还应该注意到一点，她们同样都是连辅两代幼主。但孝庄时立顺治帝福临她所料未及，更确切地说是多尔衮出于自身秉政的考虑，与她无关。顺治帝死时年仅二十四岁，诸子都很年幼，出于帝业的考虑，孝庄太后选择了已出过天花的三子玄烨，所以立幼帝绝非孝庄太后故意而为。而孝钦太后则不一样，除同治帝是个例外，年幼的光绪帝就是由她所立，甚至在临死时抱着继续秉政的幻想立了年仅三岁的宣统帝溥仪。如果说孝庄太后的长期掌政是由历史原因所造成的，那么孝钦太后的独揽朝纲却完全是人为而成的。而且，由于历史条件和个人资质的不同，对中国历史的发展也产生了巨大的不同影响。

孝庄太后在多年的政治生涯中，确实为清政权的巩固与发展做出了卓越的贡献。从她"佐太宗文皇帝""肇造丕基"到忍辱下嫁，追论多尔衮之罪重振朝纲，以及擒捉鳌拜、平定三藩之乱，无一不显示一位政治家的优秀才能。可以说，倘若没有孝庄太后，就不会有爱新觉罗家族二百余年的统治，也不会有中国封建社会历史上辉煌一时的"康雍乾"盛世。而孝钦太后在她当政期间，对外屈膝投降，对内严酷镇压，使本已残破不堪的中国再度卷入深重的灾难之中，成为西方列强手中一只柔弱的羔羊。"量中华之物力，结与国之欢心"的奴颜之语曾使多少中国人为之悲愤和羞耻。当二十八岁的光绪帝载湉决心变法自强的时候，中国仅有的那点希望之光又被她无情地扼杀。于是，对于中国来说，黑暗之后依旧还是黑暗，直到辛亥革命后，中国才真正地重见曙光。

在生活作风上，孝庄与孝钦同样是那么的迥然不同。

孝庄太后一生节俭、不事奢华，曾多次将宫中节省下来的银子拿出犒军、赈济灾民，安抚百姓。在出于她旨意的顺治帝遗诏（或称罪己诏）中也表现出她对生活浪费的厌恶与鄙视。在她一生中，从未修造一处园林及娱乐玩赏之工程，每次避暑，都由康熙皇帝亲随去喜峰口外的喀喇城一带小住，清初所建园林，如畅春园、圆明园及热河避暑山庄等，都是在她死后才兴建的。甚至一直到死她都只居住于她最喜爱的慈宁宫五间宫殿之中，别无他造。她死后的葬礼也并不十分奢华。如果说她一生中唯一一次讲究排场，就是儿子顺治帝福临的葬礼，或许是出于对儿子的追悼和对自己的悔恨，她大摆皇家之威风，作为对儿子在天之灵的告慰。但这是为别人而不是为她自己。而且，这次排场与后世一些清代帝王的葬礼相比，似乎也并不显得奢华。

和孝庄太后恰恰相反，孝钦太后的生活排场和个人享受都大大超过了孝庄，甚至有些令人难以置信。

美国女画家卡尔曾在宫中目睹过孝钦太后用膳的场景："太后用膳时，面南坐于一条长桌的一端，桌上布置银碗、银碟无数，皆盛以极珍异之食物。"由于美国人对中国的食物并无了解，所以卡尔无法列举出那些琳琅满目的中国佳肴，只能以一句"珍异之食物"代替了。现今保留的孝钦太后的一张御膳菜单记载，仅一顿饭就共计珍贵大件佳肴十八品，"燕窝火锅两个"。同时还有"挂炉猪、挂炉鸭、蒸食、炉食、克食"等，不可胜数。

而裕德龄在宫中陪侍孝钦用餐时的亲眼所见，就更为详细了：

今天猪肉就有十种不同的烧法，肉圆有红白两种，红烧肉圆是用酱油煨的，极可口。有笋炒肉丝、樱桃煨肉、葱炒肉片，后者太后极爱好，也合我的胃口。还有猪肉鸡蛋饼、白菜煨肉、萝卜煨肉。羊肉、鸡鸭也有好几种煮法。在桌子中央是一只大碗，口径约有二尺（英尺），和其他碗盖一样是黄底子的磁器，这里盛着清汤鱼翅、全鸡全鸭……今天的面食种类也不少，有烘的、有蒸的、有油炸的，有甜有咸。制成各种美丽的形状，像龙形、花形、蝴蝶形等。还有一种是中间有馅心的。又有各种的酱，也是太后极喜欢吃的。此外还有糖汤做的绿豆糕、花生糕等。

一餐之用，竟耗费如此，确实是令人难以想象，纵然"王家富丽"，但长此以往，其结果是不言而喻的。而且，孝钦太后用餐时也是派头十足，如同演戏一般。

一次，孝钦太后率领光绪帝及众妃嫔前往西陵致祭，乘坐火车，这也是她一生中唯一的一次乘坐火车出门。当行到中途时，太后忽然传谕用膳。但在开动的火车上用膳，孝钦太后无法习惯，便下令停车用膳。于是，整条铁路线上的火车都被迫停开，直等太后用膳完毕方准通行。而进膳的排场依旧不减于宫中之时。一位管理铁路事务的官员记下了这一真实景象：

太后在车中，停车进膳，皇上同桌，侍座于下，后妃立侍于后。传菜从东南门进，既撤一菜从西北门出，如是川流不息，至膳毕止。太后下箸，皇上亦下箸。太后以空碗分配后妃，但见后妃就碗食之不已，不知其果否下咽，太后箸止亦止，自皇上以下侍太后食，手口若机械之相应。

或许人们会问，孝钦既如此奢侈靡费，孝庄太后在当时身受最高奉养，在饮食和排场上，也不会有太多的缩减吧？到目前为止，人们尚未发现任何有关于此的具体资料，因此难作比较。但就从孝庄太后平时的言谈举止中也可窥见一二，而且在孝庄太后去世之前，历经平定三藩、收复台湾以及抗俄诸战，无疑需要浩大军费开支，但清政府仍能大治河患，大行蠲免。如果宫廷和政府不行节约勤俭，又怎能如此呢？可见孝庄在世之时康熙朝力求节约以充裕国库的良善之举，应该说是孝庄太后一手树立起来的，这与她严谨的生活作风是分不开的。

在居住上，孝钦大兴土木，无所节制。咸丰皇帝死后不久，初操权柄的孝钦太后就下令重新粉刷避暑山庄，修饰宫苑三海。八国联军刚将北京城洗劫一空，孝钦太后又将整个北京刮掉了一层皮。之后，又以同治帝载淳亲政为名提出重建圆明园的要求。这次恭亲王奕訢再也坐不住了，尽管他与孝钦太后勾结才驱逐了顾命八大臣而成为摄政王，但对于一个女人的干政与无度的挥霍仍是他所不愿接受的。于是，他提出异议，要求"从缓"。然而，此时的奕訢已不是昔日的奕訢可与孝钦太后分掌权柄，而且业已成为孝钦太后揽权的绊脚石。因此，一道懿旨，奕訢便由亲王变成了郡王。数年后，孝钦太后又大修清漪园，即颐和园，耗资更巨，甚至挪用海军的军费，举国哗然。于是，一位御史上书要求太后如孝庄太后一样永居慈宁宫，少作游玩之观；又一位御史上书要求太后体谅民苦，罢颐和园工程，然而结果都是一样的，两位御史被罢官免职，一切工程如旧。没有人再敢说一句话，也无法再说，正是在这不敢说与无法说中，中国社会日益走向黑暗腐朽，大清王朝也日益走向了穷途末路。

孝庄太后以殷殷切语告诫儿孙们洁身自好、勤俭操国、永垂帝统；两百年后的孝钦太后却也有她最不愉快的逆心事。

孝钦太后生平最羡慕的就是乾隆帝弘历的生母"孝圣宽皇后"。她活了八十六岁，又生逢盛世，享受丰侈。当她六十、七十、八十岁时，曾举办过三次整寿。"庆典以次加隆。"但遗憾的是，孝钦太后却生不逢时，六十岁时发生中日战争，七十岁时又遭八国联军入侵，她本想要阔气一下，炫耀中外，满足虚荣，但两次庆寿都不能如愿，从而抱恨终生。一个为国，一个为己，鲜明的对比，巨大的反差，也使我们明了清初鼎盛与清末腐朽的原因了。

清代初年，鉴于明代由宦祸亡国的教训，裁撤明代的内廷二十四衙门为十三监，并明令禁止宦官出宫，以防止欺民纳贿，交结官吏，弄权擅政。但到顺治帝福临时，由于宫廷机构的日益膨胀，事务的日趋繁琐，宦官的人数也剧增。宦官与贪官同样具有一种无可根除的劣根性，而且前者的危害往往更大于后者。在顺治帝开始宠信宦官吴良辅后，宦官的势力又开始慢慢抬头。他们于宫廷之中营私舞弊、勒索敲诈、蒙蔽圣听，皇帝的亲信宦官吴良辅更是飞扬跋扈，俨然以"天子第二"自居。孝庄太后对此极为痛恨，更忧虑其对皇权所造成的极大危害。因此，福临帝死后不久，作为顺治帝替身而剃度当了和尚的宦官吴良辅也立即被孝庄太后下令处死了，并重申"宦官不得干政，出宫"之制，违者重惩不贷。自此之后，一直到咸丰朝清代都没有出现过弄权败政的宦官，成为中国封建社会上极少的特例时期，使后人大为赞叹。然而，这一清明之制在孝钦掌政期间却被彻底破坏了。

封建王朝的皇帝任用宦官，是为充当爪牙，监视臣民行动，其中多数人都是行为不善、劣迹昭彰者。然而，历史竟是如此捉弄人，得宠的宦官往往是恶者。善者要么默默无闻，要么身遭斧钺，将一腔愤恨去向九泉述说了。孝钦太后时所为更甚，善者除之，不善者宠之。

安德海是孝钦太后前期最为宠信的宦官。他为人奸诈、圆滑、狠毒，更善于逢迎，左一句"老佛爷"右一句"主子"，将孝钦太后哄上了天。但孝钦太后真正宠爱他的原因还在于他助她奔走夺权。据说，当咸丰帝病死热河的时候，恭亲王奕䜣正在北京与洋人交涉，北京与热河相隔千里，在当时的条件下是很难传信的，而且，八大顾命大臣为了阻止孝钦擅政，防止她与外面的大臣勾结，也严密封锁北京与热河之间的消息往来，甚至拒绝了恭亲王奕䜣来吊唁大行皇帝梓官的请求。然而，急于想摸清形势的奕䜣竟将拒绝置之不顾，断然前往热河避暑山庄吊唁。六王爷来祭拜大行皇帝，没有人能阻拦，谁又能阻止亲弟弟对兄长进行拜祭呢？于是，叔嫂之间很快见面并达成了密谋，懦弱的孝贞太后也因不满于八大臣的飞扬跋扈，在孝钦的劝诱下附和了。

但恭亲王回转京师之后，虽然紧锣密鼓地布置起来，然而，政变并不如儿戏那样简单，成则胜，败则死，这是亘古不变的定律。因此每一步都需要走得巧妙而又恰到好处。大行皇帝的梓官何时回京，几时到达，这些都是恭亲王所无法知晓的。而远在千里之外的两宫太后虽对此了如指掌，却无法将一切信息准确地传达到千里之外。这使孝钦太后绞尽脑汁却也毫无办法。忽然有一天，孝钦太后猛然想起在外官人犯法违纪，均须押回京中审理惩治的旧例。这本是用来惩戒宫中太监，杀一儆百的办法，在这却成为孝钦太后传递消息的最佳工具。但这需要一个忠心可靠的人才能执行，于是她想到了安德海。

就这样，安德海被以有违宫制的罪名痛打四十大板后，怀揣着孝钦太后的密信，踏上了进京的路，也将一切消息准确无误地传递给了恭亲王奕䜣。

因此，政变成功后，孝钦太后对他更加恩宠有加，安德海成为红极一时的人物。而他也更有恃无恐，收受贿赂、敲诈勒索、飞扬跋扈。但也因此而种下了招来杀身之祸的祸根。

同治八年（1869），安德海奉孝钦太后之命前往江南采办宫廷应用之物。他有恃无恐的骄横与贪婪，使他在沿途之中向各府州县的官吏、百姓任意盘剥、敲诈，激起民怒。当他抵达山东境内时，厄运开始降临到他的头上。山东巡抚丁宝桢对安德海的飞扬跋扈早已积怨颇深，决心宁舍一条命也要除此一害。于是，当安德海一到山东境内便立刻派人将其拘捕，以"宦官私出违制"奏闻朝廷，要求将其处斩，并以防生变在圣旨未到之时就行刑了。在清廷内部，对此也产生了争议。孝钦太后以安德海是自己派出的竭力为其开脱，要求至少也要押回京师审讯，这无异于给他一条生路，放虎归山。而孝贞太后也早已不满于安德海的跋扈放纵，极力主张依旧制而行，"立命诛之"，从而也洗脱了丁宝桢无旨杀人的罪责。孝钦太后也由此仇恨孝贞。民间传闻孝贞后来是因为吃了孝钦所献的含毒食品暴卒，以至民间百姓都说是安德海的鬼魂害死了孝贞太后。这当然只是无凭无据的传闻，但从中也可看出孝钦太后对安德海的宠爱。

李莲英是孝钦太后晚期最倚重的宦官，他的权势与贪腐也绝不在安德海之下。孝贞死后，孝钦太后就更加肆无忌惮了。而新得宠的李莲英便依仗主威，擅权纳贿、无恶不作。"老佛爷"的一举一动、一言一语他都体察得明明白白，而他所说的每一句话又是如此称"老佛爷"的圣心。于是，他想杀谁，这人就一定要死；他想救谁，这人就一定能生。其权势之大，无人可比，以至于宫中之人均称他为"九千岁"。据说光绪帝的宠妃珍妃罹难之前，只连声喊："李安达！李安达！"仿佛偌大后宫之中，只有李莲英的权势才大到了能够救她性命的地步。

晚清时期，围绕在孝钦太后周围的一些亲贵如恭亲王奕䜣、庆亲王奕劻等都大搞贪污，公开卖官，而李莲英最具代表性。仅得宠后不久，就纳贿白银五千万两，后来落入八国联军之手；他又用了七年时间，纳贿白银二千五百万两，前后共计七千五百万两。这些钱足够支付二三次《马关条约》分次的战争赔款，可另建九座颐和园。折合当时美元为五千三百三十七万元，英镑一千一百九十一万镑，足够格利高里·派克拍十二次《百万英镑》的传奇。

……

孝钦太后对宦官的宠爱已到了无以复加的地步。她曾命安德海穿上丈夫咸丰帝的龙袍而不治罪。当李莲英生病时，她亲自为其请御医、亲自尝药。而正是这些宦官将封建社会的肌体侵蚀得体无完肤，也正是他们使中国封建社会一次次跌入难以自拔的"宦祸"深渊。鉴于此，孝庄太后才诛杀吴良辅，发布禁宦官干政之令，从而使清代的宫廷曾为之宁静了多年。但她做梦也不会想到，两百年后，一位与她同样具有权势的女性又将此逆转，缔造了又一个"宦祸"之源，同时也缔造了大清的悲哀，也是中国的悲哀。孰是，孰非？孰功，孰罪？那是不须说便可明了的。

当境遇如此相似的两个女人相继崛起于中国政治舞台的时候，那难以比拟的是非功过却令人如此的惊诧。很难说清这是为什么，但它却使众多的男人不得不去重新认识女人。

"倘若我不是女人生，必将天下的女人都杀净。"这是朱元璋在取得天下后与"杀尽贪官"同时所说的豪言壮语。因为"女色祸国"似乎在人们的心中早已是亘古不变的真理。然而，他却从来没有离开过女人，因为没有女人他无以为家，无以成就他永世的帝业。

中国的女人，在历史上始终扮演着一个柔弱的悲剧角色。一切恶果与责任都被加于她们那本已柔弱的肩上，却又不得不苦苦支撑。"女色是祸"，妲己妖媚而亡商，褒姒一笑却葬周，玉环倾城几"倾"国，西施虽美却断吴……然而，中国的男人们却从来没有去追寻过自身的责任。"玉环何罪奈何却受千人指，玄宗何德却又永享万年颂"，难道亡国之君的劣根性不正是国破家亡的真正症结所在吗？中国历史上的男人从来没有正视过自己，他们所谓"诚""信""勇"的精神从来没有在女人的身上得以体现。于是，这便造成了中国历史上女人的悲哀。同时也是中国历史上男人的悲哀，因为他们终没有成为"真正的勇士"，"女祸"倒毋宁说成是"男祸"。

当我们如此评说中国历史上的女人与男人的时候，依然可以发现与男人同样具有伟岸之风的女人，也曾在男人的世界里闪现出过耀眼的火花，孝庄文皇后就是其中一例。但这毕竟太少了，只不过凤毛麟角而已。但是，这并不是女人的过错，而是中国历史与中国历史上男人们的过错，因为是他们将女人的才智压抑起来，是他们妄图用自身强权，压抑着那熠熠的光辉。

尽管如此，我们仍然可以断言，女人同样是人，是与男人一样的人。并不是有比男人更少的才智与能力，至少从孝庄文皇后的身上可以得到验证。历史是由人创造的，既包括男人，也包括女人，这才是亘古不变的真理。

"兴邦者，未必就是男人；祸国者，也未必就是女人"，历史如是说。

孝庄文皇后生平大事年表

1613年3月28日（万历四十一年二月初八），孝庄文皇后降生于蒙古科尔沁部博尔济吉特氏寨桑贝勒家中。

1625年（天命十年）2月，孝庄文皇后初嫁皇太极，年仅13岁。3月随后金迁都至沈阳。

1634年（天聪八年），孝庄文皇后的姐姐（即后来皇太极最钟爱之宸妃）亦嫁给皇太极，姑侄三人共事一夫。

1636年（天聪十年），皇太极于沈阳改国号为"清"，改元"崇德"，称帝。设五宫后妃，封孝庄文皇后为永福宫之主，赐号"庄妃"，居五宫之末。

1638年3月15日（崇德三年正月三十日），庄妃生子福临，为皇太极第九子，即后来之顺治皇帝。

1642年（崇德七年），松锦之战，明军大败，统帅洪承畴被俘。据云在庄妃巧劝之下降清。

1643年（崇德八年）八月初九，皇太极驾崩，庄妃意欲以身殉葬，为群臣所阻。

1643年（崇德八年）八月二十六，庄妃子福临即皇帝位，改元顺治，年仅六岁。尊生母庄妃为皇太后，由睿亲王多尔衮摄政。

1644 年（顺治元年），摄政王多尔衮率军逐鹿中原，攻克北京。九月，迎顺治帝、孝庄文皇后等迁都北京。

1648 年（顺治五年），为阻止多尔衮夺立，孝庄文皇后下嫁摄政王多尔衮。

1650 年（顺治七年），多尔衮病死，孝庄太后拥顺治帝亲政，并挫败济尔哈朗夺权阴谋。由于皇帝年少，由太后辅政。

1653 年（顺治十年），为拉拢汉官汉将，孝庄太后将战死之平南王孔有德之女孔四贞育之宫中，礼同公主。同年，又将皇太极第十四女下嫁平西王吴三桂之子吴应熊。

1654 年（顺治十一年），孝庄太后将宫中节省银四万两拿出赈恤灾民，两年后（1656 年），再次将宫中节省银三万两散济灾民，以稳定民心。

1654 年（顺治十一年），顺治帝废除第一任皇后博尔济吉特氏。五月，孝庄太后将侄子蒙古科尔沁贝勒淖尔济两女同时接入宫中，册封为顺治帝之后妃，以稳固蒙古后妃于后宫之地位。不久，罢除命妇入侍之制。

1656 年（顺治十三年），宫中落成乾清、坤宁诸宫，孝庄太后突然废除汉女不得入宫之禁例，意欲立孔四贞为东宫皇妃，未果。

1657 年（顺治十四年），顺治帝夺弟媳襄王妃董鄂氏，册封为皇贵妃，并下令太庙牌匾停书蒙文。同年冬，孝庄太后称病，召产后不久的董鄂妃入侍。

1659 年（顺治十六年），郑成功克复江南，顺治帝意欲亲征，孝庄太后劝阻无效，后搬出汤若望方平息圣怒。

1661 年（顺治十八年），顺治帝因董鄂妃之死，悲怆难当，剃发为僧。孝庄太后使高僧玉林通琇劝导，方阻止一幕丑剧的发生。同年，顺治帝因出天花而死去。

1661年（顺治十八年）正月，孝庄太后立年仅八岁的顺治帝子玄烨即位，即康熙帝。同年，安徽桐城秀才周南上书要求孝庄太后垂帘听政。孝庄太后拒绝，并按顺治帝遗诏确立辅政之制。

1669年（康熙八年），在孝庄太皇太后支持下，康熙帝智擒鳌拜，始亲政。

1670年（康熙九年），孝庄太皇太后在康熙帝和孝惠章太后的陪同下，凭吊东陵，年五十七。

1671年（康熙十年），孝庄太皇太后前往盛京（今沈阳）谒太祖、太宗陵寝。

1673年（康熙十二年），三藩之乱爆发，历时八年方被平息。其间，孝庄太皇太后多次发散宫中金银加犒将兵。

1675年（康熙十四年），蒙古察哈尔部布尔尼叛，威逼京师。孝庄太皇太后力举图海为帅，方平息此乱。

1683年（康熙二十二年），孝庄太皇太后临幸五台山，因山岭险峻，辇不能涉，乃罢。命康熙帝代礼祝祷。是年七十一岁。

1685年（康熙二十四年）夏，孝庄太皇太后突然病倒，不久即愈。

1687年（康熙二十六年）十二月二十五，孝庄太皇太后驾崩，遗诏康熙帝："太宗文皇帝梓宫，安奉已久，不可为我轻动。况我心恋汝皇父及汝，不忍远去，务于孝陵近地择吉安厝，则我心无遗憾。"康熙帝将孝庄太皇太后梓宫停放于孝陵附近"暂安奉殿"三十余年未下葬。直至雍正年间才就地安葬，曰昭西陵。